产教融合·职业创新能力数字化运营系列教材

品牌策划与推广

蒋俊凯 王 景 主 编

陈 辉 江 朝 李俊杰
周智融 倪渊淳 张 亮 副主编

电子工业出版社
Publishing House of Electronics Industry
北京·BEIJING

内容简介

"品牌策划与推广"是市场营销及电子商务相关专业人才培养体系中的专业核心课程，课程的突出特点是强调知识与技能的实践应用。本书基于职业院校市场营销及电子商务相关专业人才培养现状，以新商科人才培养理念为指导，围绕"课、岗、训"融合的思路设计了八个教学项目，包括项目一认识品牌策划、项目二品牌策划创意、项目三品牌定位策划、项目四品牌形象策划、项目五品牌广告推广、项目六品牌公关活动推广、项目七品牌新媒体推广、项目八品牌推广策划方案撰写。

本书根据技术技能人才成长规律和学生认知特点，依据理实一体化的教学理念，整合、细化、重构教学内容；强调培养学生品牌策划与推广的实践能力，将品牌策划与推广基础知识的学习和基本技能的训练有机地结合在一起。

本书既可作为职业院校电子商务、市场营销相关专业的学生用书，也可作为企业品牌策划人员、市场营销人员、网络品牌策划与推广人员的自学参考用书。

未经许可，不得以任何方式复制或抄袭本书之部分或全部内容。
版权所有，侵权必究。

图书在版编目（CIP）数据

品牌策划与推广 / 蒋俊凯，王景主编． -- 北京：电子工业出版社，2024．11． -- ISBN 978-7-121-49051-4

Ⅰ．F273.2

中国国家版本馆 CIP 数据核字第 2024B7J405 号

责任编辑：朱干支
印　　刷：三河市良远印务有限公司
装　　订：三河市良远印务有限公司
出版发行：电子工业出版社
　　　　　北京市海淀区万寿路 173 信箱　　邮编：100036
开　　本：787×1092　　1/16　　印张：13.5　　字数：312 千字
版　　次：2024 年 11 月第 1 版
印　　次：2025 年 7 月第 2 次印刷
定　　价：55.00 元

凡所购买电子工业出版社图书有缺损问题，请向购买书店调换。若书店售缺，请与本社发行部联系，联系及邮购电话：(010) 88254888，88258888。
质量投诉请发邮件至 zlts@phei.com.cn，盗版侵权举报请发邮件至 dbqq@phei.com.cn。
本书咨询联系方式：(010) 88254573，zgz@phei.com.cn。

前　言

在现代商业竞争激烈的环境中，企业品牌不仅仅是一个商标标识，它还代表着企业的身份、文化和价值观。企业品牌的策划与推广已经成为企业成功经营的重要组成部分，在提高企业市场竞争力和企业市场价值方面发挥着重要作用。

本书按照认真贯彻"加快发展数字经济，促进数字经济和实体经济深度融合，打造具有国际竞争力的数字产业集群"的要求，基于职业院校市场营销及电子商务相关专业人才培养现状，以新商科人才培养理念为指导，围绕"课、岗、训"融合的思路设计了如下图所示的八个教学项目。

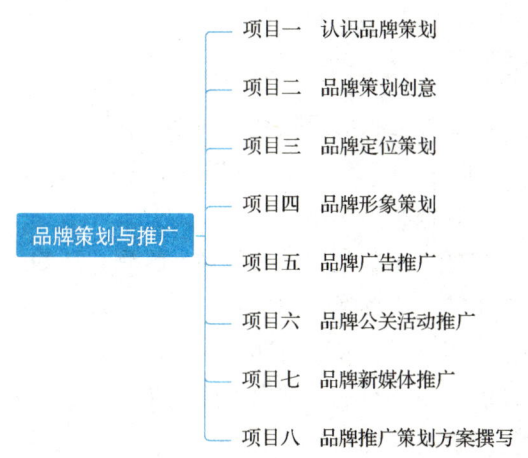

本教材具有以下特点。

1. 注重职业素质和操作技能的培养

本书以习近平新时代中国特色社会主义思想为指导，落实立德树人的教育根本任务，坚持把立德树人融入培养品牌策划与推广人才的全过程，通过引导学生在学习知识与技能的同时讲政治、讲思想，使学生掌握相关岗位必备的操作技能。同时，强化品牌策划与推广过程中的职业道德建设，践行社会主义核心价值观，注重推进文化自信，注重为学生讲好中国故事、传播好中国声音。本书在精心选取相关案例时也注重将先进的产业文化、企业文化、职业文化融入其中。

品牌策划与推广

2. 项目引领、任务驱动

本书共包含八个教学项目,每个项目下有若干个任务,采用项目引领、任务驱动的方法,使得教师教学思路清晰,学生学习目标明确。

3. 结构新颖、内容丰富

本书的每个项目都由"案例导入"开头,紧贴实际。任务中的"知识与技能导航"由若干知识点与技能点组成,内容丰富、条理清晰。"技能训练"中设定的任务要求切合实际,能帮助学生提高运用知识与技能去分析和解决问题的能力,能有效提高学生的品牌策划与推广能力。每个"技能训练"都配有"技能训练考核评分表",及时检测学生的品牌策划与推广能力的提升情况。

4. 案例新颖、时效性强

为了帮助学生理解、掌握、运用品牌策划与推广的基本原理和方法,本书引入了丰富的、经典的、时效性强的、新颖的案例,由"案例赏析"导入新知识,目的是极大地提高学生分析解决问题的能力、开拓创新的能力,而这些能力正是品牌策划人员应具备的基本能力。

5. 校企合作、共同开发

本书由编写团队与湖南欧标化妆品有限公司、新道科技股份有限公司共同开发完成。因此,本书内容契合企业品牌策划与推广人员的岗位需求,紧跟品牌策划行业发展前沿,教材具有较强的专业性、实践性和可操作性。

本书由蒋俊凯、王景担任主编并负责全书总纂,陈辉、江朝、李俊杰、周智融、倪渊淳、张亮担任副主编。王景负责项目一和项目二的编写及微课视频的制作,李俊杰负责项目三的编写,倪渊淳负责项目三和项目四的编写,周智融负责项目五的编写,蒋俊凯负责项目六的编写,江朝负责项目七的编写,陈辉负责项目八的编写及微课视频的制作,张亮负责文字校对、微课视频的制作及其他事项。非常感谢团队成员的鼎力合作与辛勤付出,同时,还要感谢校企合作企业湖南欧标化妆品有限公司营销总监谭雪琼和新道科技股份有限公司刘玲总监对本书编写的全程指导与帮助!

本书在编写过程中参阅和引用了业内前辈与许多同行的学术成果和研究资料。前辈和同行们严谨治学的精神令人钦佩,高深的学术造诣令人敬仰。他们在论著中提出的新颖独到的观点给了编者极大的启发,在此向他们表示崇高的敬意与感谢!

由于编者水平有限,书中难免会有疏漏和不足之处,敬请专家学者们谅解和广大读者批评指正,并希望及时与本书主要负责人蒋俊凯老师联系(466105552@qq.com),我们会在后期再版时予以弥补,以使其日臻完善。

编者

目 录

项目一　认识品牌策划

任务一　品牌策划概述 ... 2
　　一、知识点：品牌策划内涵 ... 3
　　二、知识点：品牌策划特征 ... 4
　　三、知识点：品牌策划原则 ... 5
　　四、知识点：品牌策划人员要求 ... 7
　　五、知识点：品牌策划岗位工作职责 ... 8

任务二　品牌策划的程序与方法 ... 12
　　一、技能点：品牌策划的程序 ... 12
　　二、技能点：品牌策划方案实施与评估 ... 21

素质培养案例 ... 23

项目二　品牌策划创意

任务一　认识品牌策划创意 ... 27
　　一、知识点：创意的概念 ... 28
　　二、知识点：品牌策划创意的作用和意义 ... 28
　　三、知识点：品牌策划创意的特点 ... 29

任务二　品牌策划创意的理论基础 ... 32
　　一、知识点：创意的来源 ... 33
　　二、知识点：创意的原理 ... 33
　　三、知识点：创意三理论 ... 34
　　四、知识点：创意的思维 ... 35
　　五、知识点：创意的法则 ... 36

任务三　品牌策划创意的步骤 ... 38
　　一、知识点：传统学者的创意步骤 ... 39
　　二、技能点：产生品牌策划创意的步骤 ... 39

任务四　品牌策划创意的方法与技巧 ... 44
　　一、技能点：品牌策划创意的方法 ... 45

品牌策划与推广

二、技能点：品牌策划创意的技巧	47
素质培养案例	52

项目三　品牌定位策划

任务一　品牌定位概述	54
一、知识点：认识品牌定位	55
二、知识点：品牌定位的意义及原则	57
任务二　品牌定位策划的步骤及品牌定位策略	60
一、技能点：品牌定位策划的步骤	61
二、技能点：品牌定位策略	62
素质培养案例	65

项目四　品牌形象策划

任务一　品牌形象概述	69
一、知识点：认识品牌形象	70
二、知识点：与品牌形象相关的概念	71
任务二　品牌形象策划的方法	72
一、知识点：品牌形象塑造的原则	74
二、知识点：品牌形象塑造的途径	75
三、技能点：品牌形象塑造的策略	77
四、技能点：品牌形象的维护	78
五、技能点：品牌形象塑造误区	80
六、技能点：品牌命名	81
七、技能点：品牌标识设计技巧	87
八、技能点：品牌个性塑造策略	92
素质培养案例	94

项目五　品牌广告推广

任务一　认识广告推广	97
一、知识点：广告概述	98
二、知识点：广告的要素	99
三、知识点：广告的类型	99
任务二　品牌广告推广步骤	103
一、技能点：广告推广调查步骤	103
二、技能点：广告推广策划的内容	105
三、技能点：广告推广效果测评	107

素质培养案例　109

项目六　品牌公关活动推广

任务一　新闻发布活动推广　112
　　一、知识点：公关活动推广概述　113
　　二、知识点：新闻发布会概述　115
　　三、技能点：新闻发布会的流程　116

任务二　庆典活动推广　120
　　一、知识点：庆典活动概述　121
　　二、知识点：庆典活动的类型　122
　　三、技能点：庆典活动推广的流程　124
　　四、技能点：庆典活动推广的注意事项　125

任务三　赞助活动推广　127
　　一、知识点：赞助活动概述　127
　　二、知识点：赞助活动的类型　128
　　三、技能点：赞助活动的程序　129
　　四、技能点：赞助活动推广的注意事项　130

任务四　展览活动推广　132
　　一、知识点：展览活动概述　133
　　二、知识点：展览活动的类型　133
　　三、技能点：展览活动推广的策划要求　133
　　四、技能点：展览活动推广的注意事项　134

任务五　开放参观活动推广　136
　　一、知识点：开放参观活动概述　136
　　二、技能点：开放参观活动的流程　137
　　三、技能点：开放参观活动推广的要点　139

素质培养案例　141

项目七　品牌新媒体推广

任务一　品牌新媒体推广概述　143
　　一、知识点：认识新媒体　144
　　二、知识点：新媒体在品牌推广中的应用　146
　　三、技能点：新产品网络推广　150

任务二　品牌新媒体推广技巧　153
　　一、技能点：图文推广　153
　　二、技能点：短视频推广　164

品牌策划与推广

　　　　三、技能点：直播推广　　　　　　　　　　　　　　　169
素质培养案例　　　　　　　　　　　　　　　　　　　　　181

项目八　品牌推广策划方案撰写

任务一　品牌推广策划方案概述　　　　　　　　　　　　　　186
　　　　一、知识点：认识品牌推广策划方案　　　　　　　　186
　　　　二、知识点：品牌推广策划方案的特点　　　　　　　188
任务二　品牌推广策划方案结构设计　　　　　　　　　　　　190
　　　　技能点：品牌推广策划方案结构设计技巧　　　　　　190
任务三　品牌推广策划方案撰写原则及撰写技巧　　　　　　　196
　　　　一、知识点：品牌推广策划方案的撰写原则　　　　　196
　　　　二、技能点：品牌推广策划方案的撰写技巧　　　　　197
素质培养案例　　　　　　　　　　　　　　　　　　　　　199

附录A　品牌策划与推广实训

实训一　品牌信息传播　　　　　　　　　　　　　　　　　　201
实训二　品牌形象调查　　　　　　　　　　　　　　　　　　202
实训三　品牌公关活动推广　　　　　　　　　　　　　　　　203
实训四　品牌新媒体推广　　　　　　　　　　　　　　　　　204
实训五　品牌推广策划方案撰写　　　　　　　　　　　　　　205
实训六　品牌策划与推广人员礼仪　　　　　　　　　　　　　206

参考文献

项目一

认识品牌策划

"双十一"购物狂欢节

"双十一"购物狂欢节是指每年11月11日的网络促销日,源于淘宝商城(天猫)2009年11月11日举办的网络促销活动,虽然当时参与的商家数量不多,促销力度有限,但是营业额远超预想,于是11月11日成为天猫举办大规模促销活动的固定日期。"双十一"已成为中国电子商务行业的年度盛事,并且逐渐影响到国际电子商务行业。"双十一"交易数据综述如下:

2009年销售额0.52亿元,仅27家品牌参与;2010年销售额9.36亿元,711家品牌参与;2011年销售额33.6亿元,约2200家品牌参与;2012年销售额132亿元,约10000家品牌参与;2013年销售额352亿元,约20000家品牌参与;2014年销售额571亿元,约27000家品牌参与;2015年销售额912亿元,约40000家品牌参与;2016年销售额1207亿元,约98000家品牌参与;2017年销售额1682亿元,约140000家品牌参与;2018年销售额2135亿元,约180000家品牌参与;2019年销售额2684亿元;2020年销售额3723亿元。2021年,天猫总交易额5403亿元,京东总交易额3491亿元。2022年,天猫的总交易额和2021年持平,京东则创下新纪录。根据各大电商平台的公开数据,2023年"双十一"的全网销售金额达到了11385亿元,与去年同期相比增长了9.8%。

"双十一"购物狂欢节的营销效果是非常显著的,不仅仅淘宝获益,其他电商平台都分到了一杯羹,总体上起到了拉动内需的作用,甚至促进了电商商业模式的创新。可以说,"双十一"购物狂欢节是一次非常成功的品牌策划活动。

(资料来源:百度网,搜狐网)

【思考】

1. 你在"双十一"有购物经历吗?你是被什么吸引购物的?
2. 你对"双十一"活动中哪个品牌的营销策划活动的印象最深刻?

品牌策划与推广

项目导学

学习任务	认识品牌策划	教学模式	任务驱动教学法
建议学时	4	教学地点	多媒体教室
项目描述	小李是一名大二学生，他利用课余时间在企业营销部门做兼职，作为一线销售人员参与过一些品牌策划方案的执行工作，现在他想了解品牌策划人员需要具备什么能力？有何工作职责		
项目解读	任务一　品牌策划概述		
	任务二　品牌策划的程序与方法		
学习目标	知识目标	掌握品牌策划的内涵、特征、原则等相关理论知识	
	能力目标	具备品牌策划能力，明确岗位工作职责，胜任品牌策划工作	
	素质目标	培养学生团结协作、爱岗敬业、精益求精的素养	

项目实施

任务一　品牌策划概述

知识目标

- 理解品牌策划的内涵、特征、原则等，掌握品牌策划人员的要求和工作职责。

能力目标

- 能够依据品牌策划的特征、原则，明确品牌策划人员的素质要求和能力要求，知晓品牌策划岗位工作职责，开展品牌策划工作。

思维导图

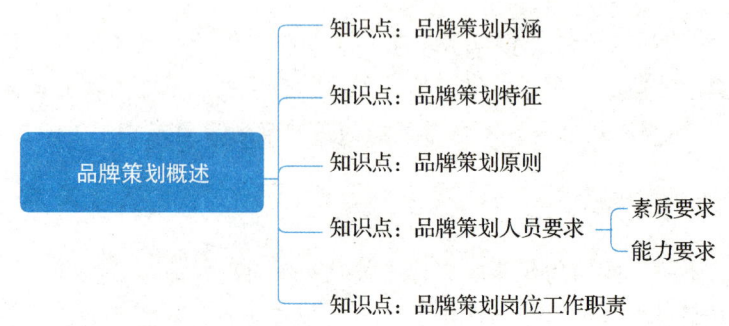

知识与技能导航

一、知识点：品牌策划内涵

品牌策划是指企业使企业形象和产品品牌在消费者脑海中形成一种个性化的区别，并使消费者与企业形象和产品品牌之间形成统一的价值观，从而建立起自己的品牌声浪。品牌是给拥有者带来溢价、产生增值的一种无形的资产，可以是用来和其他竞争者的产品或服务相区分的名称、术语、象征、记号或设计及其组合。品牌策划是企业对将要发生的营销行为进行超前规划和设计，以提供一套系统的有关企业营销未来的方案。这套方案是围绕企业实现某一营销目标或解决营销活动的具体行动措施。这种品牌策划以对市场环境的分析和充分占有市场竞争的信息为基础，综合考虑外界的机会与威胁、自身的资源条件及优势与劣势、竞争对手的谋略和市场变化趋势等因素，编制出规范化、程序化的行动方案。品牌策划的内涵如下。

1. 品牌策划的对象是未来的营销活动

品牌策划的对象是营销活动，特别是未来的营销活动。它是针对未来将要开展的营销活动进行的一种超前的谋划活动，是在对未来营销环境变化做出前瞻性的判断和预测的基础上对将要开展的营销工作所做的安排。

2. 品牌策划的根本任务是促进商品交换

营销的本质是商品交换，品牌策划的根本任务是通过对营销活动的策划促使企业与客户之间顺利实现商品交换。通俗地说，品牌策划就是为企业出谋划策，使企业通过满足客户需要来赚取利润，从而实现营销目标的。

3. 品牌策划的依据是信息和知识

品牌策划的依据是指策划者必须具有的信息和知识，包括策划者的信息积累或知识储备，这是进行有效策划的基本依据，又包括有关策划对象的专业信息，如企业内部条件、客户情况、竞争对手情况等。显然，这些信息是品牌策划的重要依据。因此，全面准确地掌握企业营销活动及其所有影响因素的信息是品牌策划活动得以开展的先决条件，是品牌策划活动能否成功的关键所在。

4. 品牌策划的灵魂是创意

在品牌策划活动中，不断推出新的创意是品牌策划活动制胜的关键。品牌策划并无定法，打破常规、出奇制胜是品牌策划活动的魅力所在，也是品牌策划的制胜法宝。实践证明，只有构思独特、有所创新的品牌策划活动，才能产生巨大的市场冲击力与震撼力，才能给企业带来持久的生命力与竞争力。

5. 品牌策划的成果是品牌营销活动方案

品牌策划经过一系列的规划活动，最终要形成一套切实可行的品牌营销活动方案，并以书面的形式反映在品牌策划书中，供客户（或决策者）评价与分析，以决定是否实施。

6. 品牌策划方案成功实施的保证是不断调适

任何品牌策划方案都不会是完美无缺的，所以在实施过程中，要根据营销活动所要实现的目标与外部营销环境变化所提出的要求，不断调适，逐步完善，只有这样才能保证品牌策划方案成功实施并取得预期效果。有人这样理解品牌策划：营销是块布料，策划是把剪刀，裁剪、缝纫衣服的过程就是品牌策划；营销是水泥、钢筋、沙子、砖头等建筑材料，品牌策划是工程师构思、设计与绘制图纸，并规划、指挥与监控建设的过程，同样的建筑材料，通过不同的设计，会形成千差万别的建筑产品。

【案例赏析】新年的第一瓶"可口可乐"你想与谁分享

二、知识点：品牌策划特征

品牌策划的基础是营销，营销是由"营"和"销"组成的。只有先做好"营"，才能实现有效的"销"。可见，"营"有多么重要。"营"是需要进行精心谋划的，胸有成竹才能泼墨成画。随着市场竞争的日益激烈，品牌策划在企业生存和发展中的作用越来越突出。它已不仅仅是一种形式，还是一门具有创意的实践学科。对于企业而言，一个好的品牌策划可以更有效地将企业资源与顾客需求结合在一起。从某个角度来说，这种营销式的策划带来的就是企业未来的市场份额，这就需要企业对营销环境中的市场竞争状况和现实机会进行科学判断，提出具体的营销目标和行动方案。具体而言，品牌策划的特征可以从以下几个方面进行阐述。

1. 品牌策划是一门创新思维的学科

品牌策划实质上是一种经营哲学，是市场营销的方法论，因而是一门创新思维的学科。品牌策划是从新的角度，用辩证的、动态的、系统的、发散的思维来整合品牌策划对象占有和可利用的各类显性资源和隐性资源，在新的排列组合方法指导下使各种生产要素在生产经营的投入产出过程中产生最大的经济效益。品牌策划作为创新思维的学科，特别强调将单线性思维转变为复合性思维，将封闭性思维转变为发散性思维，将孤立的、静止的思维转变为辩证的、动态的思维。品牌策划所要达到的最终目的是通过对企业各类资源的整合使品牌策划对象以崭新的面貌出现在市场上，并在特定时空条件的市场上具有唯一性、排他性和权威性。只有达到这"三性"的品牌策划才是一个优秀的品牌策划，才能满足市场竞争的创新需要。

2. 品牌策划是一项市场营销系统工程

品牌策划是一项市场营销系统工程，其主要任务是帮助企业利用开放经济中丰富的各种资源，即区域性资源、国内资源和全球性资源、显性资源和隐性资源、可控资源和不可控资源等，用系统的方法将其进行新的整合，使其在市场营销过程中产生巨大的"核裂变"效应。品牌策划是利用科学、周密、有序的系统分析方法，对企业的市场营销活动进行分析、创意、设计和整合，系统地形成目标、手段、策略和行动高度统一的逻辑思维过程和行动方案。因而，作为智慧火花的市场营销点子，不能说是品牌策划，而只是品牌策划中的创意。品牌策划就是依据系统论的整合原理寻求市场营销活动的"1+1>2"的投入产出比。因此，作为理论，品牌策划是一门系统科学；作为实践，品牌策划是一项系统工程。

3. 品牌策划是一门实践性非常强的实践学科

品牌策划是一门实践性非常强的学科。品牌策划不是空洞的理论说教，它要解决企业在现实的市场营销活动中提出的各种疑难杂症。企业最需要的品牌策划不只是回答企业为什么应该开拓市场、应该赚钱，更重要的是回答如何开拓市场、营造市场及如何在激烈的市场竞争中获取丰厚的利润。品牌策划就是在创新思维的指导下为企业的市场营销拟定具有现实可操作性的品牌策划方案，提出开拓市场和营造市场的时间、地点、步骤及系统性的策略和措施，而且还必须具有特定资源约束条件下的高度可行性。品牌策划不仅要提出开拓市场的思路，更重要的是要在创新思维的基础上制定市场营销的行动方案。

【案例赏析】最让人意外的营销案例——蜜雪冰城"土"出圈的营销逻辑

三、知识点：品牌策划原则

品牌策划的原则有以下几点。

1. 创新性原则

创新是指品牌策划人员借助系统的观点，利用新思维、新技术、新方法，创造一种新的更有效的资源整合配置方式，以促进策划项目或企业管理系统综合效益的不断提高，达到以尽可能少的投入获得尽可能多的产出的目的，并具有动态反馈机制的经营管理活动。创新是品牌策划的生命和灵魂。创新性原则是指面对新经济、混沌环境和可持续发展的要求，品牌策划人员利用新的观点、新的方法，领先一步将企业的有限资源与动荡复杂的环境实现联动优化。

2. 科学性与艺术性相融合原则

科学性与艺术性相融合原则是指在品牌策划的过程中实现科学性与艺术性的联动优化，它也是品牌策划科学性和艺术性统一的一种反映。品牌策划的科学性一方面体现在品牌策划思路、方案及创意等品牌策划内容方面的科学性，另一方面体现在品牌策划方法的科学性，包括品牌策划使用的数量分析模型方法、思路、科学规律及计算机辅助应用等技术性的方法和手段。品牌策划的艺术性更多地表现为品牌策划的技巧、经验和艺术，这是品牌策划人员的知识、灵感、经验、分析能力、洞察能力、判断能力和应变能力的综合体现，目的是在企业策划过程中闪现创意的新奇亮点和应时而变，以做到出其不意并使策划方案便于贯彻执行。科学性与艺术性相融合的原则要求品牌策划方案既要有科学的设计、系统的规划和方便的执行力，还要有一定的艺术魅力，能像一幅优美的画卷一样吸引品牌策划方案的委托者和客户。

3. 综合集成性原则

随着社会的不断发展，品牌策划学逐步从系统分析、多角度分析发展到综合集成。综合是指把各种不同类别的资源和方法组合在一起，集成是指将各类事物中好的方面、精华部分集中并组合在一起。品牌策划的综合集成是指要通过科学而巧妙的创造性思维从新的角度和层面来联动各种营销资源要素，拓展营销的视野和疆域，提高各项营销要素的交融度，以利于优化和增强营销对象的有序性。在具体的品牌策划行为中，要综合运用各种不同的方法、手段、工具促进各项要素、功能和优势之间的互补、匹配，使其产生 1+1>2 的效果，从而为企业创造出更大的竞争优势。

4. 信息性原则

品牌策划是在掌握大量且有效的营销信息基础上进行的，没有这些信息，将导致品牌策划产生盲目性和误导性。同时，在执行品牌策划方案的过程中可能会出现方案和现实有出入的情况。调整方案也要在充分调研现有信息的基础上进行，掌握大量的市场信息是品牌策划及实施成功的保证。

5. 可操作性原则

品牌策划要用于指导营销活动，涉及营销活动中每个人的工作及各环节的处理，因此其可操作性非常重要。不能操作的品牌策划方案的创意再好也没有任何价值，反而必然耗费大量人力、财力、物力，管理复杂，效果差。

6. 营利性原则

在特定的时期或某一阶段，品牌策划的具体的营销目标可能是树立企业及产品形象，也可能是提高市场占有率。也就是说，这样的营销目标不能使企业取得即时的利润，但能为企业的长远利润做好铺垫，做出贡献。一个品牌策划的营销目标即使不能使企业取得即时利润，但能使企业产生长远利润，那么这一品牌策划是有作用的，是成功的。反之，一个既不能使企业取得即时利润，也不能使企业产生长远利润的品牌策划将对企业的经营起到消极的反作用。品牌策划最终是为企业的利润服务的。

【案例赏析】星巴克：爱情公寓虚拟旗舰店

四、知识点：品牌策划人员要求

品牌策划组织的发展离不开优秀的品牌策划人员的支撑，优秀的品牌策划人员必须满足以下要求。

（一）素质要求

1. 思想素质

首先，品牌策划人员必须具有强烈的事业心和高度的责任感。

其次，品牌策划人员必须具有高尚的品德，表现在公正廉洁、豁达大度、诚实守信、实事求是等方面。品牌策划人员需要承担两种责任：一是社会责任，品牌策划人员不能为了策划而不考虑社会职责；二是企业责任，企业的最终目的是通过品牌策划人员的品牌策划让企业获得更多的利益。在现实中，有些策划机构让企业进行铺天盖地的宣传，自己也捆绑企业宣传，最终的结果是企业花费了大量的资金却没有实现很好的宣传效果，这说明该策划机构的品牌策划没有很好地承担企业责任。

2. 心理素质

优秀的品牌策划人员应具有良好的心理素质，凡事积极进取，从不消极懈怠，永不言败；凡事细化思考，喜欢问为什么；不盲从，不满足于现状；乐于迎接挑战，有独特的见解和与众不同的构想；不会轻附众议、人云亦云；勇于创新，求新图变；思维严密，重视论证，追求策划方法的科学性、严密性、系统性和高效性；善于学习和借鉴他人的长处，虚心接受别人的意见和建议，能够博采众家之长；不固执己见，善于根据时局变化和他人建议修改方案，提高策划的适应性。

3. 知识素质

第一，品牌策划人员要具备一定的专业理论知识，如经济学、心理学、营销学、广告学、传播学、会计学、统计学等。第二，品牌策划人员要有丰富的社会生活知识，了解社会现象，掌握社会心理，尊重并利用社会风俗习惯，策划出符合社会实际情况、具有可操作性的营销方案。第三，品牌策划人员要熟悉行业专业知识、政策法规，利用政策法规为企业找到和抓住营销机会，制定切合实际的策划方案。

品牌策划与推广

（二）能力要求

1. 洞察能力

品牌策划人员应富有直觉思维判断分析能力，对环境有敏捷的感受力，对问题有敏锐的发现力，可以迅速发现一般人没有注意到的情况甚至细节，能够发现一般人习以为常的问题，通过一般人熟视无睹的现象看到本质。

2. 想象能力

品牌策划人员应富有的想象力，能够打开思维的天窗进行开放式思维和想象；能够找出表面看似互不相干的事物之间的联系，考虑解决复杂问题的多种方法或途径；能够创造性地在现实与目标之间架起桥梁，提出和完善解决问题的构思与创意。

3. 分析能力

品牌策划人员应富有理性的思维习惯，能够深入、冷静地分析问题，对各种解决问题的方案进行优劣分析和评价；能够从众多策划构想或创意方案中发现闪光点，丰富、发展和完善策划方案。

4. 执行能力和群体效能

品牌策划人员还要善于调动所有可利用的社会资源，有良好的执行能力，有处理各方面关系的沟通说服能力与协调能力。除此之外，品牌策划人员还应该具备群体效能。群体效能是指以最有效益和最能发挥能量的原则来进行群体组合，从而实现巧妙地策划、有力地传播、完美地操作和科学地评估。品牌策划工作包罗万象，客观而言，任何一位品牌策划人员都不可能具备所有的素质和能力，必须将不同的人按"优势互补、珠联璧合、相得益彰"的原则组合在一起，发挥群体策划的作用。

【案例赏析】互联网职场轻喜剧

五、知识点：品牌策划岗位工作职责

品牌策划组织一般也被称为品牌策划委员会或品牌策划小组，它将策划活动所需的各类人员整合到一起，是在充分发挥策划主创人智慧的基础上形成的团结合作的组织系统。这种组织依策划主题而设，具有临时性的特点。当品牌策划项目任务完成后，品牌策划组织便可以宣告解散，其后续工作可由企业的常设组织机构（如企划部）负责实施、监督及控制等。虽然是临时性的组织，但是品牌策划组织仍具有较强的权威性、专业性和严密性，对整个策划项目的成败起着关键性的作用。品牌策划组织结构如图 1-1 所示。

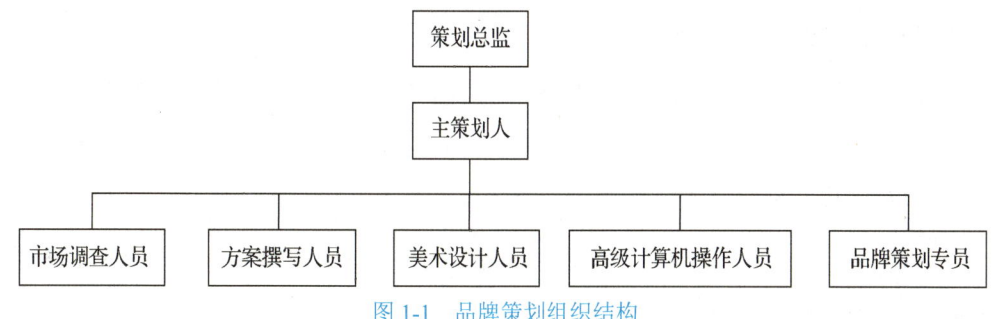

图1-1 品牌策划组织结构

1. 策划总监

策划总监全面负责监督和管理品牌策划组织的各项工作，主要工作职责和任务是协调品牌策划组织与企业各部门及各方面人士的关系，保证工作进度和效率等，一般应由企业的总经理、营销副总经理或策划部经理担任。

2. 主策划人

主策划人的身份如同文艺类节目中的编导，在策划过程中起着关键性的作用。他不仅指挥各类策划人员开展调研活动，而且牵头组织策划人员开展创意活动并负责拟定策划方案。品牌策划的成功很大程度上是在主策划人充分发挥聪明才智、发挥组织协调能力的基础上集思广益的结果。主策划人不仅应具备较强的业务素质和其他各方面的能力，还应具有丰富的企业品牌策划的成功经验和高度的责任感。

3. 市场调查人员

准确、完备的市场信息对于品牌策划活动的后续工作是十分关键的。这就要求品牌策划组织必须设立专业的人员来负责品牌策划活动所需相关信息的调查、收集、整理和分析等工作。对于市场调查人员来说，敏锐的观察力、准确的判断力和有效获取信息的能力都是其应具备的最基本的素质和能力。

4. 方案撰写人员

通常情况下，品牌策划方案应在主策划人的领导下由多个撰写人共同撰写完成，这样既能保证品牌策划工作的效率，又有利于集思广益，提高品牌策划工作的质量。每位方案撰写人员虽然只负责部分方案的撰写，但是必须熟悉和了解整个策划过程。娴熟的文字表达能力、认识问题的深刻性和富有创新思维是方案撰写人员应具备的能力。

5. 美术设计人员

优质的商品要有精美的包装，品牌策划的过程实际上也是一个对企业、产品包装进行美化的过程。美术设计人员可以利用美学原理，通过创造性的想象来丰富和完善企业的视觉形象、商品标识、广告等，以增强品牌策划方案的感染力和冲击力，增强策划活动的有效性。

品牌策划与推广

6. 高级计算机操作人员

数据库的建立与整理、提案中特殊图形的制作等是比较复杂的，需要专业技术人员来完成。

7. 品牌策划专员

品牌策划专员的职责主要包括品牌策划调研、起草品牌策划方案、执行品牌策划方案等，具体的岗位工作职责如下。

（1）收集相关行业政策、竞争对手信息、客户信息等，分析市场发展趋势。

（2）根据公司发展战略制定营销战略规划。

（3）负责市场调研、目标市场分析，把握市场营销定位，根据需要撰写调研报告。

（4）制定品牌策划方案。

（5）品牌策划活动的组织、执行、协调及在执行过程中的监控和调整。

（6）参与产品（项目）研发，对产品（项目）设计、销售策略提出合理性建议。

（7）负责营销体系管理制度和流程的建设。

（8）策划营销活动结束后，提交活动总结文档。

品牌策划组织的组织架构灵活多变，常常根据实际情况进行调整。

例如，某房地产公司在各地成立分公司时会成立营销中心并配备专职人员负责前期营销策划工作。营销中心总经理、策划总监、策划负责人、媒介专员、统计专员、按揭专员、签约专员、办证专员等会在分公司成立后陆续配备，各地分公司需保证各岗位工作人员在项目开盘销售前两个月到岗。图1-2所示为某房地产公司各分公司营销中心的组织架构。

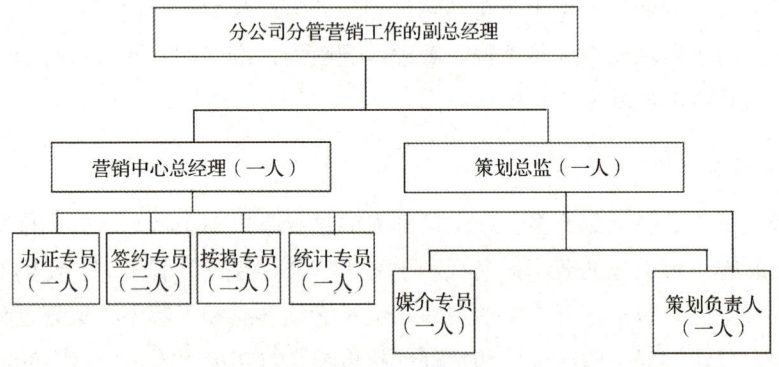

图1-2　某房地产公司各分公司营销中心的组织架构

以上各岗位的人数，分公司可以根据实际项目的数量、规模进行适当调整。

各岗位主要职责如下。

（1）营销中心总经理：主持营销中心的工作，全面负责品牌建设及推广、营销策划、销售内勤等管理工作。

（2）策划总监：协助营销中心总经理主持营销中心工作，具体负责营销策划和品牌策划工作。

（3）办证专员：负责办理合同登记、抵押登记、注销抵押等手续。

（4）签约专员：负责已售楼盘"商品房买卖合同"的签署、整理、审核、管理，负责将合同送至房管部门，办理签字事项。

（5）按揭专员：负责各按揭银行按揭放款、客户还贷情况等的跟踪，协调公积金中心发放贷款等工作。

（6）统计专员：负责楼盘的销售统计、报表制作工作，包括销售日报表销售台账、催款、销售提成、销售动态表等各类与销售有关的统计、催收款、交楼的通知事宜等工作。

（7）媒介专员：负责该地区各类媒体的投放和媒体关系的维护。

（8）策划负责人：负责该项目的营销策划和销售现场的协调、管理工作，包括前期市场定位、广告推广、销售策略，营销策划过程中与代理公司、广告公司的协调等。

【案例赏析】小米客服推广：9名客服——100万名粉丝

技能训练

校企合作企业株洲兴隆新材料股份有限公司于1998年3月26日在株洲市工商行政管理局登记成立。公司经营范围包括硅酸钠、饲料级二氧化硅、沉淀水合二氧化硅等无机硅化物系列产品的生产等。2022年6月15日，株洲兴隆新材料股份有限公司拿到由湖南省贸促会签发的"中国出口商品品牌证明书"，获证产品为"中强"牌白炭黑。据悉，这份证明书为湖南省首份。现公司要成立品牌策划部门对白炭黑产品进行上市推广，请你帮助企业品牌策划部门拟定品牌推广岗位工作职责，制作PPT并进行汇报展示。

技能训练考核评分表

	评分项目	分值	得分
素质目标	创新精神、操作技能等完成情况	20	
知识与技能目标	1. 对品牌推广岗位需求的认知与理解程度	15	
	2. 品牌推广岗位工作职责拟定的合理性、可行性、创新性等情况	30	
	3. 汇报展示中同学们的仪表仪态、口头表达等表现情况	20	
	4. 小组分工明确、团结协作等完成情况	15	
	总分	100	

（说明：本书的技能训练均以小组为单位进行，建议3~4人为一小组。）

品牌策划与推广

知识检测

1. 品牌策划人员的素质要求具体包括哪些？
2. 品牌策划人员的能力要求具体包括哪些？
3. 品牌策划岗位的工作职责是什么？

任务二　品牌策划的程序与方法

知识目标

- 掌握品牌策划的程序，做好品牌策划方案实施与评估。

能力目标

- 能够应用品牌策划的方法开展品牌策划工作。

思维导图

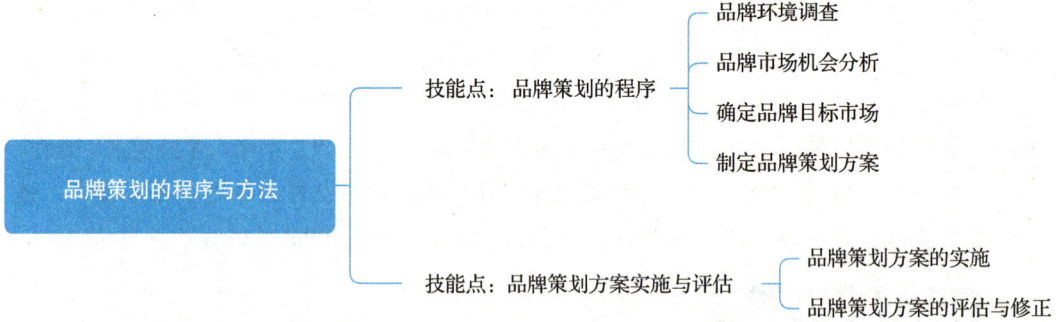

知识与技能导航

一、技能点：品牌策划的程序

品牌策划必须建立在营销环境分析的基础上。只有经过认真、严谨的营销环境分析，才能深刻认识市场，更好地发现市场机会与威胁，为品牌策划的后续程序提供决策依据。特别是在新媒体时代，品牌策划受到诸多方面的影响，企业在制定正确而全面的品牌策划方案时就必须对营销环境进行全面分析。营销环境是指影响企业品牌策划的制定和实施的不可控的虚拟市场因素。根据对企业品牌策划的影响程度，可将营销环境分为宏观环境和微观环境两部分。宏观环境是能对企业品牌策划产生比较间接的影响的各种因素的总称，主要包括政治、法律、经济、社会文化、科学技术、人口等因素。微观环境又称行业环境因素，是与企业品牌策划联系比较密切的各种因素的总称，主要包括企业、供应商、营销中介、消费者、竞争者等企业开展品牌策划过程中的上下游组织和个体。任何企业的营销环境都是动态变化的,企业了解了营销环境后,还需要对营销环境进行分析,对自身进行准确定位才能更好地制定品牌策划方案。

(一)品牌环境调查

1. 宏观环境调查

PEST 分析法主要用于宏观环境调查。宏观环境调查的主要目的是:第一,认识和了解环境,把握环境的变化趋势,使企业制定正确的营销决策;第二,发现市场机会;第三,规避市场威胁。要想有效地分析营销环境,就必须掌握营销环境的分析方法和工具。

PEST 分析法是对宏观环境进行分析的一种方法。"P""E""S""T"分别是政治、经济、社会、技术四个英文单词的首字母,在这里 PEST 分析实际上就是企业外部宏观环境分析。

(1)政治与法律环境(P)。"P"即 Politics(政治),引申为政治与法律环境,主要考虑影响客户战略的政治、法律因素(如外交政策、产业政策、环境保护政策等),以及对客户有重要战略意义的政治和法律变量。

(2)经济环境(E)。"E"即 Economy(经济),指的是经济环境,主要考虑影响客户战略的经济特征、经济联系、经济条件等因素,如劳动力生产率水平、消费模式、税率、通货膨胀等。

(3)社会文化与自然环境(S)。"S"即 Society(社会),引申为社会文化与自然环境,主要考虑影响客户战略的民族特征、文化传统、价值观、社会结构、宗教信仰、教育水平等社会因素,以及地区或市场的地理位置、气候、资源、生态等自然因素。

(4)技术环境(T)。"T"即 Technology(技术),指的是技术环境,主要考虑影响客户战略的技术水平、技术政策、发展动态、产品生命周期等因素。

综上所述,PEST 分析法作为企业外部宏观环境分析的基本工具,可以有效地帮助企业分析其所处的宏观环境对它带来的影响。

【案例赏析】金龙鱼的"1∶1∶1"营销理念

2. 微观环境调查

营销环境也包括与企业效益直接相关并影响企业实现其目标的微观环境,包括客户、竞争对手、供应商等因素。实际上,微观环境又称行业环境因素。品牌策划人员可以通过波特五力模型来分析行业结构,了解行业环境。对行业结构进行分析的主要目的是了解行业的长期吸引力及未来的盈利能力。行业结构是指在特定市场中,企业间在数量份额、规模上的关系,以及由此形成的竞争形式。行业结构包括企业数量、规模及其在行业中的位置,用户的数量、规模及其构成,从供应商到最终用户的分销渠道状况,行业

品牌策划与推广

内的一体化程度，行业的总体规模，进入市场的难易程度，行业的竞争状况及其吸引力等。

波特五力模型认为企业的盈利能力取决于企业所处行业的吸引力及企业在行业中的相对位置。波特五力模型中的"五力"是指潜在进入者的威胁、供应商的议价能力、购买者的议价能力、替代品的威胁、行业内竞争者之间的竞争。"五力"的综合作用决定了行业竞争的激烈程度，形成了行业的吸引力和盈利能力。不同行业的"五力"的综合作用不同，相同行业的不同发展阶段的"五力"的综合作用也不同。因此，不同行业或相同行业的不同发展阶段的企业的吸引力的大小是不同的。波特五力模型如图 1-3 所示。

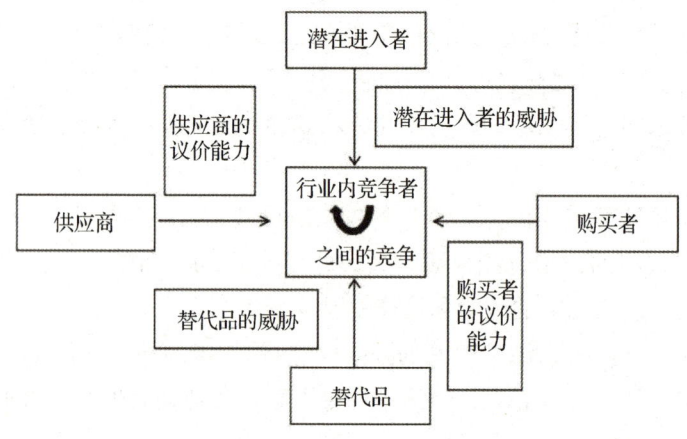

图 1-3　波特五力模型

（1）潜在进入者的威胁。潜在进入者如果进入行业内，会从两方面使原有企业的利润降低：一是争夺供应商，二是争夺、瓜分原有企业的顾客。所以，企业在这里主要考虑以下几个问题：进入本行业有哪些壁垒？它们阻碍潜在进入者的作用有多大？本企业怎样确定自己的地位（自己进入或者阻止对手进入）？

（2）供应商的议价能力。供应商会通过两种方式对行业施加议价压力：一是提高供应产品或服务的价格；二是在现有价格条件下降低产品或服务的质量。如此一来，供应商的品牌或价格特色、供应商的战略中本企业的地位、供应商之间的关系等，都会影响企业与供应商的关系及企业的竞争优势，所以微观环境调查要将这些考虑进去。

（3）购买者的议价能力。购买者在讨价还价的过程中通过两种方式对行业施加议价压力：一是要求降低行业提供的产品或服务的价格；二是要求行业提高产品或服务的质量。购买者上述两种议价方式都会降低行业利润。购买者的集中度、购买者的购买成本、替代品、转换成本等都会影响到购买者的议价能力。

（4）替代品的威胁。几乎所有行业都面临着替代品的威胁。替代品限定了企业产品的最高价。替代品可能对企业有威胁，也可能为企业带来机会。企业必须分析以下几个方面：替代品给企业的产品或服务带来的是"灭顶之灾"，还是提供了更高的利润或价值；购买者转而购买替代品的转移成本；企业可以采取什么措施来降低成本或增加附加值，来降低消费者购买替代品的风险。

（5）行业内竞争者之间的竞争。行业内现有竞争者的实力均衡程度、增长速度、固定成本比例、产品或服务的差异化程度、退出壁垒高低等决定了一个行业内的竞争激烈程度。对于企业来说，最危险的行业环境是进入壁垒低、存在替代品、行业由供应商或买方控制、行业内竞争激烈。

（二）品牌市场机会分析

通过前期的品牌环境调查，对宏观环境和微观环境进行调查后，就要分析品牌的市场机会，通常采用SWOT分析法对品牌的市场机会进行分析。

1. SWOT分析的定义

在企业营销战略分析中，SWOT分析法是一种常用的分析方法。从战略视角看，企业在进行SWOT分析时同时进行PEST分析是必要的。实际上，SWOT分析就是在对企业所处的外部环境及内部资源进行分析后，将分析结果总结为机会、威胁、优势、劣势四个方面，进行综合分析。这四个方面是相互联系的一个整体，连接这四个方面的纽带是竞争，对象是顾客。SWOT分析把企业内部资源所形成的优势、劣势与外部环境所形成的机会、威胁四个方面的情况结合起来进行分析，以寻找、制定适合本企业实际情况的经营战略和策略，能够帮助企业管理者快速把握企业的战略处境。SWOT分析的假设是：好的战略应该寻求内部优势与外部机会之间的最佳配合，应该有效地避免劣势，避免外部威胁。

2. SWOT分析的执行步骤

SWOT分析的执行步骤如下。

（1）结合企业的外部环境和市场发展趋势确定企业未来走向，寻找环境变化带来的发展机会和威胁。企业面临的外部机会与威胁可能来自与竞争无关的外部环境因素的变化，也可能来自竞争对手力量因素的变化，或者兼而有之。

（2）结合企业内部资源、管理能力和竞争对手的经营能力确定自身优劣势。

（3）制作SWOT矩阵图。

（4）进行SWOT分析。SWOT分析的基本内容是将优势、劣势、机会、威胁进行双元素分析，包括优势与机会、优势与威胁、劣势与机会、劣势与威胁四种组合。

3. SWOT矩阵

在找到企业内部资源的优势与劣势、外部环境的机会与威胁之后，下一步的工作是将企业的外部环境和内部资源结合起来进行分析，形成SWOT矩阵。SWOT分析法可以作为选择和制定战略的一种方法，它提供了四种战略，即SO战略、WO战略、ST战略、WT战略。SWOT矩阵如表1-1所示。

品牌策划与推广

表 1-1 SWOT 矩阵

外部环境	内部资源	
	优势（S）	劣势（W）
机会（O）	SO 战略 • 依靠内部优势 • 利用外部机会	WO 战略 • 利用外部机会 • 克服内部劣势
威胁（T）	ST 战略 • 依靠内部优势 • 回避外部威胁	WT 战略 • 克服内部劣势 • 回避外部威胁

（1）SO 战略。SO 战略即依靠内部优势去利用外部机会的战略，是一种理想的战略模式。当企业具有特定优势，而外部环境又为企业发挥这种优势提供了有利机遇时，企业可以采用该战略。例如，一家资源雄厚（内部优势）的企业发现某一国际市场未饱和（外部机会），它就应该采取 SO 战略去开拓这一国际市场。

（2）WO 战略。WO 战略即利用外部机会来克服内部劣势，从而使企业获取优势的战略。当存在外部机会时，企业存在的一些内部劣势妨碍了其利用外部机会，这时企业可先采取措施克服这些内部劣势。例如，一家面对高速增长的市场（外部机会）却缺乏资金投入（内部劣势）的企业应该采取 WO 战略，努力吸引各种风险投资或争取其他资金的支持。

（3）ST 战略。ST 战略即依靠内部优势来回避外部威胁的战略。例如，一家企业拥有很多的销售渠道（内部优势），但是由于各种限制又不允许经营其他产品（外部威胁），那么企业就应该采取 ST 战略，走集中型、多样化的道路。

（4）WT 战略。WT 战略即克服内部劣势和回避外部威胁的战略。当企业存在内忧外患时，往往面临生存危机，降低成本也许会成为改变劣势的主要措施。例如，一家商品质量差（内部劣势）、供应渠道不可靠（外部威胁）的企业应该采取 WT 战略，强化企业管理，提高产品质量，稳定供应渠道，或者走联合、合并之路，以谋求生存和发展。

综上所述，SWOT 分析的基本点就是企业制定的品牌战略必须使其内部资源（优势和劣势）与外部环境（机会与威胁）相适应，在不断变化的市场环境中发现必须面对的来自竞争对手的严重威胁，消除企业在这些方面的劣势，并充分利用企业拥有的优势和机会，采取有效的营销组合策略，以获取经营的成功。SWOT 分析也有其局限性。由于 SWOT 分析是由企业内部人员开展的，因此不可避免地会带有主观色彩。此外，SWOT 分析没有考虑企业改变现状的主动性，同时并不是所有的威胁都需要进行同样的关注，因为产生冲击的可能性和随之而来的损害程度各不相同。事实上，企业可以根据自身的实际情况创造品牌市场机会，挖掘品牌潜力，寻找新的品牌发展方向。

【案例赏析】加多宝与王老吉的竞争环境分析

（三）确定品牌目标市场

品牌营销在企业发展中扮演着至关重要的角色，在激烈的市场竞争中，如何准确地分析和定位品牌目标市场成为品牌策划成功的关键。因此，目标市场分析是品牌策划方案的基础，只有通过深入了解和分析目标市场的特征和需要，才能更好地制定有效的品牌策划方案。企业确定品牌目标市场通常需要进行市场细分、目标市场选择、市场定位三个步骤。

1. 市场细分

所谓市场细分，是指企业通过市场调研，根据顾客对产品或服务不同的需要和欲望、不同的购买行为与购买习惯，把某一产品的整体市场分割成需求不同的若干个市场的过程。分割后的每一个小市场称为子市场，也称为细分市场。市场细分需要根据一定的细分变量来进行。

不同的市场有不同的细分变量，如表1-2和表1-3所示分别为消费者市场细分的常用标准和组织市场细分的常用标准，企业应根据一定的细分标准确定品牌所要进入的市场。

表1-2　消费者市场细分的常用标准

细分标准	细分变量
地理细分	国家、地区、城市、农村、气候、地形、交通条件、通信条件、城镇规划、面积大小等
人口细分	人口总数、人口密度、家庭户数、民族、文化、宗教、收入、职业、性别、年龄、家庭生命周期等
心理细分	生活方式、个性、购买动机、价值取向、对产品或服务的感受或者偏爱、对产品价格的敏感度等
行为细分	购买时机、追求的利益、使用状况、忠诚程度、使用频率、待购阶段和态度等

表1-3　组织市场细分的常用标准

细分标准	细分变量
地理细分	国家、地区、气候、地形、自然资源、交通运输条件、通信条件、城镇规划、企业地理位置、生产力布局等
需求细分	采购目的、商品用途、使用者情况、追求利益的重点、质量标准、功能要求、供货时间、使用频率、价格要求、品质规格要求、交易方式、生产发展规划等
行为细分	客户规模、购买能力、付款方式、购买批量、购买周期、采购制度及手续等

2. 目标市场选择

市场细分的目的是为企业选择目标市场提供科学的依据。目标市场选择将回答企业为谁经营、经营什么产品、提供什么档次的产品、如何销售产品等一系列问题。目标市场选择将决定未来企业的生存与发展状态。

目标市场是指企业决定要进入的市场，即通过市场细分被企业选中，并且企业决定

品牌策划与推广

组织营销活动去满足其需求的那一个或几个细分市场。目标市场应是能为企业提供市场机会，有充足的现实与潜在购买力，竞争不激烈甚至无竞争，企业有足够的力量进入并开发、占领的市场。

确定目标市场有两种方法，一种是先进行市场细分，然后选择一个或几个细分市场作为目标市场；另一种是不进行市场细分，以产品的整体市场为目标市场。但是也要注意，在选择目标市场的时候应该考虑以下条件：目标市场的规模和成长性，目标市场是否符合企业发展目标，以及企业进入目标市场的能力和条件等。

3. 市场定位

市场定位是企业根据竞争者现有产品在市场上所处的位置，针对该产品的某种特征或者属性的重要程度，塑造出本企业与众不同的形象，并把这种形象传递给消费者，从而使该企业的产品在目标市场上占据适当的位置。

市场定位是通过为自己的产品创立鲜明的特色或个性，塑造出独特的市场形象来实现的。产品的特色或个性有时可以通过产品实体表现出来，如形状、成分、构造、性能等，有时可以通过消费者的反馈总结出来，如豪华、朴素、典雅等，有时表现为质量水准等。企业在进行市场定位时一方面要了解竞争对手的产品具有何种特色，另一方面要研究消费者对该产品各种属性的重视程度，然后根据这两方面进行分析，选定本企业产品的特色和独特形象。这样，就可以塑造出一种消费者将其与别的同类产品联系起来并按一定方式去看待的产品，从而完成产品的市场定位。

【案例赏析】乐百氏的市场定位

市场定位的步骤如下。

（1）判断消费者对某种产品属性的重视程度，找出产品在消费者心目中的"理想点"，这是市场定位的关键。每名消费者对产品都有一个综合性要求，包括消费者对该产品实物属性的要求和心理方面的要求，各种要求来自消费者的购买动机。只有通过研究认清消费者购买本企业产品的真正原因，才能为产品的市场定位找到科学依据。

（2）企业竞争对手主要包括四种类型：第一种是愿望竞争者，即满足消费者目前各种不同愿望的竞争者；第二种是一般竞争者，即满足消费者某种愿望而采取不同方法的竞争者；第三种是产品形式竞争者，即满足消费者某种愿望而在质量、价格上相互竞争的竞争者；第四种是品牌竞争者，即能满足消费者对品牌追求的竞争者。其实，竞争者不仅存在于同行业之间，也存在于不同行业之间。所以，对于不同行业企业的种种行为，不可视而不见或漠然视之，需要注意它们的动态。在了解竞争对手之后，就要在与竞争对手比较的过程中建立自己的优势，以寻找占领市场的最佳立足点。这些优势可以是资源优势、规模优势、管理优势、营销优势、产品优势、技术优势和品牌优势。当然，企业无须也不可能面面俱到，只要其中某些方面有过人之处，就可以从那些方面入手，进行市场定位。

（3）通过市场定位的前两个步骤，企业可以了解竞争对手的产品具有的特色和消费者对企业产品各种属性的重视程度，然后对这两个方面进行分析，选定本企业产品的特色和独特形象并进行宣传。至此，企业就可以塑造出一种消费者将其与别的同类产品做对比并以一种不同方式去看待的产品，从而完成产品的市场定位。

【案例赏析】农夫山泉——甜并快乐着

市场定位的策略主要有以下三种。

（1）避强定位策略。即避免与竞争者直接对抗，将本企业的产品定位于市场的某处"空隙"或薄弱环节，开拓新的市场领域。

（2）迎头定位策略。即与最强的竞争对手"对着干"的定位策略。采用这种策略的企业应具有与竞争对手相当的实力。

（3）重新定位策略。如果竞争者的产品定位于本企业产品的同类产品，侵占了本企业产品的部分市场，或者消费者偏好发生了变化，转移到了竞争者的产品上时，企业就必须考虑对自己的产品进行重新定位，改变市场对其原有的印象，使目标消费者对其建立新的认识。

（四）制定品牌策划方案

品牌策划方案主要包含封面、前言、目录、摘要、正文、结束语、附录等几个方面的内容。

1. 封面

封面是品牌策划方案的脸面，是阅读者对品牌策划方案的第一印象。规范的品牌策划方案的封面应包含以下内容。

（1）品牌策划方案的名称。

（2）被策划的客户的名称。

（3）策划机构或策划人的名称。

（4）策划负责人及其联系方式。

（5）策划完成日期及执行时间段。

（6）编号。

2. 前言

前言是对品牌策划方案的性质进行的简要说明，其主要内容包括接受委托情况和策划概况。其中，策划概况主要介绍策划所要达到的目的和策划的全部过程。

3. 目录

目录是品牌策划方案各部分内容的清单，能使阅读者很快了解整个品牌策划方案的概况，方便其查找各部分的相关内容。品牌策划方案目录的编写要下足功夫，要求其既能使阅读者了解整个品牌策划方案的概况，又要引起阅读者的兴趣。

4. 摘要

摘要是对整个品牌策划方案所做的一个简单而概括的说明，其要说明的内容包括：品牌策划的性质、要解决的问题、结论。通过阅读摘要，阅读者可以大致了解品牌策划方案的要点。摘要虽然在策划书的最前面，却是整个品牌策划方案制定之后才写出来的。

5. 正文

正文是品牌策划方案中最重要的部分，它应包括以下内容。

（1）品牌策划的目的。

（2）环境分析，包括企业营销的内部环境分析和外部环境分析，其重点是对企业市场的分析和竞争者的分析。

（3）SWOT分析，通过对企业优势、劣势、机会、威胁的分析发现市场机会和企业存在的营销问题。

（4）营销目标和目标市场。

（5）营销因素组合，即4P，指的是企业在市场营销中采取的四个基本策略的组合，分别是产品（Product）、价格（Price）、渠道（Place）、促销（Promotion）。

（6）预算，包括营销过程中的总费用、阶段费用、项目费用等。

（7）进度表与人员配置。

（8）营销执行与控制方法。

6. 结束语

结束语是对整个品牌策划方案的要点进行归纳总结，一方面突出要点，另一方面与前言呼应。在撰写结束语时，策划者要明确以下两个重要问题。

（1）该品牌策划方案能否解决前面提出的营销问题？

（2）该品牌策划方案怎样解决前面提出的营销问题？

如果不能很好地解决这两个问题，整个品牌策划方案的逻辑就值得怀疑。结束语属于"画龙点睛"之笔，绝非可有可无。

7. 附录

品牌策划方案的附录一般包括以下内容。

（1）参考资料及数据。参考资料及数据主要包括市场调研报告、竞争分析数据、行业统计数据、相关研究文献等。

（2）调研问卷或访谈问卷。如果在品牌策划过程中进行了市场调研或者访谈调查，可以将相应的问卷放入附录中供企业决策者参考。

（3）图表和配图。图表和配图是附录中常见的一部分内容。它们可以是一些重要数据的可视化呈现，或者是品牌策划方案中使用的示意图、流程图、平面设计等。在附录中插入这些图表和配图，既可以使正文更加整洁简洁，又可以为决策者提供更直观的信息展示。

（4）详细预算。正文中通常会提到项目所需的预算，附录中可以提供更加详细的预算内容。例如，列出项目中各个环节的成本估算、费用分配情况、预期收益等，以便读者更全面地了解项目的经济性和可行性。

（5）其他补充资料。根据实际需要，附录还可以包括其他补充资料。例如，某个品牌策划方案需要提供参与人员的简历或作品集，或者在正文中提到的某个具体案例等。

通过附录的内容，决策者可以更加全面地了解品牌策划方案所依据的数据、资料来源，同时也能够查找和核对相关信息，对品牌策划方案的可行性和可靠性进行更深入的评估。

根据策划对象和策划要求的不同，品牌策划方案的内容和格式也不同。

【案例赏析】××饮料市场品牌策划书

二、技能点：品牌策划方案实施与评估

（一）品牌策划方案的实施

品牌策划可以通过品牌策划方案进行具体的展现，经过企业决策者的同意后，企业即可根据品牌策划方案所述内容在实践活动中实施。品牌策划方案实施的实质就是将品牌策划方案的书面内容转化为行动的过程。在实施的具体过程中，企业要注意合理分配资源，加强引导，以具体实施品牌策划方案的内容。

人们常说："一个人的成功三分靠头脑，七分靠打拼。"这句话是十分有道理的。同样地，品牌策划方案获得通过并不意味着就大功告成了，咨询界流行着一句话："三分靠策划，七分靠执行。"由此可以看出，品牌策划方案的实施对于其最后的成功是至关重要的。要使品牌策划方案有效实施，需要注意以下几个方面的问题。

（1）制定详细的执行方案。为了有效地实施品牌策划方案，必须制定详细的执行方案。制定者中既需要有专业的策划人员，又需要有足够的方案执行人员。实践证明，许多企业面临困境，就是因为缺乏一个能够使企业各部门一致作战的详细的执行方案。企业高层决策者和管理人员不能有丝毫"想当然"的心理，相反，他们必须制定详细的执行方案，规定和协调各部门的活动，编制详细、周密的项目时间表，明确各部门经理应负的责任，这样品牌策划方案的实施才能有保障。

（2）用流程控制营销。企业必须为自己的市场营销活动设计出一套规范、严谨的工作流程体系，用来控制市场营销行为。在设计流程时，应当尽可能地考虑周全。管理工作就是对工作过程的管理，无论何时都必须抛弃那种为达到目的不择手段的短视行为。在一些涉及企业根本利益的行为上，如营销费用监控、经销商授信额监控、各种费用的报销审核等，必须坚持按流程操作。同时，在流程设计上，还必须遵循"切实可行"这一原则，不要人为地烦琐化，甚至可以打破常规去设计某些流程。具体来说，进行流程设计时，应该首先将整个营销过程的每一项工作罗列出来（不同产品有不同的销售过程），然后划分成若干个流程，上道流程的工作由负责下道流程的人员现场审核，在准确无误后再签名放行到下道流程。日后，如果这项工作出现问题，是哪一道流程把关不严所致，就由哪一道流程的责任人承担相应的责任，从而迫使岗位人员增强责任心。通过这个体系，还可以及时发现错误的苗头，而这些错误的苗头往往就是销售异态或费用异态的根源所在。如果不注重这些方面，就会助长不良行为的产生，久而久之就有可能酿成巨大的危机。

（3）建立执行组织。为了有效地执行品牌策划方案，企业必须善于运用组织技能将战略实施的任务分配给具体的部门和人员，规定明确的职权界限和信息沟通渠道，以协调企业内部的各项决策和行动。企业的执行组织在市场营销执行中起着决定性的作用，组织结构必须同企业战略一致，必须同企业本身的特点和所处的环境相适应。

【案例赏析】无策划，不营销

（二）品牌策划方案的评估与修正

品牌策划方案开始实施后，企业就要注意对其进行评估与修正。

品牌策划方案的评估与修正是指将品牌策划方案的实施效果和品牌策划方案的预期目标进行比较、评价，当发现品牌策划方案的实施效果不理想时，就需要对造成不利影响的因素进行修正，以确保品牌策划方案能够实现预期目标。

品牌策划方案的评估与修正主要包括考评和改进两个阶段。考评阶段可以根据品牌策划方案的不同阶段进行项目考评、阶段考评和最终考评，以及时发现品牌策划方案不同阶段可能出现的问题，防止品牌策划方案实施过程中出现更大的偏差。改进阶段主要是对品牌策划方案实施过程中发现的问题进行总结、反馈和调整，以改进品牌策划方案的实施，促使品牌策划流程形成一个完整的闭合链，提高企业品牌策划的整体实力与水平。

拓展阅读：雀巢——从改变人们生活习惯开始

【案例赏析】某大米品牌策划案

技能训练

株洲千金瑰秘酒业股份有限公司研发出一款新产品千金饮五果酒，现在想开拓长沙市场，请你帮助公司进行市场机会SWOT分析，撰写千金饮五果酒长沙推广项目SWOT分析报告，并制作PPT进行汇报展示。

技能训练考核评分表

	评分项目	分值	得分
素质目标	认真细致、团结协作、精益求精等操作技能的完成情况	20	
知识与技能目标	1. SWOT分析方法掌握及运用情况	15	
	2. SWOT分析报告的科学性、可行性、可操作性、创新性等情况，PPT制作美观、结构合理	30	
	3. 汇报展示中同学们的仪表仪态、口头表达等表现情况	20	
	4. 小组分工明确、团结协作等完成情况	15	
	总分	100	

知识检测

1. 简述SWOT分析的步骤。
2. 什么是SO战略？
3. 什么是WT战略？

案例材料：

国货品牌蝶变，"双十一"彻底崛起

2023年的"双十一"是国货品牌彻底崛起的一次检验，多个电商平台数据显示，一些国货牌可以和一些国际品牌"掰一掰手腕"，甚至在一些细分赛道上卖得更好。

京东数据显示，大量优质国货销售火爆，其中"90后"及"00后"国货消费金额占比达到62%，成为国货消费的绝对主力。2023年"双十一"，来自全国超2000个农特产地及产业带的农特产好物，如宿迁霸王蟹、新疆阿克苏冰糖心苹果、锡林郭

品牌策划与推广

勒盟的羊肉被送往千家万户。长白山人参、亳州中药材、青海枸杞等产业带特色好物持续热销。

天猫方面数据显示，2023年天猫"双十一"，243个国货品牌进入"亿元俱乐部"。国货消费为什么能够抢占"双十一"风头？业内人士表示，与过去促销靠打价格战不同，如今国货品牌正在向注重品质、凸显特色、创新产品品类等方向加速转化。

一、老牌国货频频登上热搜，越来越会"玩"

2023年国货品牌在互联网上很热闹。蜂花、郁美净、莲花等老牌国货频频登上热搜，不仅迎来热卖，而且越来越会"玩"。2023年"双十一"期间，诸多国货通过品牌联名、直播间互动等各种方式紧跟潮流趋势，持续吸引年轻消费者的关注。仅天猫平台就有超过100个国货品牌上演史上最大规模跨界联名，推出"双十一"热梗礼盒。

二、核心"硬实力"成竞争关键

通过比较，部分网民发现国货品牌在保持亲民价格的同时，整体质量和配置与国际品牌相比并不逊色。越来越多"好用不贵"的国货摆脱了国际品牌"替代品"的身份，华丽转身的背后是消费者与日俱增的信任与青睐。"国货热"一方面源自国人的民族意识和爱国热情，另一方面源自国货品牌产品质量、品质的提升。中国有能力塑造高品质国货品牌，也有能力针对国潮文化供给个性商品，满足市场需求。

三、服装消费领域出现新变化，"国货"抢占新赛道

服装类目中国货品牌的占比一直都很大。从2023年"双十一"的榜单来看，随着运动、时尚消费类目的细分，新需求不断涌出，出现了新的变化。一些民族品牌服装、古风文化服装受到欢迎！

四、借助热点获得流量，国货品牌美妆、美容仪表现亮眼

国产护肤品牌珀莱雅成功登顶天猫护肤品牌销售榜榜首，这是国货品牌美妆多年来首次夺冠。此消彼长，国际大牌护肤品销售全线下滑。

在美容仪赛道，国货品牌同样亮眼，消费者对国货品牌美容仪的认可度逐渐上升。总结国货品牌美妆、美容仪异军突起的原因，营销能力和产品力的提升缺一不可。国产美容仪在娱乐营销、价格营销层面布局很深；在产品层面，国产美容仪的破局关键在于对国人护肤思路的精准把控。精准的营销和产品设计思路让国产美容仪在2023年"双十一"销量得到了爆发。

2023年"双十一"年度大促不仅是品牌综合能力的比拼，同样也是未来一段时间消费趋势的展现。当我们把关注重点放在一些平常不太受关注的国货品牌上时可以发现，在如今的市场和营销环境中，任何人都有机会创新、做大，关键是要找准突破口，在稳固的行业中找到细分的新方向，在产品层面不断精进。

案例评析：

1. 国货品牌的崛起在于在深入了解消费者需求的基础上不断创新产品功能，打造鲜明的产品卖点，进行精准的产品定位，同时不断提升产品的品质，打造品牌人格化特征，提高品牌知名度和影响力，丰富品牌宣传手段和渠道，同时创新营销策略。

2. 国人对国货品牌的偏爱除了有对产品本身的需求，还有情感上的信任，所以，国货品牌民族文化的打造和渲染也是十分重要的。

案例感悟：

近些年来，随着中国产品质量的不断提升，企业品牌意识的不断增强，消费者越来越关注国风、国潮、国货，国货品牌乘机强势崛起，在与国际品牌的竞争中创造了弯道超车的机会，从产品到供应链再到品牌塑造，国货品牌的影响力正在不断增强。放眼未来，随着中国经济的快速发展，相信国货品牌不久将会超越国际竞争对手，成为国际知名品牌！

项目二

品牌策划创意

"白加黑"的成功

"白加黑"上市仅 180 天销售额就突破了 1.6 亿元，在竞争激烈的感冒药市场上分割了 15% 的份额，登上了当时行业第二品牌的地位。在当时的感冒药市场中，合资、外资企业的感冒药占据了大部分市场份额，"康泰克""帕尔克""康得"等已经有了相当高的知名度，再加上"三九感冒灵"等部分品牌的激烈竞争，"感冒通""速效感冒片""VC银翘片"等大批普通感冒药的固有传统渠道的渗透，市场已经可以嗅到大战前的硝烟味道。

面对竞争如此激烈的感冒药市场，为什么"白加黑"可以获得这么大的成功呢？我们知道，感冒药吃了之后有嗜睡的副作用，而"白加黑"在治感冒的问题上另辟蹊径，主打"黑白分明治感冒"这一概念，"白天吃白片，不瞌睡，晚上吃黑片，睡得香。"在"白加黑"的品牌名称和宣传广告的双重推广下，成功地向消费者传达了一个"黑白分明治感冒"的概念。

【思考】
1. "白加黑"有哪些方面的创新？
2. "白加黑"的成功给了你什么样的启发？

项目导学

学习任务	品牌策划创意	教学模式	任务驱动教学法
建议学时	6	教学地点	多媒体教室
项目描述	小李是一名大二学生，他和同学一起组队参加乡村振兴的营销大赛，帮助某地非遗产品进行宣传推广。为了更好地推广产品，小李和团队成员均认为应该先为产品打造一个有创意的、令人记忆深刻的品牌。一个好的创意是如何产生的？品牌策划创意又有哪些方法和技巧		

项目二　品牌策划创意

续表

项目解读	任务一	认识品牌策划创意
	任务二	品牌策划创意的理论基础
	任务三	品牌策划创意的步骤
	任务四	品牌策划创意的方法与技巧
学习目标	知识目标	了解品牌策划创意的概念、特点及作用 理解品牌策划创意的来源、原理和基础理论 掌握品牌策划创意的思维、法则 掌握品牌策划创意的步骤 掌握品牌策划创意的方法与技巧
	能力目标	能够根据创意的特点对创意进行分析 能够根据品牌策划创意的步骤组织品牌策划创意的开发工作 能够利用品牌策划创意的方法与技巧进行品牌策划创意的开发
	素质目标	培养学生的创意思维和创新技能 培养学生的组织协调能力，加强团队协作、团队沟通

任务一　认识品牌策划创意

知识目标

- 了解创意与品牌策划创意的概念。
- 了解品牌策划创意的作用。
- 理解并掌握品牌策划创意的特点。

能力目标

- 能够利用品牌策划创意的特点对常见的品牌策划进行分析、评价。

思维导图

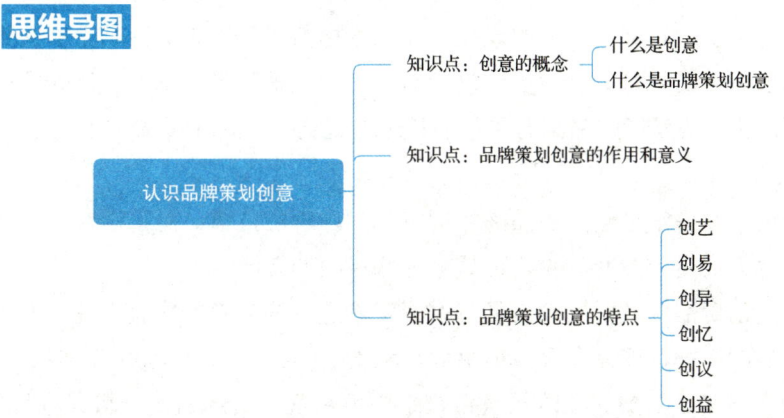

27

品牌策划与推广

> 知识与技能导航

一、知识点：创意的概念

（一）什么是创意

通用电气前首席执行官杰克·韦尔奇曾说过："未来，知识将不是最重要的，最重要的将是振聋发聩的创意。创意和智慧、经验、知识一样具有资本的属性。"

创意是人们经济、文化活动中产生的思想、点子、主意、想象等新的思维成果，或者是一种创造新事物、新形象的思维方式和行为。根据创意的定义，我们可以知道，创意是生活的积累，是创造性思维的一个产物，是人们主体意向和客体表现的一种结合。

（二）什么是品牌策划创意

品牌策划创意是为了实现企业或产品品牌的创立和发展，运用科学和艺术相结合的逻辑分析与设计方法，创造性地使企业或产品在消费者脑海中形成一种能实现价值共鸣的个性化形象，从而建立起自己的核心竞争力。

品牌策划创意给品牌拥有者带来溢价、增值的无形资产，品牌策划创意的成果是用来和其他竞争对手做区分的名称、术语、象征、记号、设计、故事及其传播组合，消费者脑海中对创意成果产生印象的深刻程度和共鸣程度越高，溢价、增值的幅度就越大。所以，我们往往说，能够做到口口相传的牌子才称得上品牌。

二、知识点：品牌策划创意的作用和意义

品牌策划创意的作用和意义如下。

（1）为品牌投入市场提供有效的保障。品牌策划创意需要经过可行性分析，让企业或产品在还未进入市场之前就对市场需求做出正确的判断，有效避免企业因不正确的操作产生巨大的经济损失。

（2）定位价值。品牌策划创意需要完成逻辑性分析与设计，使品牌与竞争对手形成差异、区别、优势来引导目标消费者的选择，并在目标消费者的心中形成竞争优势。

（3）竞争力价值。品牌策划创意更注重创新性，即在消费者的知识和体验中产生崭新的意识与心理冲击，从而形成深刻的印象和长远的记忆，为品牌实现"第一提及""领先品牌"奠定基础。

（4）名品价值。具备策划创意的品牌才拥有成为名牌的价值。对于消费者来说，选择有影响力的品牌无疑是一种既省事、可靠又降低风险的方法。

例如，在大众消费品领域，同类产品可供消费者选择的品牌一般有十几个乃至几十个。面对如此众多的品牌、产品和服务提供商，消费者是无法通过比较产品服务本身来做出准确判断的。这时，消费者在购买决策过程中就出现了对产品的"感觉风险"（即

认为可能产生不良后果的心理风险）。这种感觉风险的大小取决于产品的价值高低、产品性能的不确定性及消费者的自信心等因素。消费者为了回避风险，往往偏爱知名品牌的产品，以坚定购买的信心。而品牌在消费者心目中是产品的标识，它代表着产品的品质和特色，同时它还是企业的代号，意味着企业的经营特长和管理水准。因此，品牌策划创意能缩短消费者的购买决策过程。

（5）一般而言，产品都有一个生命周期，会经历投入、成长、成熟和衰退4个阶段。但是，成功的品牌却不同，它有可能超越生命周期。一个策划成功的品牌拥有广大的忠诚顾客，其领导地位就可以经久不衰，即使其产品已经历过改良和替换。2016年波士顿咨询集团研究了三十大类产品中的市场领先品牌，发现在1929年的30个领袖品牌中仍有27个在1988年依然雄居市场第一，这些品牌在市场上经久不衰，正是品牌营销策划的结果。这些经典品牌策划中有象牙香皂、坎贝尔汤和金牌面粉等。今天我们很熟悉的一些海外著名品牌也有经久不衰的历史，如吉列、可口可乐、雀巢。同样，我国的不少老字号在今天的市场竞争中依然有着品牌优势，如全聚德、同仁堂等。

（6）造就强势品牌，能使企业享有较高的利润空间。

曾有调查表明，市场领袖品牌的平均利润率为第二品牌平均利润率的4倍，而在英国更高达6倍。强势品牌带来了高利润空间，尤其是在市场不景气或削价竞争的条件下表现出了重要的作用。事实上，这种优势不仅来自通常我们认为的规模经济，更重要的是来自消费者对该品牌产品价值的认同，也就是对价格差异的认同。

三、知识点：品牌策划创意的特点

一个好的创意能够让品牌策划具有独特性，让品牌策划更加引人注目。评价一个创意的好坏，可以从创意的特点来展开。在品牌策划中，一个好的创意应当具备以下特点。

（一）创艺

无论是产品工业设计、商品形态，还是包装设计、服务形式、广告表现等，只有具有艺术美感的商品形态才是具有魅力的，甚至传播手段都要讲究"艺术"，提升营销手段的美感，提高创意的艺术性。

例如，旺旺作为一个陪伴消费者从小到大的品牌，可谓"创艺"满满。凭借"魔性"的跨界营销，旺旺变身"情怀收割机"，让无数年轻消费者心动不已。旺旺创艺推出的旺仔牛奶民族罐，沿用了旺仔牛奶的经典红色包装，但国民IP旺仔却变身56个不同的旺仔民族形象。系列的概念配合盲盒的玩法催生了产品的社交属性，让"最旺民族风"迅速引爆社交网络。

（二）创易

商业品牌名称、品牌口号，或商品理念设计、广告诉求、广告表现、公关活动主题等都要尽可能单纯化，只有简单明了的信息才容易进行广泛传播。

品牌策划与推广

例如,"好空调格力造""格力掌握核心科技",这些简单的品牌口号不仅能让消费者记忆深刻,更能彰显格力空调的品质和质量。又如,用数字给产品命名是很多企业常用的手法之一,简单的数字不仅易于消费者记忆,同时数字的变化还能表明产品的发展历程和产品档次的区别,小米手机从最初的一代、二代,发展到小米13、小米14,体现了产品的更新换代和发展历程。

(三)创异

企业要与竞争对手在一定程度上建立差异化,进而使企业与竞争对手之间尽量有所区别,形成自身独特的策略、营销模式、运作风格等,从而提炼与众不同的商品或服务卖点。

例如,"农夫山泉有点甜"这句广告语曾经被评为最好的广告语之一。当别的同类产品都在表现各自如何卫生、高科技、时尚的时候,农夫山泉不入俗套,独辟蹊径,只是轻轻而又特别地点到产品的口味,也就是"有点甜",显得超凡脱俗、与众不同,让消费者耳目一新。"有点甜"以口感承诺作为诉求差异化,暗示水源优质,使农夫山泉形成了感性偏好、理性认同的整体策略,也使农夫山泉成功建立了记忆点。

(四)创忆

在创易和创异的基础上,品牌策划还需要给消费者带来个性鲜明的记忆点,通过行之有效的记忆点在消费者心中形成独有的记忆映像。

例如,提到农夫山泉,大家就会不自觉地想到它的广告语"农夫山泉有点甜",随之天然、纯净的感觉就会涌上心头。虽然只有7个字,但是"有点甜"这种口感上的形容词既生活化又接地气,简简单单组合在一起就让这句文案变得朗朗上口,在消费者心中形成了独有的记忆映像。"我们不生产水,我们只是大自然的搬运工",一方面体现了产品的纯净澄澈,另一方面以搬运工的形象自居,使消费者信赖,这就更进一步呼应了"农夫山有点甜"的记忆点。

(五)创议

消费者都有好奇心理,越是有争议的话题越具有吸引力。企业通过创造、嫁接或借用社会上的热点话题引发激烈讨论,吸引消费者的好奇心与目光,对商业策划的传播极为有利。

例如,某年的中国年度经济任务评选颁奖现场,雷军与董明珠就发展模式展开激烈辩论,并做下十亿元的天价约定。雷军称五年内小米营业额将超过格力。如果超过,雷军希望董明珠能"赔偿"自己一元钱。董明珠回应称如果超过愿意"赔偿"十亿元。"十亿元约定"的话题很快传播开来,在社会上引起了不小的讨论,吸引了行业内外众多消费者的关注,学术界、企业界甚至不少消费者抛出了自己的观点,探讨谁的话会成真,甚至将话题延伸到了传统制造业与互联网新经济的竞争之上。在这场"十亿元约定"的话题中，格力和小米获得了超高的关注度。

（六）创益

创益中的益指的是效益。效益是企业生存的根本，它可以是短期的效益，也可以是长远的效益；可以是实际的效益，也可以是潜在的效益。创益可以从以下三个层面来理解。

（1）品牌策划要为企业的销售与发展带来实际的资本效益，直白地说就是要让企业获利。

（2）品牌策划要为消费者创造切实有益的商品或服务，带来正面且有益的品牌感受和体验。

（3）品牌策划还要兼顾社会效益，符合社会可持续发展的要求。

"一分钱"能做什么？得到的答案是什么也做不了。但是千千万万个一分钱汇聚在一起，它的力量就是庞大的。农夫山泉实施的"一分钱工程"从每一瓶销售的产品中提取一分钱支持北京申办奥运会；推出的"农夫山泉阳光工程"，每卖出一瓶水就给贫困地区捐出一分钱，用来发展体育事业；推出的"饮水思源工程"，每卖出一瓶水就给水源地的贫困儿童捐出一分钱，帮助他们完成学业。农夫山泉的一系列"一分钱工程"充分体现了企业的社会责任感。可见一个好的创意不仅能够给企业带来效益，同时还能为社会的发展做出贡献。

综上所述，品牌策划创意需要围绕以上六个特点进行纵向思考，并对一切相关创意信息进行综合，从而提出切实可行的、具有创意的营销策划方案。

技能训练

根据本任务所学的知识，请各小组分析一个你认为典型的品牌创意案例，并制作成PPT在课堂上进行展示。

技能训练考核评分表

	评分项目	分值	得分
素质目标	创意思维、操作技能等完成情况	20	
知识与技能目标	1. 品牌创意的掌握及运用情况	15	
	2. 典型品牌创意分析PPT结构合理、目标明确，分析过程中有理有据，逻辑清晰，能结合所学知识点提出自己的观点	30	
	3. 汇报展示中同学们的仪表仪态、口头表达能力等表现情况	20	
	4. 小组分工明确、团结协作等完成情况	15	
	总分	100	

品牌策划与推广

知识检测

1. 什么是创意？什么是品牌策划创意？
2. 请简述品牌策划创意的作用有哪些？
3. 请简述品牌策划创意的特点有哪些？

任务二　品牌策划创意的理论基础

知识目标

- 理解并掌握创意的来源、原理、理论等内容。
- 掌握创意的思维方式。
- 掌握创意的法则。

能力目标

- 能够熟练掌握创意的各种理论因素，捕捉生活中的各种创意。

思维导图

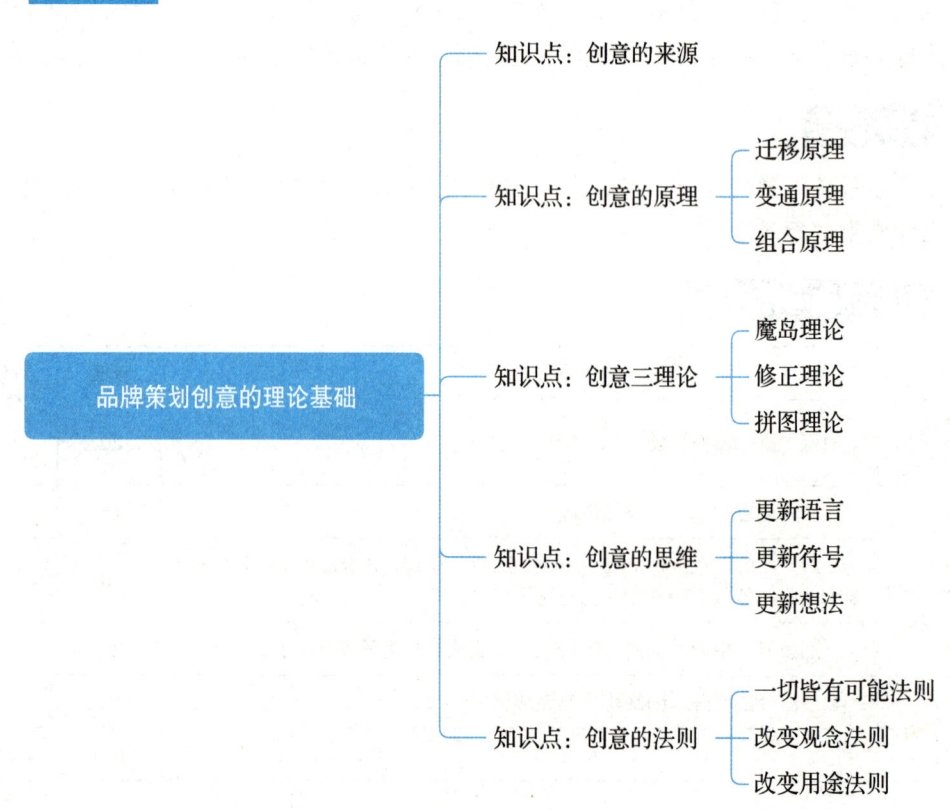

品牌策划创意的理论基础
- 知识点：创意的来源
- 知识点：创意的原理
  - 迁移原理
  - 变通原理
  - 组合原理
- 知识点：创意三理论
  - 魔岛理论
  - 修正理论
  - 拼图理论
- 知识点：创意的思维
  - 更新语言
  - 更新符号
  - 更新想法
- 知识点：创意的法则
  - 一切皆有可能法则
  - 改变观念法则
  - 改变用途法则

> 知识与技能导航

一、知识点：创意的来源

创意来源于思维的积累，需要知识积累、经验积累、时间积累、资源积累等。有的创意往往需要很长的时间才能出现，因为只有量的积累才能达到质的飞跃。一个好的创意需要提出者具有非凡的智慧，需要其对创意事物有本质的把握，更需要其具有相当的综合知识和专业能力。通常情况下，在面对某种事物或特定环境时，人的思维才能产生联想，思考才会得到升华，才能不断迸发灵感的火花，实现创意能量的释放。

创意大师詹姆斯·韦伯·杨提出，创意是有规律可循的，产生创意的基本方针有以下两点：（1）创意是把事物原来的许多旧要素进行新的组合；（2）必须具有把事物的要素进行新的组合的能力。在品牌策划中，创意的来源反映了提出者对市场分析和对资源掌握的积累能力，也反映了其对创意进行不断修正以达到目的的过程。通过大量市场分析和市场资源的积累不断地推陈出新，从而产生更多的创意。

二、知识点：创意的原理

（一）迁移原理

创意是一种迁移，所谓迁移，就是用观察此事物的办法去观察彼事物，也就是用不同的眼光去观察同一个现象，即采用移动视角的办法来分析问题。通过视角的迁移，人们可以简单地创造出众多新鲜的、交叉的、融合的、异化的、裂变的、创新的事物来。这就是创新产生的成因。在市场实践中，许许多多杰出的策划创意源于这类"再认识"。现代管理学之父彼得·德鲁克在谈到创新的来源时，也认为"认识的改变"是重要的创新来源。

（二）变通原理

创意有时候只是"概念的转变"，只要换一种方式去理解，换一个角度去观察，换一个环境去应用，一个新的创意就产生了。这就是创意的变通原理。

某种事物的功效作为一种能量在一定的条件下是可以转换的。例如，用于战争的兵法经过变通可用于经济，这是一种观念的嫁接；原本属于动物本能的保护色经过变通可用于军队的迷彩服，这是功能的变通；民用产品可以用作军需产品，军需产品也可以转为民用产品，这是能量与功效的传递和延伸。显然，上述各种物质的转换、功能的变通对策划创意的产生是极有启示性的。同样，知识的用途可以被拓宽，如心理学应用于管理，产生了管理心理学，成为管理者必备的知识；军事谋略应用于商战，使精明的商人懂得韬略；公关策略引入政界，成为竞选的有力武器；等等。

对于策划者来说，创意需要变通，创意产生于变通。"改变用途"是创意的重要源泉。策划者应该善于运用这种思路，通过改变事物的用途使事物变得新奇和独特。事物的用途可以交换、转换和传递，改变人的观念与改变事物的用途一样，实际上也是一种能力的改变。以一样的眼光看待不一样的事物，或用不一样的眼光看待一样的事物，都是功能变通，都能产生新的创意。

（三）组合原理

在自然界中，元素通过组合可以形成各种各样的物质。同理，策划者可以通过研究各种事物的组合产生新的创意，这就是创意的组合原理。

策划者不能墨守成规，必须不断尝试和揣测各种组合的可能，并从中获得具有新价值的创意。事物的组合不是简单的相加，而是在原有基础上的创造。能够产生创意的事物包罗万象，可以是实际的，也可以是抽象的；可以是现实存在的，也可以是虚构、想象的。酸奶可以炒着吃，冰激凌可以油炸，等等，都是一些超越常人思维习惯与方向的事物组合。

三、知识点：创意三理论

（一）魔岛理论

什么是魔岛理论？魔岛理论就是灵感理论，灯泡一亮，灵感一来，创意就此诞生。

古代水手中传说有一种魔岛存在。他们说，根据航海图的指示，这一带明明应该是一片汪洋大海，却突然冒出一道环状的海岛。更神奇的说法是，水手在入睡前，周围还是一片汪洋，第二天早上醒来，却发现附近出现了一座小岛，大家称之为"魔岛"。创意的产生有时候也像"魔岛"，在人的脑海中悄然浮现，神秘而不可捉摸。这种想法会稍纵即逝，所以我们应该随时将它们记录下来。我们随手写下来的东西可能成为改变人生的源泉。例如，有一个人洗脚，洗完脚之后在穿袜子时突然想到，如果袜子可以在人们洗完脚之后帮助人们按摩就好了，于是他记下了这个想法并且动手去做，最终发明了一种新的袜子。这种袜子的底部有18个按摩穴位，人们穿上这种袜子走路时就感觉像是在按摩。

新加坡的一家公司生产按摩椅，请了一位著名歌星拍摄广告，广告上的歌星一边躺在按摩椅上享受按摩，一边戴着耳机听音乐。后来，他们突然想到，可以生产一种根据不同的音乐节奏调节按摩力度和大小的按摩椅，例如，古典音乐的敲槌速度就很慢，摇滚乐的敲槌速度就很快，将音乐同按摩结合在一起产生了新的创意，突破了传统的观念。

（二）修正理论

修正理论认为灵感靠天才，灵感人人都有，所以人人都是天才，不过通常意义上的灵感只是一个点子，天才创意却是"创新性、逻辑性、可行性"的完整构思，因此，对灵感的修正才是真正的天才创意。

例如，有一位著名英语培训师在尝试了种种方法后，发明了一种学习英语的好办法，叫作"疯狂英语"，即用呐喊的方法来学习英语，强化了记忆、增强了信心，这是一种非常有效的创意。讲师梦工厂也是一种修正后形成的天才创意，讲师还是那些人，但是修改了讲师宣传方式，采用明星包装来推广，形成了新的营销手段。"把公司的高管当明星来包装"是一个类似的天才点子，实施起来却需要一套完整的系统。东汉蔡伦经过大量不同材料的尝试后发明了造纸术，而后来几代人不断改良使纸张能够大批量廉价生产，更是一个庞大的修正系统。

（三）拼图理论

拼图理论体现了创意的逻辑性，是指通过研究两个看起来完全不相关的事物，发现它们内在的逻辑，将它们组合起来变成另一种有用的东西。

例如，音乐贺卡就是把贺卡和音乐组合在一起的事物。又如，逛街本来是一件花钱的事情，但是有人想出了一个创意：利用逛街来赚钱，他找了一批喜欢逛街的人，让这些人穿着他提供的广告衫去逛街，这些广告衫上面有一个非常薄的电子屏，屏幕上不断地播放着广告，每个人这样逛街一天就可以获得一定的报酬。

四、知识点：创意的思维

（一）更新语言

语言是意义的载体，也是概念的载体。"新语言"可能来源于新概念的发生，也可能是"旧语言"的应用发生了变化，语言本身又可以带来更多的改变。

许多公司和媒体都喜欢使用同音词或者同义词来表达一种意思。例如，一家百货公司打出大大的条幅，上面写着"夏一跳"，意思是现在是"盛夏"，本商场的打折价格会让消费者"吓一跳"；"超级女声"风靡全国之后，"玉米""凉粉""盒饭"等词语有了新的含义，也成为当时的流行词。

当然，有时候人们也会使用反义词来吸引别人的注意。例如，曾经有一家餐厅的名称叫作"真难吃美食城"，很多人都觉得好奇，到底有多难吃呢？于是都去试试看，这使得餐厅的生意变得很好。

（二）更新符号

所有的符号都可以传递信息，语言只是其中之一。当了解了新语言隐含的新创意之后，我们很快就会注意到，一切颜色、线条、声音及符号都可以是创意的来源。

例如，有一家公司叫作"罗曼蒂克公司"，每到情人节的时候，"罗曼蒂克公司"推出的巧克力都很特别。某一年它的创意是"爱情诙谐故事"系列：一块心形巧克力的里面有一个小小的核心，把核心打开，上面会写着一些话，如"你的存在使我的人生有了意义"等。试想，在情人节的晚上，一位男孩把这样的巧克力送给他心仪的女孩，会有

品牌策划与推广

怎样的效果呢？

（三）更新想法

行为源于想法的推动，没有想法就没有行为的动力，很多时候创意并不需要对观念进行颠覆，只需要一点新的想法来推动行为的更新。

例如，所有的妈妈都喜欢给自己的孩子照相，芬兰的一位妈妈在照相的时候却别出心裁，在她的小宝贝女儿玛丽睡觉时，她用衣服、毛巾等家里的"道具"给玛丽摆出了许多故事里的场景姿势并拍了下来，拍摄一张照片只要花几分钟的时间，都是很自然的创意和造型。她将这些照片集成了一本相册——"玛丽的白日梦"。出版商发现后用高价买下其版权出版，发行了几十万册，一个可爱的想法变成了被市场追捧的宝宝画册。

【案例赏析】杯子的新概念创意

五、知识点：创意的法则

（一）一切皆有可能法则

一切皆有可能法则又称巴列托法则，主要是指将相关的事物进行重新组合。

例如，汽车可以飞吗（汽车与飞机的组合）？未来，人们可以发明一种汽车，这种汽车具有汽车的造型，但是两侧有飞机的机翼，这样就可以实现汽车与飞机的结合。杂志可以像书本一样持久吗（杂志的快速更新与书的耐久性的组合）？杂志一般是一个月出一期或两期，而一本书可以使用三五年甚至几十年。日本人创造了一种新产品——杂志书，这种书有非常完整的内容，并且不会随着时间的流逝而失去有效性，可是看起来又像是杂志。为什么要做成杂志的形式？因为在一般的报刊亭，每种杂志都会有固定的摆放位置，可是如果是书，除非很热门，否则一般不会被放在顾客能够看到的显眼位置。

不喝香槟而是喝其他饮料的人也可以享受开瓶时"嘭"的一声的乐趣（香槟的开瓶情调与其他饮料的组合）。现在有一种汽水饮料也做成了香槟的样子，顾客把汽水摇一摇，开瓶的时候就会像开香槟一样发出"嘭"的一声。还有一种饮料叫作弹珠汽水，整个汽水瓶的瓶口由一颗弹珠堵着，顾客开启瓶子时不是把塞子拔出来，而是要把瓶口的弹珠压下去。

（二）改变观念法则

观念就是力量，有时候仅仅是认识上的改变就可以产生效果无穷的创意。有时候只是用不同的眼光看一个旧事物，视角改变了，事物就成了新的。

商家打折大拍卖是常有的事，人们并不会大惊小怪。但是有人能从中创意出"打1折"的营销策略，实在是高明的枯木抽新芽的创意。有家绅士西装店曾经进行"打1折"的促销活动，具体的操作是这样的：先定出打折的时间，第一天打9折，第二天打8折，第三天、第四天打7折，第五天、第六天打6折，第七天、第八天打5折，第九天、第十天打4折，第十一天、第十二天打3折，第十三天、第十四天打2折，第十五天、第十六天打1折。很多人认为商家的"打1折"营销策略是愚蠢的，因为消费者都会图便宜，等到最后两天打1折的时候再去购买。商家却换了一种思路，由于人们的好奇心，前期的舆论宣传效果会很好，顾客会抱着猎奇的心态蜂拥而至。当然，顾客可以在这个打折期间随意选定购物的日子，如果你想要以最便宜的价钱购买，那么你在最后两天去购买就行了，但是，你想买的东西不一定会留到最后两天。

实际情况是：第一天前来的顾客并不多，前来的少数顾客也只是看看，一会儿就走了。从第三天开始就有成群顾客光临，第五天打6折时顾客就像洪水般涌来抢购，之后就是连日顾客爆满，当然等不到打1折的时候商品就全部卖完了。顾客纷纷急于购买到自己喜爱的商品，就会引起抢购的连锁反应。这是商家在运用独特的创意使商品在打5折、打6折的时候尽可能地全部卖出去，"打1折"实际上只是一种心理战术。

（三）改变用途法则

改变用途可以创造更多新的可能。

可乐可以用来干什么，在大多数人的认知中，可乐是一种传统而又风靡全球的碳酸饮料，深受不同人群的喜爱。但是在当前的社交网站中，我们可以发现可乐有着许多不同的用途，比如有清洁瓷砖的功能、可以用来烹饪、与曼妥思糖会产生奇妙的化学反应等。通过对可乐用途的开发，使可乐出现在了更多的场景中，这也是可乐厂商乐见的现象。

其实生活中充满着类似的创意。当我们要裁纸时，如果没有刀片，就会顺手拿一张银行卡之类的卡片来代替刀片；当我们要粘东西时，如果没有胶水，可以拿一粒米饭压上去；当我们吃饭的时候发现桌角倾斜，可以拿一本杂志或者纸板垫桌脚。只要留心，我们就会发现生活中充满着创意。

【案例赏析】云南白药牙膏的成功

技能训练

撰写创意日记

创意是可以通过简单的训练培养出来的。很多时候，我们以为我们没有创意，其实是我们没有挖掘内心的想法；我们以为我们无法表达头脑中的构思，其实是我们没有坚持训练。为了培养学生的创意思维，在接下来1～2周内，每一位同学都需要每天将自己遇到或想到的一件创意事情记录下来，形成创意日记。

品牌策划与推广

技能训练考核评分表

	评分项目	分值	得分
素质目标	创新意识、操作技能等完成情况	20	
知识与技能目标	1. 完成不少于 7 篇创意日记	40	
	2. 创意日记内容清晰，有一定的创新点，并配备了相应的图文说明	30	
	3. 按时完成并提交创意日记	10	
	总分	100	

知识检测

1. 创意的原理有哪些？
2. 简述创意三理论。
3. 创意的法则有哪些？

任务三　品牌策划创意的步骤

知识目标

- 了解传统学者的创意步骤。
- 掌握产生品牌策划创意的步骤。

能力目标

- 能够根据品牌策划创意的步骤组织品牌策划创意活动。

思维导图

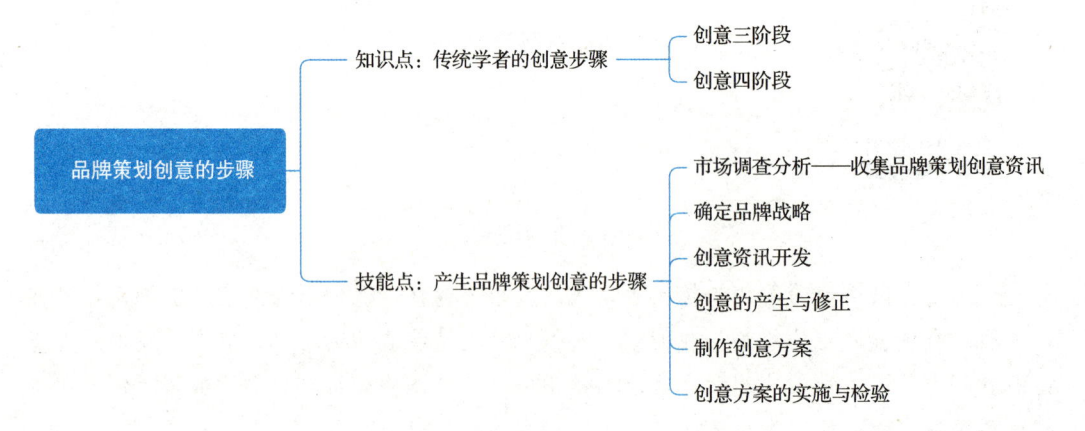

品牌策划创意的步骤
- 知识点：传统学者的创意步骤
  - 创意三阶段
  - 创意四阶段
- 技能点：产生品牌策划创意的步骤
  - 市场调查分析——收集品牌策划创意资讯
  - 确定品牌战略
  - 创意资讯开发
  - 创意的产生与修正
  - 制作创意方案
  - 创意方案的实施与检验

知识与技能导航

一、知识点：传统学者的创意步骤

传统学者对创意流程的理解不同，有的将其分为三阶段，有的将其分为四阶段。

（一）创意三阶段

创意既是思维创新，也是行为创新。创意本质上应该是丰富多彩、灵活多样、不受拘束的，它不应该墨守成规和固定某种模式。但是创意也是有规律可循的，为了便于初学者领会创意过程和本质，学者们归纳了若干步骤。美国当代著名创造工程学家、创造学奠基人亚里克斯·奥斯本将创意总结为三个阶段，即"寻找事实，寻找构思，寻找答案"。

（二）创意四阶段

英国心理学家沃勒斯认为，创意的产生可以分成四个阶段。

第一阶段为准备期。策划者首先提出与创意有关的问题，并针对问题提出周密的调查研究，收集与问题相关的研究成果，然后用已有的理论进行分析。其中，问题的深度决定策划活动的创造性的高度。

第二个阶段为酝酿期。策划者针对问题，根据已有的理论和收集到的事实提出各种可能的解决方案，并对解决方案做出评价。这是一个试错的过程，往往需要经过多次的失败使问题中的矛盾越来越尖锐化。

第三个阶段为豁朗期。策划者在此阶段突破陈旧的观念，摆脱思维定式的束缚，创造性地提出新观念、新思想、新方案。这是决定性的阶段，新方案的产生时间往往很短，甚至可能是一瞬间，逻辑加工的过程却需要很长的时间，只有经过逻辑加工，有针对性的解决方案才能使人豁然开朗，才能成为可以检验、评价的方案。

第四个阶段是验证期。解决问题的方案是否能够成功，是否有价值，只有经过检验、评价才能确定，这个阶段的重点是设计与安排实验、观察并检验方案推演出来的结论是否正确。

二、技能点：产生品牌策划创意的步骤

综合不同学者的观点，这里将产生品牌策划创意的步骤分为六个。

（一）市场调查分析——收集品牌策划创意资讯

企业的内外部环境是进行创意的依据，企业只有通过分析内外部环境才能产生合乎环境的正确创意。市场调查分析是产生品牌策划创意的第一个步骤，首先，进行企业内部资料收集和市场外部环境资料分析，包括资料收集和消化，对企业、产品、品牌、对

品牌策划与推广

手等市场环境进行深入细致的分析和研究；其次，明确企业经营战略目标对品牌策划提出的要求，以满足消费者需求为出发点，分析产品及品牌在市场上的独特位置，进而确定目标市场定位、产品定位、品牌定位；最后，综合分析并利用企业各种内外部资源，创新品牌策划的内容、方法和手段。

在市场调查分析阶段，要完成以下工作任务。

（1）企业内部资料收集。

（2）市场外部环境资料分析。

（3）产品及品牌现状调查。

（4）目标市场分析。

（5）品牌定位分析。

（二）确定品牌战略

确定品牌战略是产生品牌策划创意的第二个步骤，根据目标市场分析和品牌定位分析并明确企业的核心竞争力，确定品牌战略。

1. 品牌战略的定义

品牌战略就是企业将品牌作为核心竞争力，以获取差别利润与价值的企业经营战略。品牌战略是市场经济竞争的产物，其本质是塑造企业的核心专长。

2. 品牌战略的内容

（1）品牌化决策。品牌化决策解决的是品牌的属性问题，是选择制造商品牌还是经销商品牌，是自创品牌还是加盟品牌，企业在创立品牌之前就要解决好这些问题。不同的品牌经营策略预示着企业不同的道路与命运，比如是选择"宜家"式产供销一体化，还是步入"麦当劳"的特许加盟之旅。总之，不同的品牌化决策在不同行业与企业所处的不同阶段有着特定的适应性。

（2）品牌模式选择。品牌模式选择解决的是品牌的结构问题，是选择综合性的单一品牌还是多元化的多品牌，是联合品牌还是主副品牌，是企业做出品牌模式选择要解决的问题。品牌模式虽无好坏之分，却有一定的行业适用性与时间性。

（3）品牌识别。品牌识别指确立品牌的内涵，也就是企业希望消费者认同的品牌形象，它是品牌战略的重心。它从品牌的 MI（理论识别）、BI（行为识别）、VI（视觉识别）三个方面规范了品牌的思想、行为、外表等内在的和外在的含义，其中包括以品牌的核心价值为中心的核心识别和以品牌承诺、品牌个性等元素组成的基本识别。

例如，海信的品牌战略规划不仅明确了海信"创新科技，立信百年"的品牌核心价值，还提出了"创新就是生活"的品牌理念，立志塑造"挑战科技巅峰，致力于改善人们生活水平的科技先锋"的品牌形象，同时导入了全新的 VI 系统。通过一系列以品牌的核心价值为中心的营销推广，一改以往模糊混乱的品牌形象，以清晰的品牌识别一举成为家电行业的"技术流"品牌。

（4）品牌规划。品牌规划是对品牌未来发展领域的清晰界定。它明确了未来品牌适合在哪些领域、行业发展与延伸，在降低延伸风险、规避品牌稀释的前提下谋求品牌价值的最大化。例如，海尔家电统一使用"海尔"品牌就是品牌延伸的成功典范。

（5）品牌管理。品牌管理是从组织机构与管理机制上为品牌建设保驾护航，在上述规划的基础上为品牌的发展设立远景目标，并明确品牌发展各阶段的目标与衡量指标。

企业做大做强靠战略，"人无远虑，必有近忧"，解决好战略问题是品牌发展的基本条件。

（三）创意资讯开发

策划者要对企业提供的二手资讯和亲自深入企业获得的一手资讯进行分析，从而获取开发信息。

首先，认真地阅读、理解收集的资讯。这里的阅读不是简单地浏览，而是要围绕着项目的目标，带着战略意图去认真地阅读。对收集到的全部资料和脑海中积累的资讯进行逐一综合梳理，进而理解、掌握它们。

其次，采用相应的分析方法进行分析研究。这个阶段最考验策划者的经验与技巧，要针对不同的情况、不同的对象，采用不同的理论进行分析，最终形成品牌策略、品牌化深度、品牌形象化、品牌拟人化等结论，为后续的创意资讯开发提供相应信息。

（1）品牌策略：包括产品线扩展策略、品牌延伸策略、多品牌策略、新品牌策略、合作品牌策略。

（2）品牌化深度：包括目标顾客头脑中对该品牌的认知度、认同度、忠诚度三种不同的深化程度。

（3）品牌形象化：通过一定的方式和手段使品牌在社会公众心目中表现出个性化特征。

（4）品牌拟人化。品牌拟人化通过将品牌赋予人的特征、性格和情感，使品牌与消费者之间建立更加紧密和生动的联系。这种拟人化手法可以运用多种修辞手法，如比喻、拟人、对话等，创造一个有温度、有情感的品牌形象。

创意资讯开发要借助人脑和计算机的合作，借助计算机对信息进行量化分析，通过人脑对企业进行感性分析，将信息进行整理加工，去粗取精，去伪存真。在反复调研、探究、切磋的过程中，策划者不仅充分把握了情况，还产生了强烈的创意冲动，从而进入创意的产生与修正阶段。

（四）创意的产生与修正

创意的产生与修正是产生品牌策划创意的第四个步骤，需要根据确定的品牌战略组织头脑风暴，展开创意思维，进而汇集创意和品牌策略的点子。

创意的产生与修正既是策划者灵感闪现的过程，也是一种可以组织并需要组织的系统工作。创意的产生与修正需要具备以下条件。

(1) 即刻反应的能力。

(2) 卓越的图形感觉。

(3) 丰富的情报信息量。

(4) 清晰的系统概念和思路。

(5) 娴熟的战略构造和控制能力。

(6) 高度的抽象化提炼能力。

(7) 敏锐的关联性反应能力。

(8) 丰富的想象力。

(9) 广博的阅历与深入的感性体验。

(10) 多角度思考问题的灵活性。

(11) 同时进行多种工作的能力。

例如，创意大师詹姆斯·韦伯·杨在研究网版印刷照相制版法的问题时，在完成了前两个步骤后疲劳至极，睡觉去了。一觉醒来，整个运作中的照相制版法及设备影像映在天花板上，创意出现了。又如，古希腊科学家阿基米德在沐浴完毕起身离开浴盆时，"哗哗"的水声触动了他的灵感，使他发现了不规则庞然大物的质量计算方法！从此以后，人类就是以排水量来计算万吨巨轮的质量的。

在创意的产生阶段，策划者要完成以下工作任务。

(1) 个人头脑风暴。

(2) 团队头脑风暴。

(3) 捕捉并记录所有点子和想法。

初期产生的创意一般都不完善，存在各种漏洞，因而策划者要充分利用专业知识加以完善。针对初期产生的创意，策划者可以从创新性、逻辑性和可行性等方面进行推敲，进行细致的修改、补充、锤炼、提高。这个创意修正的过程是至关重要的工作。

在创意的修正阶段，策划者要完成以下工作任务。

(1) 运用理论工具分析完善创意。

(2) 运用技巧和方法激发更多创意。

(3) 分析论证最优创意。

(4) 全面系统地描述最优创意。

（五）制作创意方案

创意方案又称创意报告，它是创意思维的载体，是创意执行的蓝本。创意方案的内容包括创意的命名、策划者、创意的目标、创意的内容、预算费用、参考资料、备注等，如表2-1所示。其中，创意的内容是创意方案的主体部分，它不仅要说明创意的来源、依据，还要说明创意的形式、创意在营销过程中发挥的作用、创意的执行计划，等等。

表 2-1　创意方案的内容

模块	内容
创意的命名	创意的命名要简洁明了、寓意新颖、立意深远、画龙点睛
策划者	说明创意的创造人或单位，注意适度体现创造人或单位的名气与信誉，使他们产生信誉感
创意的目标	创意的目标应当结合企业实际营销经营过程中的经营目标或需要解决的问题；创意的目标应突出创意的创新性、适用性；目标概述的用语力求肯定、准确、明朗，避免概念不清和模糊表达
创意的内容	说明创意的来源；创意的形式；策划者赋予的内涵，即创意的表现特色；创意发挥的作用；创意的执行计划
预算费用	通过列表说明创意计划实施所需的各种费用及可能收到的效益，以及围绕效益进行的可行性分析
参考资料	列举完成创意方案所采纳的参考资料
备注	说明创意实施要注意的事项

（六）创意方案的实施与检验

创意方案诞生之后，就进入了实施与检验阶段，本阶段的主要工作是实施创意方案，对实施创意方案的结果进行评价，对执行结果与预期的目标进行比较，以总结经验、吸取教训。品牌策划创意的效果不外乎达成营销目标、超过营销目标、达不到营销目标三种情况。每次策划者所定的目标不一样，企业的性质不一样，市场环境也不一样，因此往往没有办法以一个标准来衡量品牌策划创意的效果，需要具体问题具体分析。大体上，我们可以从以下几个方面来衡量。

（1）提升品牌形象。
（2）提升品牌知名度。
（3）提升销售业绩。
（4）提高市场占比。

技能训练

30 分钟练习如何安排品牌策划创意的工作过程和内容

为了让学生掌握品牌策划创意的工作过程和内容，各学习小组通过模拟企业品牌策划的形式进行训练。教师指定某个大家熟悉的产品，为其设计品牌，作为创意任务。各学习小组讨论如何安排成员们的工作过程和内容，要求学习小组的成员都要参加讨论。各学习小组可以按照以下流程完成练习。

品牌策划与推广

（1）用 5 分钟的时间讨论创意任务的目标是什么。
（2）用 5 分钟的时间讨论每个人的特长是什么。
（3）用 15 分钟的时间研究每一个工作环节的工作内容和工作量。
（4）用 5 分钟的时间将工作过程中的每个环节名称、内容和成员分工写下来。
将本组的讨论过程和结论制成 PPT，在课堂上进行展示分享。

技能训练考核评分表

	评分项目	分值	得分
素质目标	创意工作程序意识、操作技能等完成情况	20	
知识与技能目标	1. 品牌策划创意的工作过程和内容的掌握及运用情况	15	
	2. PPT 结构合理、目标明确，分析过程中有理有据，逻辑清晰，能结合所学知识点提出自己的观点	30	
	3. 汇报展示中同学们的仪表仪态、口头表达等表现情况	20	
	4. 小组分工明确、团结协作等完成情况	15	
	总分	100	

知识检测

1. 企业在收集品牌策划创意资讯时需要完成哪些任务？
2. 品牌战略包括哪些内容？
2. 创意方案包括哪些内容？

任务四　品牌策划创意的方法与技巧

知识目标

- 了解品牌策划创意的基本方法。
- 掌握品牌策划创意的技巧。

能力目标

- 能够运用头脑风暴法等方法组织开展一次品牌策划创意开发活动。

思维导图

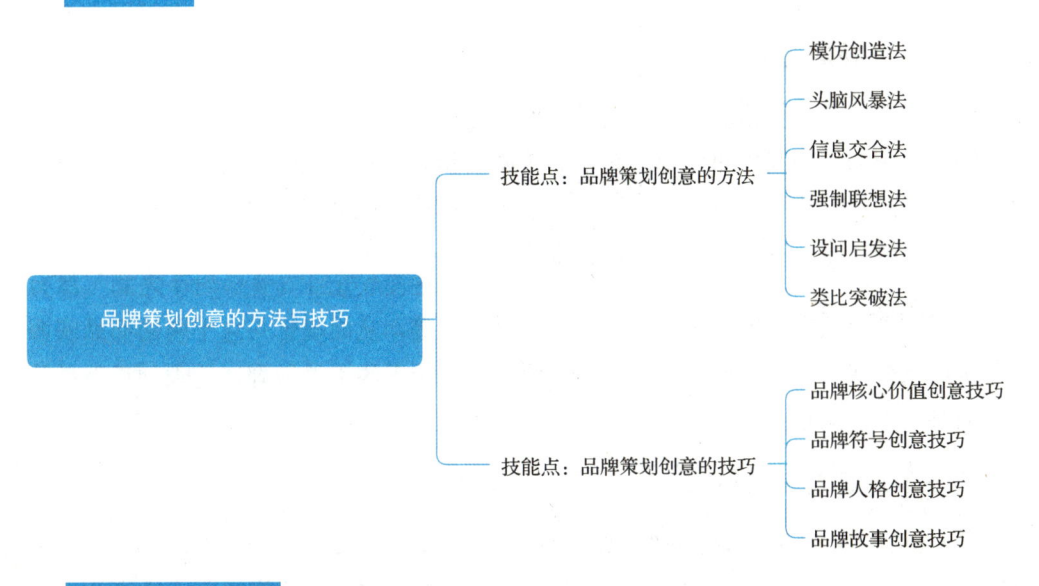

- 品牌策划创意的方法与技巧
  - 技能点：品牌策划创意的方法
    - 模仿创造法
    - 头脑风暴法
    - 信息交合法
    - 强制联想法
    - 设问启发法
    - 类比突破法
  - 技能点：品牌策划创意的技巧
    - 品牌核心价值创意技巧
    - 品牌符号创意技巧
    - 品牌人格创意技巧
    - 品牌故事创意技巧

知识与技能导航

一、技能点：品牌策划创意的方法

（一）模仿创造法

模仿创造法是指人们对自然界各种事物、过程和现象进行模仿、科学类比而获得创造性新成果的方法。人们总结了从模仿到成功的经验，把人的创造活动分为两个阶段，第一阶段称为模仿创造阶段，主要依赖于模仿。第二阶段称为后期创作阶段，即在模仿创造的前提下进行再创造，这类创造往往突破模仿，成为一种独创。创造学家认为，创造是由模仿开始的，然后可以独创。

从模仿创造的程度上看，模仿可以分为：机械性模仿，启发式模仿，突破式模仿。从模仿创造的途径上看，模仿包括：原理性模仿，功能性模仿，结构性模仿，形态性模仿，综合性模仿。

在生活中，通过模仿产生的创新比比皆是，人们通过模仿自然界中的各种生物创造了许多神奇的产品，比如飞机的造型源于飞翔的鸟类，蜂窝煤的造型来源于蜜蜂的蜂巢，燕尾服的造型来源于燕子的尾巴，潜艇的设计则来源于鲸鱼。

企业的经营创新很多也是从模仿开始的，企业模仿市场上现有的产品，通过不断地优化和改进产生自己的创新，打造出属于自己的产品。例如，百度搜索引擎模仿的是谷歌搜索引擎；腾讯QQ最初模仿的是一款名为ICQ的即时通信软件；淘宝网在刚推出的时候模仿的是eBay的模式，经过不断地调整、改变、创新，最终发展成了适合中国买家与卖家的一款购物平台；京东商城最初模仿的是亚马逊网上商城，再结合了京东自身的 3C 销售基础，打造了国内强大的线上 3C 家电购物平台。

（二）头脑风暴法

头脑风暴法是由美国著名的创意思维大师亚里克斯·奥斯本提出的一种创意技巧，是一种无限制的自由联想和讨论，其目的是激发新创意、新点子、新设想。头脑风暴法允许自由联想及想象到无边无沿的程度，个人或集体的头脑通过自由想象、联想形成知识互补、思维共振，实现互相激发、思路开拓。

1. 头脑风暴法的原则

头脑风暴法的原则包括：禁止批评的原则，自由无约束的原则，追求创意数量的原则，创意接力的原则。

2. 头脑风暴法的两种做法

（1）默写法，又称"n35 法"，即 n 个人为一组，每人 3 个创意，每个创意限定在 5 分钟内。要求每个人独自将自己的每个创意写到一张卡片上交给主持人，由主持人逐个念出创意，然后进行讨论。

（2）轮流发言法，又称"123 法"，即在最初的 10 分钟里，每个人在卡片上写下设想。在接下来的 20 分钟里，每个人轮流发表设想。在最后的 30 分钟里，每个人相互交流探讨以诱发新设想。

（三）信息交合法

信息交合法是一种在信息交合中进行创意的思维方法。首先，对创意对象的特征信息进行分解；其次，将创意对象的用途信息分别列出；最后，用 X 轴、Y 轴把创意对象的特征及用途两种信息画出来，X 轴为用途，Y 轴为特征，构成"信息反应场"，X 轴、Y 轴上的信息交合后产生新的信息交点，这些交点就是新的创意。

（四）强制联想法

强制联想法就是采用一些辅助工具强迫策划者展开联想，充分激发大脑的联想力，从而产生创意。强制联想的具体方法有杂志联想法、列表联想法、焦点联想法等。

（1）杂志联想法。准备两本杂志，打开其中一本杂志随意挑选某句话，然后从另一本杂志中挑选某句话，将它们合二为一，强迫我们借助这个结果启发联想，收获意外的创意。

（2）列表联想法。首先将联想到的构思用表格一次性列出来，然后任意选择两个构思，将它们组合起来，从中获得独创性的联想结果，形成新创意。

（3）焦点联想法。这是列表联想法的改进，首先将某个构思写在纸上，然后将所有其他联想到的构思写在另一张纸上，这就意味着两个构思组合的时候，只可任选一个，另一个却是指定的。该方法是针对指定、特定的项目而寻求各种设想，它以一个事物为出发点（即焦点），联想其他事物并与之组合，形成新创意。

（五）设问启发法

设问启发法是指事先设定一些问题，然后将思考的问题带入，写出相应的回答，从中启发创意。

一般可以从以下几个角度提出问题。

（1）为什么需要创新？

（2）创意对象是什么？

（3）从什么地方着手？

（4）由谁主持或完成？

（5）什么时候完成？

（6）怎样实施？

（7）达到什么样的水平或标准？

（六）类比突破法

类比突破法是指通过分析两个对象之间的某些相同点来解决其中一个对象需要解决的问题。比如要解决品牌的创意问题，我们可以将这个品牌与一个目标消费者进行类比，一一找出相同点，运用巧妙的拟人方法找到品牌创意的突破口。以此类推，我们还可以拟动物、拟植物、拟静物等，使我们的创意不断找到突破口。

二、技能点：品牌策划创意的技巧

（一）品牌核心价值策划创意技巧

品牌核心价值是品牌的精髓，也是品牌资产的源泉，是驱动消费者认同、喜欢乃至忠诚的主要力量。竭力策划品牌核心价值已成为许多国际一流品牌的共识，因为是否具备核心价值已经成为品牌是否成功的重要标识。

品牌核心价值的创意可以分为三个方面来进行。

1. 理性价值

品牌核心价值中的理性价值着眼于功能性、效用性属性，应在功效、性能、质量、便利等方面进行创意，这是绝大多数品牌在品牌初创时期的立身之本和安身之所。比如飘柔的理性价值是"让头发飘逸柔顺"，海飞丝的理性价值是"快速去除头屑"，潘婷的理性价值是"补充头发营养"，沙宣的理性价值是"专业头发护理"等。

品牌策划与推广

2. 感性价值

品牌核心价值中的感性价值着眼于消费者在购买和使用产品的过程中产生的某种心理感受，这种感受为消费者拥有和使用品牌赋予了更深的意味和营造了密切的关系，很多强势品牌的核心价值创意之所以成功，就是在理性价值之外特别注重感性价值的创意。

感性价值的创意可以通过如下几个方面在品牌与消费者之间营造密切关系来实现。

（1）熟悉关系：我非常了解这个品牌。

（2）怀旧关系：这个品牌让我想起生命中某个特别的阶段。

（3）自我价值关系：这个品牌与我非常相符。

（4）合伙关系：这个品牌非常看重我。

（5）结合关系：如果找不到这个品牌我会非常沮丧。

（6）承诺关系：不管生活好坏我都将继续使用这个品牌。

（7）依赖关系：一旦我不使用这个品牌，我感到有什么东西正在消失。

例如，可口可乐创造的是"依赖关系"，麦当劳餐厅创造的是"熟悉关系"，南方黑芝麻糊创造的是"怀旧关系"。

3. 象征价值

品牌核心价值中的象征价值是指品牌成为消费者表达个人主张、自我实现或自我宣泄的方式，有个性的品牌具备鲜明的象征价值，就像人一样有血有肉令人难忘。近年来品牌个性在品牌核心价值和品牌识别中的地位越来越高，以至于不少人认为品牌个性就是品牌的核心价值。

例如，李维斯牛仔裤象征着"结实强壮"，哈雷机车象征着"无拘无束"，百事可乐象征着"年轻刺激"，顾家象征着"诚恳"。

（二）品牌符号创意技巧

品牌符号是区别产品或服务的基本手段，包括名称、标识（Logo）、基本色、口号、象征物、代言人、包装等。这些识别元素形成一个有机结构，对消费者施加影响。品牌符号是形成品牌概念的基础，成功的品牌符号是公司的重要资产，在品牌与消费者的互动中发挥作用。因此，品牌符号化是最简单、直接的传播方式。品牌符号化最大的贡献就是能帮助消费者简化他们对品牌的判断，对企业而言是最节省沟通成本的做法。

品牌就是承诺，品牌符号就是承诺的载体，是每位消费者头脑中对一种产品、一项服务或一家企业的心理寄托。

人们喜爱品牌所以喜爱品牌符号，喜爱品牌符号发展出对品牌的高度忠诚，购买该品牌的产品就是购买品牌符号承诺的一切，因为相信它们的优越性。品牌和符号一样，简短但总是蕴含着某种意义。

如今每家企业都明白品牌的必要性，优秀的品牌造就了企业，无效的品牌阻碍了成功。被人们认知和记忆是至关重要的，但这也越来越困难，一个强有力的品牌能在拥挤的市场中脱颖而出，关键是依靠品牌符号。

品牌符号创意的主要技巧如下。

1. 工厂制造产品，头脑创造品牌

品牌符号是一个品牌的视觉和语言的表达，你可以看到它，触摸它，闻到它，拿着它，听到它，看着它运动。它开始时是一个品牌名称和商标，但会逐渐进化为一系列的手段和交流方式。品牌标识强化着消费者对该品牌的认知，最好的品牌符号系统应该是好记、可信、富有意味、与众不同、便于使用、不断增值、能够跨越文化和习俗的界限、迅速为人们所认知的。

2. 品牌标识是通向品牌的入口

品牌符号便于记忆和快速识别，可以促进人们对品牌的感知和认同，引发他们对品牌属性的种种联想。比起其他感觉来，视觉符号更能提供关于这个世界的种种信息，所以我们在进行品牌符号创意时，既不要忽视其他符号，也要特别重视品牌标识。品牌标识为人们熟知后，人们往往用它来代替品牌了。

3. 品牌符号创意的认知顺序

品牌符号创意需要研究人的感知科学，遵循人们识别和接收信息刺激的规律。在进行品牌符号创意时必须记住，大脑最先辨别和记住形状与色彩，因为这些视觉信息是可以直接被认识和记忆的，而语言则需要大脑花费更多的时间来处理。

因此，品牌符号创意的认知顺序如下。

首先是形状。大脑接收的如果是与众不同的形状，会更快地记住它，并且记忆更牢固。

其次是色彩。颜色可以触动冷、暖、硬、软等情感并引发关于品牌的联想，是一种很好的记忆手段。我们需要精心选择与品牌个性相符且与众不同的色彩，这样不但有利于品牌认知，而且能够展示品牌的独特个性。很多企业将它们品牌的核心色彩组合方式进行了商标注册，比如你的视野里出现了一辆红色的卡车，你便知道那是一辆运送王老吉饮料的卡车。

最后是文字内容。大脑要用更多的时间来处理文字语言，所以我们把文字内容放在形状和色彩之后。

（三）品牌人格创意技巧

品牌就像人，你赋予它性格、情感、意念，塑造它人格化的故事，它就不再是冷冰冰的产品，它就能像风情万种、活生生的人来打动你。

消费者的消费已经不再是满足基本的生活需要，越来越多的消费是为了满足社交性、尊严性、象征性的需要。当消费者想要表达真实自我而又不能直接说出口时，他可以通过自己的消费行为来表达。没有人格的品牌是没有个性的，往往也是短暂的。因为没有

品牌策划与推广

人格化，所以无法与消费者建立感情，使消费者形成偏好。

广告大师威廉·伯恩巴克认为，每种成熟产品都会产生一种与人们的心理有着微妙联系的东西，即"发现与生俱来的戏剧性"。用市场营销的理论来解释是：产品和品牌都相当于"演员"，市场就是一个"舞台"，如果产品和品牌在市场"大舞台"上把戏剧演得出神入化，就会被观众追捧，那么它们将会被市场认可。这种把产品和品牌当作"演员"甚至打造成"魅力明星"，把市场作为"舞台"的方法就被称为品牌人格创意。

品牌人格创意有以下三个方面的技巧。

1. 品牌人格神奇化

人是喜欢讲故事的生物，神奇的故事令人敬佩甚至刻骨不忘，比如关羽的故事、岳飞的故事等。因此，为品牌讲故事是品牌人格创意的重要内容，神奇的故事能塑造品牌神奇的人格，能吸引消费者非同一般的注意力，拉近品牌与消费者的心理距离，在品牌和消费者之间架设亲密的桥梁。

2. 品牌人格吉祥物化

品牌人格吉祥物化是指以夸张的手法创造品牌吉祥物，传递出品牌人格化形象，使消费者直接、容易地接受企业的理念和文化，同时，品牌吉祥物具有的人情味无形中有助于促进品牌与消费者之间的沟通，使企业在公众心目中更具亲切感和随和感。比如滑稽可笑的"麦当劳"大叔、憨态可掬的"康师傅"、聪明活泼的"海尔兄弟"等都是品牌人格吉祥物化的典范。

3. 品牌人格个性化

品牌的个性应该是品牌人格化后显示出来的独特性，比如人的脾气、行为方式、偏好等特征，品牌具备这些人格化心理特征就具备了品牌的个性和形象识别，代表了一个品牌与其他品牌的差异性，使品牌脱颖而出。人格个性化的品牌具有形象化和情绪化的特点，这使品牌形象具有更强烈的感染力，能激起老消费者的认同和共鸣，起到提高品牌美誉度和保持品牌忠诚度的作用。

（四）品牌故事创意技巧

品牌故事是"讲"出来的，因为大部分品牌故事是经过策划者精心创意和设计出来的，对于曾经发生或编写的故事，企业可以重新寻找切入角度、安排更合理的情节、渲染气氛等，将它们传播给广大目标消费者，从而给目标消费者带来鼓舞或者激起目标消费者的兴趣，使目标消费者加深对品牌的印象，更加关注和重视品牌，从而实现良好的品牌传播效果。

翻阅成功品牌的历史，我们会发现它们拥有美妙的品牌故事。品牌文化就是一个品牌由产生到发展，由不为人知到无人不知的过程中发生的许多品牌故事组成的文化。

既然是故事，当然不能少了时间、人物、地点、事件四要素，而讲故事的技巧则有以下三种。

（1）讲技术或原材料的发明或发现的故事，如农夫山泉的故事是"有点甜"，乐百氏的故事是"27层过滤"。

（2）讲品牌创建者某段经历的故事，如海尔集团张瑞敏怒砸26台不合格冰箱的故事。

（3）讲品牌发展过程中发生的典型故事，如麦当劳餐厅销毁剩余汉堡包的故事，赛百味帮助大学生成功减肥的故事。

【案例赏析】直升机扫雪

技能训练

30分钟运用头脑风暴法开展创意活动

为了熟练掌握头脑风暴法，请各小组尝试在30分钟的时间内运用头脑风暴法开展创意活动。选择一个品牌，以团队为单位，用30分钟的时间为该品牌创意一个品牌故事，流程如下。

（1）用5分钟的时间共同厘清创意的目标是什么。

（2）用5分钟的时间讨论头脑风暴必须遵守的四项原则是什么。

（3）用15分钟的时间开展头脑风暴，收集尽量多的创意。

（4）用5分钟的时间讨论哪个创意比较好。

将本组的讨论过程和结论制成PPT，并在课堂上分享。

技能训练考核评分表

	评分项目	分值	得分
素质目标	创意意识、操作技能等完成情况	20	
知识与技能目标	1. 品牌策划创意的方法、技巧等内容的掌握及运用情况	15	
	2. PPT结构合理、目标明确，分析过程中有理有据，逻辑清晰，能结合所学知识点提出自己的观点	30	
	3. 汇报展示中同学们的仪表仪态、口头表达等表现情况	20	
	4. 小组分工明确、团结协作等完成情况	15	
	总分	100	

知识检测

1. 头脑风暴法的原则有哪些？
2. 信息交合法的步骤是什么？
3. 品牌策划创意的技巧有哪些？

品牌策划与推广

素质培养案例

案例材料：

××公司的"造假门"事件

一波刚平，一波又起，继"××辞退门"之后，××公司再次身陷"造假门"公关危机。一名知名汽车博主在其微信公众号发文称该公司组织的"汽车旅行丽江试驾"活动存在以下两点质疑。

（1）质疑该公司利用假网红刷流量骗钱。

（2）质疑该公司不尊重创业者。

很快该公司做出了回应，先后发表了两篇文章，一篇来自官方，另一篇来自个人，分别是《××公司：文章存在关键事实错误，保留维权权利》《一个受伤的自白：清者自清》。该公司回应虽然及时，但是效果却不见得那么理想。如下两点值得商榷：首先，该公司并未对造假质疑做出正面回应；其次，该公司又暗指该博主有"碰瓷蹭大牌"的嫌疑。这样的公关恐怕很难取得公众的信任。此事件在较长时间里引起了巨大的反响，严重影响了该公司的声誉和形象。

案例评析：

1. 对于客户的质疑，该公司并未做出正面回应，有不可推卸的责任。

2. 该公司作为一家专业的公关公司，其主营业务就是帮助其他社会组织树立良好形象，但出现如此低级的错误，严重损害了公司的自身形象。

案例感悟：

忠诚服务公众，诚信服务公众，珍视组织形象和品牌信誉。

项目三

品牌定位策划

案例导入

实现用户价值是最好的品牌策略之一

某咖啡品牌自创办以来一直坚持进行品牌营销活动，这使其在国内连锁咖啡市场占据了重要地位。该品牌在经营过程中非常重视实现用户价值，因为用户价值是企业和品牌赖以生存的关键因素。同时，该品牌一直坚持自身品牌定位，区别于星巴克等成熟咖啡品牌，从成立至今一直走差异化的定位路线。坚持实践品牌带给用户的价值，即高品质、高性价比、高便利性。

（1）高品质。该品牌创立之时曾邀请WBC（世界咖啡师大赛）意大利区冠军安德烈·拉图瓦达出任首席咖啡大师，以"大师咖啡"作为营销手段，建立品牌自身专业形象。

（2）高性价比。该品牌以长期给用户送券的方式变相降低了产品的销售价格，持续向用户传递高性价比的品牌理念。

（3）高便利性。该品牌的门店以快取店为主，通过压缩场地面积和降低装修标准使得咖啡店"挤"进了一线、二线城市高密度的写字楼办公区域，极大地提高了核心客户获取咖啡的便利性，在快速建立品牌认知的同时大幅提高了渗透率。

【思考】

问题1：该品牌是从哪些角度开展品牌定位及营销活动的？

问题2：你是如何看待"实现用户价值是最好的品牌策略之一"这个观点的？

项目导学

学习任务	品牌定位策划	教学模式	任务驱动教学法
建议学时	6	教学地点	多媒体教室
项目描述	小李是一名大三学生，他即将步入社会，走上工作岗位，他对企业品牌定位工作很感兴趣，想了解企业是如何进行品牌定位的？在品牌定位的过程中有哪些步骤和策略		

品牌策划与推广

续表

项目解读	任务一 品牌定位概述	
	任务二 品牌定位策划的步骤及品牌定位策略	
学习目标	知识目标	了解定位理论的产生及定义； 明确品牌定位的意义及原则； 掌握品牌定位策划的步骤及品牌定位策略
	能力目标	能够运用自己的语言清楚地表达定位和品牌定位的概念，解释其内涵； 能够结合企业的实际情况对品牌进行定位； 能够运用合适的品牌定位方法对身边熟悉的品牌进行定位
	素质目标	培养学生的品牌定位意识，提高品牌培育素养； 激发学生的爱国热情，培育学生的爱国意识； 培育学生"敬业、精益、专注、创新"的工匠精神

项目实施

任务一　品牌定位概述

知识目标

- 认识品牌定位。
- 掌握品牌定位的意义及原则。

能力目标

- 对企业品牌定位有基础的了解和认知。

思维导图

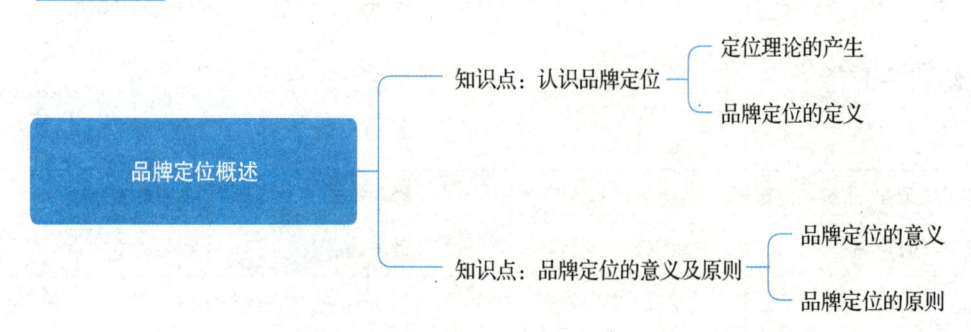

品牌定位概述
- 知识点：认识品牌定位
  - 定位理论的产生
  - 品牌定位的定义
- 知识点：品牌定位的意义及原则
  - 品牌定位的意义
  - 品牌定位的原则

> 知识与技能导航

一、知识点：认识品牌定位

（一）定位理论的产生

1969年艾·里斯和杰克·特劳特在美国营销杂志《广告时代》和《工业营销》上发表了一系列有关定位的文章，首次提出了"定位"这一概念。他们认为要在这样一个传播过度和产品越来越同质化的时代里赢得顾客，有必要使自己的产品独树一帜。在"定位"这一概念被提出之前，市场营销经历了产品时代、品牌形象时代两个阶段。

在产品时代，市场上新产品品种较少、商品的同质化不强，市场竞争主要由产品本身的性质、特点、功能和利益的差异来实现。因此，企业只需要做出最好的产品并拿出钱推销就行了。在这个时期，罗瑟·瑞夫斯的USP（Unique Selling Proposition，独特的销售主张，又称创意理论）适应了市场竞争的需要，成了营销理论的主流。USP理论要求产品的立足点是竞争对手做不到或无法提供的功能和利益，必须表现出本品牌和产品的独特之处。可是到了20世纪50年代后期，随着技术革命的兴起，企业以产品功能的差异来吸引消费者变得越来越困难了。因为当企业能够制造出足够好的产品时，企业的产品将被淹没在各种各样的仿制品的海洋里。随着产品时代的分崩离析，品牌形象时代悄然来临。

在品牌形象时代，成功的企业发现，随着产品之间的差异性不断缩小，在产品销售中，声誉或者形象比任何一个具体的产品特色都更加重要。在20世纪60年代，大卫·艾克提出品牌形象论，他认为企业的每个广告都是对某一品牌形象的长期投资，并以他成功策划的哈撒韦衬衫、劳斯莱斯轿车、舒尔斯饮料的案例来证实他的观点，由此引发了品牌形象宣传的热潮。这一理论的特点是利用广告为企业的品牌塑造良好的形象，并且长期维持这种良好的形象，因为顾客追求的是"实质利益加心理利益"，所以要利用广告宣传形象来满足其心理利益。然而正如仿制品毁了产品时代一样，品牌形象时代的企业为了建立自己的声誉多拾人牙慧，广告缺乏创意，只有少数企业取得了成功。同时也应注意到，那些取得成功的企业主要还是依靠突出的技术成就而非引人注目的广告宣传，施乐和宝丽莱就是其中的两家。

然而随着时代的改变，创新已经不再是通向成功的关键。艾·里斯和杰克·特劳特预言定位时代的来临，他们认为，要想在这样一个传播过度的社会里取得成功，企业必须在目标顾客的头脑里占据一席之地，这一席之地不仅包括企业的长处和短处，还包括竞争对手的优点和缺点。仅靠发明或发现新东西是不够的，企业还必须第一个占据目标顾客的头脑才行，比如IBM并没有发明计算机，真正的发明者是斯佩里和

品牌策划与推广

兰德两人，但是IBM却在目标顾客的头脑中留下了第一家计算机生产厂商的印象。他们还认为，在目标顾客的头脑里存在着一级一级的小阶梯，这些顾客会按产品的一个或多个方面在这些阶梯上进行排序，定位就是要找到这些小阶梯并与某一阶梯联系起来，以此在目标顾客的头脑中树立起本企业产品或品牌的独特印象。根据这样一种思想，形成了定位理论。

（二）品牌定位的定义

1. 什么是定位

营销学之父菲利普·科特勒给定位下的定义：定位是指公司设计出自己的产品和形象，从而在目标顾客心目中确立与众不同的有价值的地位。定位要求企业能够确定向目标顾客推销的差别数目及具体差别。

为了较好地理解定位的含义，还可以从以下几种角度来阐述。

一是企业通过设计出自己的产品与形象，以求在顾客心目中占据与众不同的有价值的地位。

二是顾客关于某品牌的所有联想的集合，包括产品品质、价格、包装、形象等。

三是顾客通过比较不同品牌所形成的对某品牌的独特认识、印象。

四是定位不是要创造出新的、不同的东西，而是要改变顾客头脑中早已存在的东西，找出那些早已存在的联系并把它们重新连接起来。

2. 什么是品牌定位

品牌定位就是以某种方式使产品或服务适合广泛市场中的一个或几个细分市场，使之除竞争外成为富有意义的艺术和科学。具体来说，品牌定位就是希望顾客感受、思考该品牌并认为该品牌不同于竞争者的品牌的一种方式，可以通过目标顾客、顾客需求、品牌利益、原因、竞争性框架、品牌特征六个元素分别从不同的方面对品牌定位进行界定。

（1）目标顾客，是指通过市场细分来筛选出品牌所要服务的潜在顾客。

（2）顾客需求，是指通过识别或创造顾客需求，以明确品牌要满足顾客的哪一种需求，是功能性需求还是情感性需求。

（3）品牌利益，是指品牌所能提供给顾客的竞争对手无法比拟的产品益处或情感益处，这样的益处能有效地吸引顾客。

（4）原因，是指为品牌的独特性定位提供的有说服力的证据，比如产品是采用了独特的配方还是采用了新颖的产品设计、包装等。

（5）竞争性框架，是指明确品牌的产品所属的类别及品牌的竞争者。

（6）品牌特征，是指品牌具有的独特的个性，可以说这个因素给顾客提供了一个选择本品牌的理由。

二、知识点：品牌定位的意义及原则

（一）品牌定位的意义

品牌定位是指在目标顾客的头脑中占据一个有利的地位，给目标顾客留下深刻、独特、鲜明的印象。品牌是否在目标顾客头脑中有独特的定位是竞争胜利的关键，一个品牌必须向目标顾客提供他们需要的、期望的、能基于此做出购买决策的利益点。品牌定位之所以受到企业高度重视，是因为它具有不可低估的营销意义。

1. 品牌定位可以使企业在竞争中脱颖而出

品牌定位强调的是对于挑剔的消费者来说品牌不同于竞争产品或服务的原因，也就是给品牌提供了一个竞争性的理由。在品牌形象时代，只有赋予品牌一个独特的形象，或者使消费者认定品牌有一个与众不同的形象，它才有可能获得消费者的认同，也才有可能在竞争中区别于竞争产品或服务，在市场中获得一席之地。现在是一个信息爆炸的时代，浩如烟海的信息充斥在各种各样的媒体之中，由于大脑的局限性和选择性，消费者只能记住少量感兴趣的信息。这就迫使企业一方面要简化自身品牌的信息，另一方面要努力使自身品牌与众不同，只有这样才能吸引消费者关注。怎样才能与众不同呢？这就是品牌定位的目的所在，品牌定位通过找到消费者心目中的空隙并占据该空隙，为消费者提供本品牌的差别化利益。同时，企业还要寻找和品牌定位一致的媒体发布品牌信息，与目标顾客达成有效沟通。

2. 品牌定位有助于企业整合营销资源，打造强势品牌

市场营销的一个基本理念：每一件产品都不可能满足所有消费者的需求，每一家企业只有以市场上的部分特定顾客为其服务对象才能发挥其优势，才能提供更优质的服务。因此，明智的企业根据消费者需求的差别将市场细化，并从中选出有一定规模和发展前景的符合企业目标和能力的细分市场作为企业的目标市场。然而，仅仅选定目标市场是不够的，关键在于要针对目标市场进行产品或品牌定位，并以这个定位为出发点，制定营销组合策略来服务于目标市场。品牌定位是企业打造一个品牌的起点，有了一个好的品牌定位，还要围绕这个品牌定位来组织企业的营销资源，加强这个品牌定位。这样的一个过程也是品牌定位引导营销活动的过程，反过来营销活动也会加强品牌定位。

3. 品牌定位为顾客提供差别化利益

品牌定位的目的就是要在目标顾客头脑中形成一个对该品牌的独特的印象，即认为该品牌与众不同。通过品牌定位向目标顾客传达品牌与众不同的信息，使品牌的差异性清楚地显现于顾客面前，从而吸引顾客关注该品牌，并使他们产生联想。

品牌定位的目的就是要提炼出品牌的差别化利益，这种利益可能是价值上的，也可能是功能上的、情感上的，并且要向顾客传播这种差别化利益，以获得顾客的认同。

（二）品牌定位的原则

1. 品牌定位要源于对目标顾客的透彻了解

品牌定位就是要改变以往营销"从内向外"的方法，进而采用"由外向内"的方法，产生这样一种转变的原因在于以往的方法不能够找到一个好的切入点以便和顾客产生共鸣并获得他们的认同。只有认准了顾客需求，才能进行市场细分，找到品牌所要满足的目标顾客群体。

虽然我们都知道顾客需求在品牌定位中的重要性，但是真正地和顾客交流并了解他们的需求并不是一件容易的事。我们常常根据以往的经验来判断顾客需求，然而顾客需求是在不断变化的，我们可以使用以下几种方法把握顾客需求。

（1）定期和顾客交谈、创造和部分顾客接触的机会，以了解顾客需求的变化。

（2）根据自己作为顾客的经验来估计顾客需求的变化。

（3）关注竞争对手。当我们不能有效把握顾客需求的时候，不妨看看作为市场领导者的竞争对手，他们满足了顾客哪些方面的需求，顾客还有哪些需求没被满足。

（4）定量研究。通过对部分顾客的长期追踪，借用数学工具分析获得的数据，以把握顾客需求的变化。根据定量研究得出的顾客需求变化可以作为营销决策的依据，但也要考虑其他因素的影响。

2. 品牌定位要与产品本身的特点契合

品牌定位的根本是要为消费者提供一种竞争对手无法提供的独特利益，这种独特利益是由品牌所依托的产品本身的特点决定的。脱离了产品的特点及使用价值的品牌定位，对消费者而言只能是沙漠中的空中楼阁。产品本身的特点是品牌定位的基础。

3. 品牌定位要依据企业的资源特征

品牌定位是品牌营销的指南针，它界定了品牌运营的方向、手段及所需要的企业资源。理想的品牌定位只是为品牌营销奠定了成功的基础，能否有效地实施品牌定位取决于企业对品牌定位的管理能力或者说品牌营销的执行力。一个定位为国际化的品牌，不仅需要有雄厚的技术、资金实力，更需要具备进行全球市场营销的能力。在品牌营销实践中，有许多品牌由于后期缺乏对品牌定位的管理能力，即企业缺乏品牌营销的执行力，事实上起到了为竞争对手培育市场的作用，从而导致品牌衰落。

4. 品牌定位要关注竞争者

定位理论的精髓就是要突破陈规、创造性地定位，将自己与竞争对手彻底区分开来，只有这样才有可能在目标顾客头脑中占据独特的位置。墨守成规、人云亦云的定位不可能在纷繁复杂的信息中别具一格、脱颖而出。

5. 品牌定位要遵循简单化原则

品牌定位要简单化，要从无数的创意构想中抽取一两个最具代表性的，能高度概括品牌的本质特征，同时还能简单到使顾客由这个本质特征联想到更多的品牌利益及品牌差异点。品牌定位简单化的意义在于这样做可以更好地使品牌进入目标顾客的心目中，同时还可以消除由于信息过于复杂产生的歧义，一个简单的定位、一条简单的信息更能够长久地占据目标顾客的头脑。品牌定位要避免对品牌的所有特点进行罗列，特别是不要罗列竞争对手也有的特点，否则只会让顾客对品牌产生模糊、无特点的印象。所以，品牌定位要追求简单化，不要顾此失彼，否则会弄巧成拙。

6. 品牌定位要始终如一，不要随意改变

品牌经过最初的定位，会在顾客头脑中形成一个特殊的品牌形象，并且不易改变。一方面，一旦品牌定位在顾客的头脑中形成，要去改变这样的品牌定位就有可能招来顾客的反感；另一方面，企业投入大量的营销资源去形成一个品牌定位是一项艰巨的任务，随意改变品牌定位将会导致资源浪费。随意改变品牌定位是一件得不偿失的事情，企业一方面要形成一个独特的品牌定位，另一方面要长久坚持这个品牌定位。

品牌定位并不是一成不变的，在某些情况下，比如由于品牌的销售额下降或预测到其他的市场机会，企业可以根据具体情况尝试改变品牌定位，以使品牌定位更能满足消费者的需求。品牌定位要始终如一主要是对于成功的品牌定位、在顾客头脑中已成形的定位来说的，试图改变这种品牌定位往往是得不偿失的。

【案例赏析】元气森林：中国品牌，正在破土而出

技能训练

农夫山泉汽茶的品牌定位

继气泡水、无糖茶大获成功之后，2022年农夫山泉悄然推出一款名为"汽茶"的全新碳酸茶饮料：主打真茶、真汽、低糖，在中国茶中加入碳酸元素，跨界组合茶、果汁和可乐般的碳酸气泡，以百香乌龙、青柑普洱、黄皮茉莉三种口味喊出底"汽"十足的口号。"碳酸饮料是年轻人喜欢的饮料类型，这几年以东方树叶为代表的中国茶也在迅速崛起，我们一直尝试将这两种时尚的元素混合在一起，期待能产生奇妙的效果。"农夫山泉汽茶的研发人员如此介绍。他们希望这一创新品类能为千篇一律的气泡饮料市

品牌策划与推广

场带来不一样的新品方向，用"真材实料"升级气泡饮料。

请你收集相关资料，运用定位理论，分析农夫山泉汽茶的品牌定位，用自己的语言阐述该定位是否成功，将品牌定位分析结构制作成PPT并进行汇报展示。

技能训练考核评分表

评分项目		分值	得分
素质目标	创新精神、团结协作等完成情况	20	
知识与技能目标	1. 品牌定位认知的掌握及运用情况	15	
	2. 农夫山泉汽茶品牌信息收集齐全，对其品牌定位分析准确全面，PPT制作美观、结构合理	30	
	3. 汇报展示中同学们的仪表仪态、口头表达等表现情况	20	
	4. 小组分工明确、团结协作等完成情况	15	
总分		100	

知识检测

1. 什么是品牌定位？
2. 品牌定位的意义是什么？
3. 品牌定位的原则有哪些？

任务二　品牌定位策划的步骤及品牌定位策略

知识目标

- 掌握品牌定位策划的步骤及品牌定位策略。

能力目标

- 能结合企业的实际情况对品牌进行定位。

思维导图

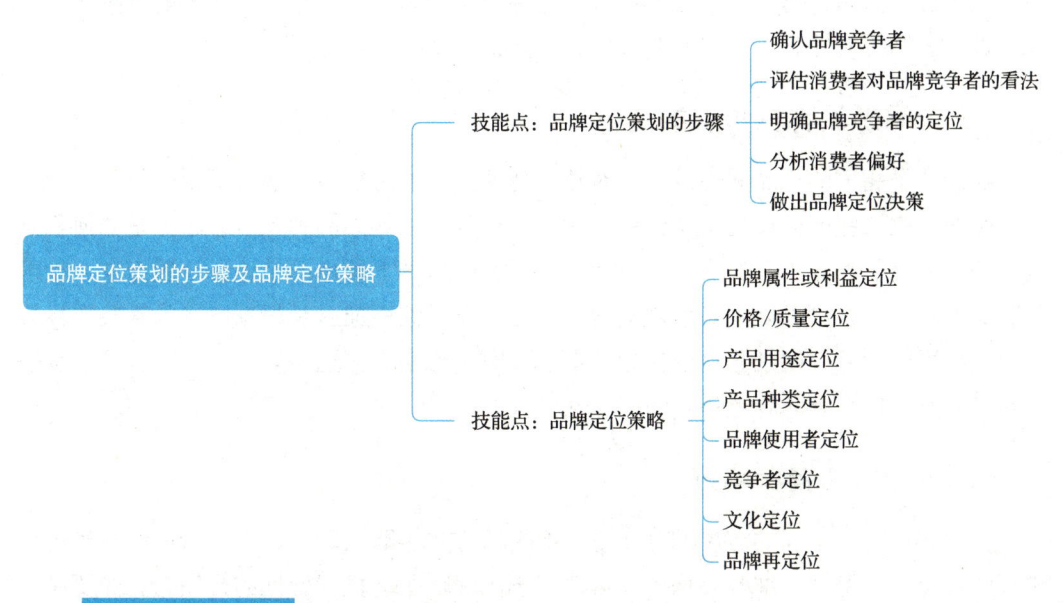

品牌定位策划的步骤及品牌定位策略
- 技能点：品牌定位策划的步骤
  - 确认品牌竞争者
  - 评估消费者对品牌竞争者的看法
  - 明确品牌竞争者的定位
  - 分析消费者偏好
  - 做出品牌定位决策
- 技能点：品牌定位策略
  - 品牌属性或利益定位
  - 价格/质量定位
  - 产品用途定位
  - 产品种类定位
  - 品牌使用者定位
  - 竞争者定位
  - 文化定位
  - 品牌再定位

知识与技能导航

一、技能点：品牌定位策划的步骤

品牌定位是一个科学地整合和分析目标消费者需求、市场竞争状况、企业资源特征的过程。在为品牌明确定位以前，企业需要回答如下的基本问题：企业的品牌在潜在顾客心目中已形成什么样的定位？企业希望自己的品牌有什么样的定位？为建立品牌的这个定位，企业必须挑战哪些竞争品牌并超过它们？企业是否有足够的资金占有并维持这一品牌定位？企业是否有坚持这一品牌定位的气魄？品牌的创意方式是否与它的品牌定位策略匹配？具体而言，品牌定位策划应遵循以下步骤。

（一）确认品牌竞争者

确认品牌竞争者是一个需要全面、广泛考虑的过程，品牌竞争者不仅包括同种类产品的品牌，还包括其他种类产品的品牌（直接的和间接的替代产品品牌）。例如，一个白酒品牌不仅要和其他各种定位的白酒竞争，还要考虑和葡萄酒、啤酒的竞争，因此该白酒企业必须考虑到所有可能的竞争者及它们对消费者产生的各种影响。确认品牌竞争者是一个行业竞争分析过程，这个分析过程为品牌定位打下基础。

（二）评估消费者对品牌竞争者的看法

在确认了品牌竞争者后，企业就要评估消费者对品牌竞争者的看法，以及消费者认为哪些产品属性对评估一个品牌最重要。一般而言，对于大多数品牌，消费者都会考虑产品的各种用途和属性。为了明确这个问题，企业组织专门的营销调研，如邀请消费者试用产品和参加专题讨论会、共同参与调查过程，以了解消费者在选购品牌时会认为哪些产品属性更重要。例如，一位消费者在选择一个汽车品牌时会考虑汽车的可操作性、安全性、装饰等属性。这一步是明确竞争性定位的基础。

（三）明确品牌竞争者的定位

在确认了相关的产品属性及它们对消费者的重要性之后，企业必须明确每个品牌竞争者是怎样在这些产品属性上定位的，从这里企业可以得知品牌竞争者之间是如何相互区别的。明确品牌竞争者的定位是在消费者研究的基础上得出的结论。一般而言，探求品牌竞争者的定位可以采用竞争性框架的方法。竞争性框架就是根据产品的某些属性来做一幅树形图，并分别细分这些属性，最后按照树形图上的这些属性将所有的品牌竞争者对号入座，以明确品牌竞争者的差异性定位。

（四）分析消费者偏好

我们通过采用不同的市场细分变量（如生活方式、购买动机、人口特征等）对市场进行了细分，在每一个细分市场中都可能有不同的购买动机和属性的排序。企业要做的就是要分清具体有哪些购买动机、哪些属性是重要的，并且找出它们之间的差异。为此，企业可以设想有一个理想的品牌，它具有了消费者所有的偏好，这些偏好可能是想象出的而在现实中并不存在。设想这个理想品牌的目的是帮助企业细分市场中的不同偏好，或者找到这些偏好的倾向。

（五）做出品牌定位决策

依照前四个步骤便可以明确企业的品牌定位。然而，科学的品牌定位过程并不一定完全带来科学的品牌定位决策。营销是一门 80% 的科学加上 20% 的艺术的学科，在对品牌定位进行决策时还需要考虑以下几个问题。

（1）选择的市场细分策略是否合适？
（2）选择企业的哪些竞争优势作为品牌定位的基础？
（3）企业是否拥有足够的资源宣传品牌定位？
（4）品牌间竞争的激烈程度如何？
（5）现有的品牌定位策略是否有效？
（6）监控品牌定位。

二、技能点：品牌定位策略

品牌定位策略通常聚焦目标消费者和品牌竞争者，聚焦目标消费者的品牌定位策略将品牌与目标消费者能获得的利益联系起来并建立有利的品牌形象，聚焦品牌竞争者的品牌定位策略通过与品牌竞争者联系起来并加以区别，以获得目标消费者对本品牌的独特认识，进而形成一个有利的定位。一般而言，有以下八种品牌定位策略供企业选择。

（一）品牌属性或利益定位

品牌定位的一种常用方式是借用产品的某些品牌属性或利益（从消费者视角）将本品牌与品牌竞争者区别开来。品牌属性或利益定位要求具备两个条件：一是产品的品牌属性能带给消费者实在的利益；二是产品的品牌属性或利益是品牌竞争者所不具有的，并且不能被品牌竞争者复制。

品牌属性和利益定位要求企业不断地改进产品质量，赋予产品独特属性，这是一个长期的过程。这种策略适用于那些长久以来追求卓越产品质量的品牌，以及在消费者中享有良好口碑的产品。

（二）价格/质量定位

有的品牌经常使用价格/质量定位，这种定位使用两种方式：一种方式是通过广告宣传品牌具有一流的质量，同时与质量相比只有二流的价格；另一种方式是强调具有竞争性价格的产品的质量或价值。使用这种品牌定位策略时要求品牌能够说明产品确实具有一流的质量并且可使消费者信服，同时消费者能体会到品牌的价格的确是实惠的。

企业要能够制造出质量优异的产品，并且还要能够承受赚取少量利润的压力。当市场上有一个高质高价的品牌时，这种策略的使用成功率最高。

（三）产品用途定位

这种品牌定位策略一般在产品具有某些特殊用途或多种用途时采用。当企业开发出一种创新产品时，以产品的特殊用途或多种用途来吸引消费者不失为一个好主意。使用产品用途定位策略时要求产品的特殊用途或多种用途能给消费者带来实际的利益，同时消费者也不会因为享受了特殊用途或多种用途而支付更多货币，否则这种特殊用途或多种用途就会导致营销失败。

（四）产品种类定位

通常一种产品会面临该产品种类之外产品的竞争。例如，航空公司一方面要与其他航空公司竞争，另一方面还要面临其他替代交通工具（如汽车和火车）的竞争。为此，一些品牌就把自己定位为某一类产品或某一类产品的对立面，比如很多人造黄油制造商就定位在天然黄油的对立面。使用产品种类定位策略时要求产品能体现出作为某一类产品的特点，就像人造黄油是黄油，但它又不是一般的天然黄油，因为它是人工合成的。

（五）品牌使用者定位

这种品牌定位策略是把品牌与一群特殊的使用者联系起来，比如我国知名体育类报纸《体坛周报》对自己的定位：为关心国内外体育信息的读者提供全面的、及时的体坛消息，尤其是为那些关心欧洲五大足球联赛的读者服务。使用品牌使用者定位策略时要求使用者要足够多，而且便于区别，这样才能突出品牌的形象。

（六）竞争者定位

竞争者定位也叫比附定位，这种品牌定位策略是指企业为了建立本品牌的定位要借用品牌竞争者，这既是和品牌竞争者间接联系起来，也是在给品牌竞争者重新定位。在采用竞争者定位策略时，品牌竞争者与本企业的产品或服务同样重要。"海飞丝"在20世纪80年代初进入中国洗发水市场，经过多年的市场培育在消费者中形成高度品牌认知：去屑就用"海飞丝"。其他品牌要想在去屑的功能上进行定位只有借力打力。丝宝集团旗下的洗发品牌"风影"的定位是"去屑不伤发"，正是"不伤发"的诉求对"海飞丝"的品牌认知进行了重新定位，由此获得了消费者的青睐。另外，使用竞争者定位策略时最好搭配使用其他的品牌定位策略，以使品牌更加易于区别。

（七）文化定位

文化定位就是把品牌和某种特殊的文化联系起来，以使消费者产生心理认同和情感共鸣，在头脑中以该品牌代替一种文化，从而形成一种文化定位。例如，谭木匠定位于中国传统文化，推出了"花开富贵，竹报平安""凤求凰""鹊桥仙"等系列产品，在产品设计中融入了传统文化元素，体现了它与众不同的文化特色，深深地打上了传统文化的烙印。

（八）品牌再定位

品牌再定位就是变更或改变品牌的定位。当品牌在销售额下滑或发现有新的市场机会时，为获得新的活力，实现新的增长，企业可以考虑品牌再定位。当然，一般来说，改变品牌原有的定位要比定位一个新品牌困难得多，因为这首先要清除品牌在消费者头脑中原有的定位，然而这并不是一件容易的事，消费者并不会轻易改变对原有品牌定位的印象。因此，品牌再定位的关键是要不断地把品牌定位改变后的新市场形象传递给消费者，只有加强这一新市场形象才能使新的品牌定位成功。

品牌再定位一般适用于以下几种情景。

（1）品牌一开始的定位就是有问题的、是错误的，得不到消费者的认可，这要求品牌重新定位。

（2）品牌原有定位是正确的，但是有品牌竞争者推出了新品牌并且与本品牌相比有相似的定位，侵占了本品牌的一部分市场，导致本品牌市场占有率下降。

（3）消费者的需求发生了变化，本品牌的定位已经不能得到消费者的完全认可。

（4）企业的营销目标发生了变化，要求品牌定位策略随之变化。

坚持品牌定位是品牌营销强调的一般原则，如果市场情况发生变化，原有品牌定位不能为品牌带来消费者认同并且开始丧失市场竞争优势，此时企业必须考虑是否对品牌进行再定位。

【案例赏析】安踏的蝶变

技能训练

请以小组为单位，利用所学知识为自己设计的品牌进行品牌定位策划。需要收集相关资料，进行市场调研和市场细分，分析目标消费者偏好，进行产品与品牌定位契合度研究等，并撰写"××品牌定位策划方案"，将品牌定位策划方案制作成PPT并进行汇报展示。

技能训练考核评分表

评分项目		分值	得分
素质目标	创新精神、团结协作等完成情况	20	
知识与技能目标	1. 品牌定位策划的步骤及定位策略的掌握及运用情况	15	
	2. 品牌定位策划方案是否具有科学性、可行性、创新性等，PPT制作美观、结构合理	30	
	3. 汇报展示中同学们的仪表仪态、口头表达等表现情况	20	
	4. 小组分工明确、团结协作等完成情况	15	
总分		100	

知识检测

1. 品牌定位策划的步骤有哪些？
2. 品牌定位有哪些策略？
3. 请用自己的语言阐述品牌文化定位。

素质培养案例

案例材料：

华为新品发布会预告视频：最大的阻力，给我们最大的动力

【手机中国新闻】2023年9月14日早间，"@华为终端"官宣新品发布会：山河同心，聚力新生。9月25日，华为秋季全场景新品发布会，众多新品即将登场，与您不见不散！

同时，华为方面还发布了秋季全场景新品发布会的预告视频，整个视频只有短短29秒，但包含的东西却很有内涵。在视频中，大洋底部有多条赛道，其中一条安上了起跑器，寓意重新出发。华为称：最大的阻力，给我们最大的动力。

事实上，华为在业绩方面已经实现了回归。据其披露的2023上半年业绩报告，华

品牌策划与推广

为上半年实现营收 3082.90 亿元，2022 年同期为 2986.80 亿元，同比增长 3.2%；净利润为 465.23 亿元，2022 年同期为 146.29 亿元，同比增长 218%。可以说，华为最困难的时期已经过去。

据悉，截至 9 月 14 日，业界猜测此次发布会的新品阵容除了华为 Mate60 系列、Mate X5 折叠屏手机，可能还会有全新华为旗舰平板登场，的确值得期待。当然，外界更感兴趣的是麒麟 9000S 处理器，毕竟直到现在，它的能力还有一部分不为人知。

此外，Mate60 系列按道理会有四款机型发布，目前 Mate60 标准版、Mate60 Pro 和 Mate60 Pro+ 机型已经以"先锋计划"之名开售，而该系列的定制机型 Mate60 RS 预计会成为发布会的一个"王炸"。

案例评析：

如何才能成为深得人心的国民品牌？技术实力、深厚的情感共鸣、有诚意的作品一个都不能少。

案例感悟：

每一位中国人都盼望着中国品牌能够带着更强、更好的中国技术和文化走得更远，而华为凭借持续的"中国制造""中国技术卷王"的标签和实力成为民族品牌的代表。

项目四

品牌形象策划

案例导入

三只松鼠：小美、小酷和小贱

三只松鼠成立于2012年，仅半年时间就跃居坚果行业全网第一，是当时中国销售规模最大的食品电商企业之一。从名称、品牌形象到服务，这家企业一直以"萌"为特色。在三只松鼠的Logo中，松鼠小美是温柔娴静的公主，松鼠小酷是知性的暖男，松鼠小贱是吃得了苦、耍得了贱、乐观向上的代表。企业通过在客服与客人之间来一场角色扮演的游戏，形成人与人、人与自然的相互沟通和体验，成功吸引了"80后""90后"的大部分网民。

为了让更多的消费者认识并购买产品，该品牌不断地促进与受众的互动，开拓各种消费场景，从细节上打动消费者，将用户体验做到极致。三只松鼠品牌一经推出就受到了消费者的喜爱。萌萌的三只松鼠的Logo和清新自然的品牌形象为其赢得了一批忠实顾客。三只松鼠的Logo如图4-1所示。

图4-1　三只松鼠的Logo

1. 品牌外在形象

三只松鼠的品牌名称独一无二，辨识度很高，很多消费者反映听到"三只松鼠"，首先想到的就是大森林中的清香松树和松果。企业在品牌Logo设计上使用动漫色彩设计，采用亲民的卡通形象，以三只诙谐、可爱、个性独特、人物化的松鼠形象为主要表现形式。这既契合了松鼠爱吃坚果的特点，使人看到三只松鼠的Logo就联想到了该品

品牌策划与推广

牌的产品类别,也用萌化了的品牌代言人吸引消费者的眼球和关注。在口号设计上,三只松鼠针对不同的产品定位提出不同的宣传口号,小贱——"全世界的零食将被我承包",小美——"松鼠小美,就是好喝",三只松鼠——"认准这个大头"。口号不仅朗朗上口,还极富个性与时尚气息,具有流行语潜质,容易在消费者群体中迅速传播。在网站功能上,"松鼠家"不断优化网店布局,使顾客能够快速找到产品。这是用户思维与简约思维的体现。在网页风格上,三只松鼠巧妙吸睛,将品牌特色与舆论热点相结合。例如,围绕3月21日的世界森林日、3月29日的"地球熄灯一小时"等热点,三只松鼠抓住"环保、森林"主题,策划了"松鼠主人""地球环保行动"主题设计,用事件获取流量。

2. 品牌内在形象

三只松鼠的网络销售员在与客户聊天时用"主人"称呼客户,打造可爱萌系形象,赋予这一品牌松鼠的个性。而这一个性正好契合目标消费人群——"80后""90后"的喜好,使消费者对品牌形象产生情感偏好。三只松鼠的企业文化是"忠于信仰、勇于改变、坚持不懈、分享协作、好好学习、天天向上"。所谓"忠于信仰"是忠于要实现为全人类寻找最优质、最新鲜、最健康的森林食品的信仰,这是极致思维的体现;"勇于改变、坚持不懈、好好学习、天天向上"都是对迭代思维的诠释;"分享协作"则是社会化思维的体现。

虽然不是所有的企业都基于这些思维进行品牌文化设计的,但是放眼望去,很多行业的领头企业、领导品牌倡导的品牌文化、价值观和理念追求都是基于用户思维、极致思维、迭代思维进行设计的。例如,宝洁公司的企业文化是"消费者至上""尊重员工"。

【思考】

问题1:三只松鼠是如何吸引消费者的?

问题2:三只松鼠分别塑造了怎样的品牌内在形象与品牌外在形象?

项目导学

学习任务	品牌形象策划	教学模式	任务驱动教学法
建议学时	10	教学地点	多媒体教室
项目描述	小李是一名大三学生,即将步入社会,走上工作岗位。他对企业品牌形象策划工作很感兴趣,现在他想了解一个品牌的形象包含哪些特征,应该如何进行策划。具体而言,如何为品牌命名?如何为品牌设计Logo?如何进行品牌的个性设计?等等			
项目解读	任务一　品牌形象概述			
	任务二　品牌形象策划的方法			

项目四　品牌形象策划

续表

学习目标	知识目标	掌握品牌形象的概念及内涵； 了解与品牌形象相关的概念； 掌握品牌形象策划的方法
	能力目标	能够运用自己的语言清楚地表达品牌形象的概念，解释其内涵； 能够结合企业的实际情况对品牌进行形象策划； 能够运用合适的途径及策略对身边熟悉的品牌进行形象策划
	素质目标	培养学生的爱国意识和民族品牌情怀； 培养"构建以国内大循环为主体、国内国际双循环相互促进的新发展格局"下的中国品牌发展理念； 贯彻落实品牌强国的国家战略

项目实施

任务一　品牌形象概述

知识目标

- 认识品牌形象。
- 掌握与品牌形象相关的概念。

能力目标

- 掌握品牌形象与品牌资产、品牌识别间的关系。

思维导图

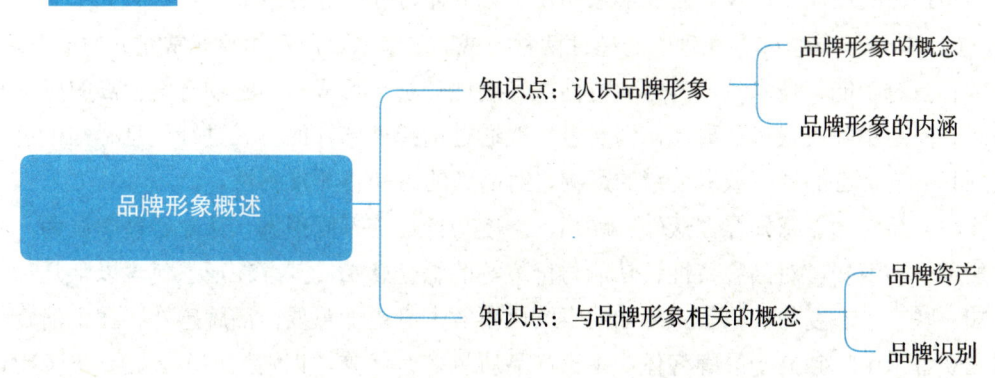

品牌形象概述
- 知识点：认识品牌形象
  - 品牌形象的概念
  - 品牌形象的内涵
- 知识点：与品牌形象相关的概念
  - 品牌资产
  - 品牌识别

69

品牌策划与推广

知识与技能导航

一、知识点：认识品牌形象

（一）品牌形象的概念

什么是品牌形象？理论界存在很多定义，甚至有些混乱，至今没有一个统一的定义。营销专家利维认为，品牌形象是存在于人们心里的关于品牌各要素的图像及概念的集合体，主要是品牌知识及人们对品牌的基本态度。M.约瑟夫·西尔盖则认为品牌像人一样具有个性形象，但是个性形象不是单独由产品的实质性内容决定的，还应受其他一些内容的影响。

（二）品牌形象的内涵

从某种意义上来讲，品牌形象随着品牌的产生而产生，品牌的含义决定了品牌形象的内涵。

利维等人在提出品牌概念的同时，还批判过往研究仅仅关注消费者陈旧的购买理由，显得太过表面化，建议学者抛开表面化的购买理由去关注消费者购买的可持续动机，即品牌的意义和价值。利维等人还认为，品牌和产品既拥有物理属性，也同样具有社会及心理的属性，即品牌形象是消费者购买的重要影响因素。

虽然利维等人一开始就从概念上抓住了品牌形象的实质，但是后来的很多学者却围绕品牌形象提出了不同的概念。有关品牌形象的术语大量存在于学术报刊和通俗刊物之中，其概念和内涵也产生了分化，甚至和企业视角的品牌识别混淆。虽然概念并不一致且不稳定，不过综合各类主张，关于品牌形象的内涵，业界实际上存在以下共识。

（1）品牌形象是以消费者为主体的概念，存在于消费者的心目中。与品牌识别等以企业为主体的概念不同，品牌形象是消费者对品牌功能、技术、服务、价值与利益等内在的和外在的属性，以及对企业形象和使用者群体特性的综合感知。

（2）品牌形象感知存在理性与感性两种方式。在信息与消费体验非常充分的情况下，消费者会对功能、技术特征等客观特性进行理性分析，形成与实际吻合度较高的感知与判断。但是实际模式远非如此，消费者一般通过选择性感知的方式进行信息感知，可能受到其他消费者的评价或者情绪的影响，对品牌的感知将非常感性。

（3）品牌形象感知存在认知、联想、态度与评价等不同形态。认知心理学认为，品牌形象作为消费者对品牌特性、功能与价值等的综合感知，其存在形态包含以下几种：认知、联想、态度与评价等。感知的事实比事实本身更加重要。品牌感知存在于消费者的主观意识中，独立于品牌客体。不论产品质量多么优秀，识别系统多么完善，营销传播计划多么系统，最终必须经过消费者这一关键环节，只有得到消费者的正向感知和认同，产品才具有价值和意义。

二、知识点：与品牌形象相关的概念

与品牌形象相关的概念主要包括品牌资产和品牌识别。

（一）品牌资产

品牌作为企业最基础、最关键的因素，其价值体现为品牌资产。品牌资产指由于企业的产品或服务具有良好的品牌形象，消费者愿意为该品牌付出一定的价格，从而使该品牌具有价值。品牌资产由品牌知晓度和品牌形象两个因素构成，对品牌资产起决定性作用的因素是品牌形象。

品牌资产是由品牌形象驱动的。因此，尽管品牌资产是一个财务概念，要依靠消费者购买行为实现，但是，消费者购买行为本身又取决于消费者对品牌的看法，即品牌形象。尽管购买行为的指标可以反映品牌资产的存在，但是并不能揭示消费者心目中真正驱动品牌资产的关键因素。强势品牌虽然具有更高的品牌资产，而且通常具有较高的市场份额，但是仅仅依靠市场份额是不能把它们与其他品牌区别开来的。

（二）品牌识别

与品牌形象相关的概念还有品牌识别。品牌识别是指企业有意识地赋予品牌特征，包括关于品牌的内涵、名称、标识及相关的公关宣传和广告表现。

在市场经济中，消费者对品牌的评价具有绝对的发言权，因而品牌形象是通过品牌识别形成品牌资产的中间变量。对于消费者而言，品牌的作用不仅仅在于区别各种商品，它还是一种象征，超出了其文字本身的含义；对于生产者而言，品牌也不仅仅是使自己的产品有别于其他产品，更在于在技术和功能的支持下建立起来的产品与消费者之间的关系；消费者的知晓、喜爱甚至尊重就是品牌识别。因此，品牌形象研究是品牌理论研究的核心之一。

品牌的市场价值通过品牌资产实现。品牌通过确立合适的定位在市场上塑造强势的品牌形象，进而吸引消费者购买、培养忠诚消费者群体，达到积累品牌资产的目的。在品牌价值的实现过程中，如何塑造品牌形象是一个关键环节。而进行品牌形象的塑造，必须明晰品牌形象因素结构，确定构建一个强势品牌形象的主要因素。因此，品牌资产的积累主要来自品牌形象的贡献。品牌资产积累的过程如图 4-2 所示。

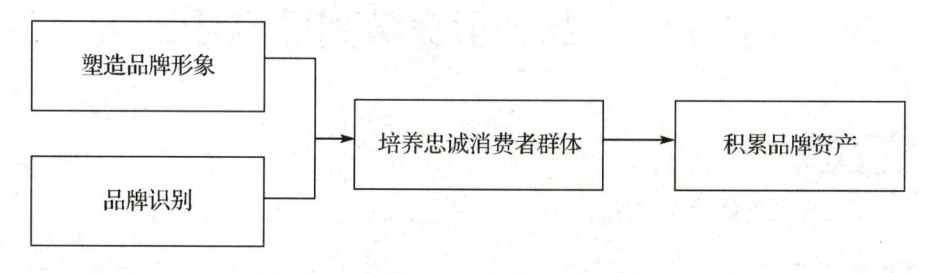

图 4-2 品牌资产积累的过程

品牌策划与推广

【案例赏析】茶颜悦色：国风新茶饮

技能训练

请以小组为单位，利用所学知识，收集相关资料，选择一个喜欢的品牌进行品牌形象分析，阐述该品牌是如何受到市场和消费者认可的，并为该品牌提出一些形象塑造方面的建议，进一步理解品牌形象的概念与内涵。将分析结论和建议制作成PPT并进行汇报展示。

技能训练考核评分表

	评分项目	分值	得分
素质目标	形象意识、创新精神等完成情况	20	
知识与技能目标	1. 品牌形象认知的掌握情况	15	
	2. 品牌形象分析准确、全面，品牌形象塑造建议可行、有效等	30	
	3. 汇报展示中同学们的仪表仪态、口头表达等表现情况	20	
	4. 小组分工明确、团结协作等完成情况	15	
总分		100	

知识检测

1．请用自己的话阐述品牌形象的概念。
2．品牌形象有怎样的内涵？
3．简述品牌形象与品牌资产、品牌识别间的关系。

任务二　品牌形象策划的方法

知识目标

- 掌握品牌形象策划的方法。

能力目标

- 能够运用合适的途径及方法对企业品牌形象进行策划。

思维导图

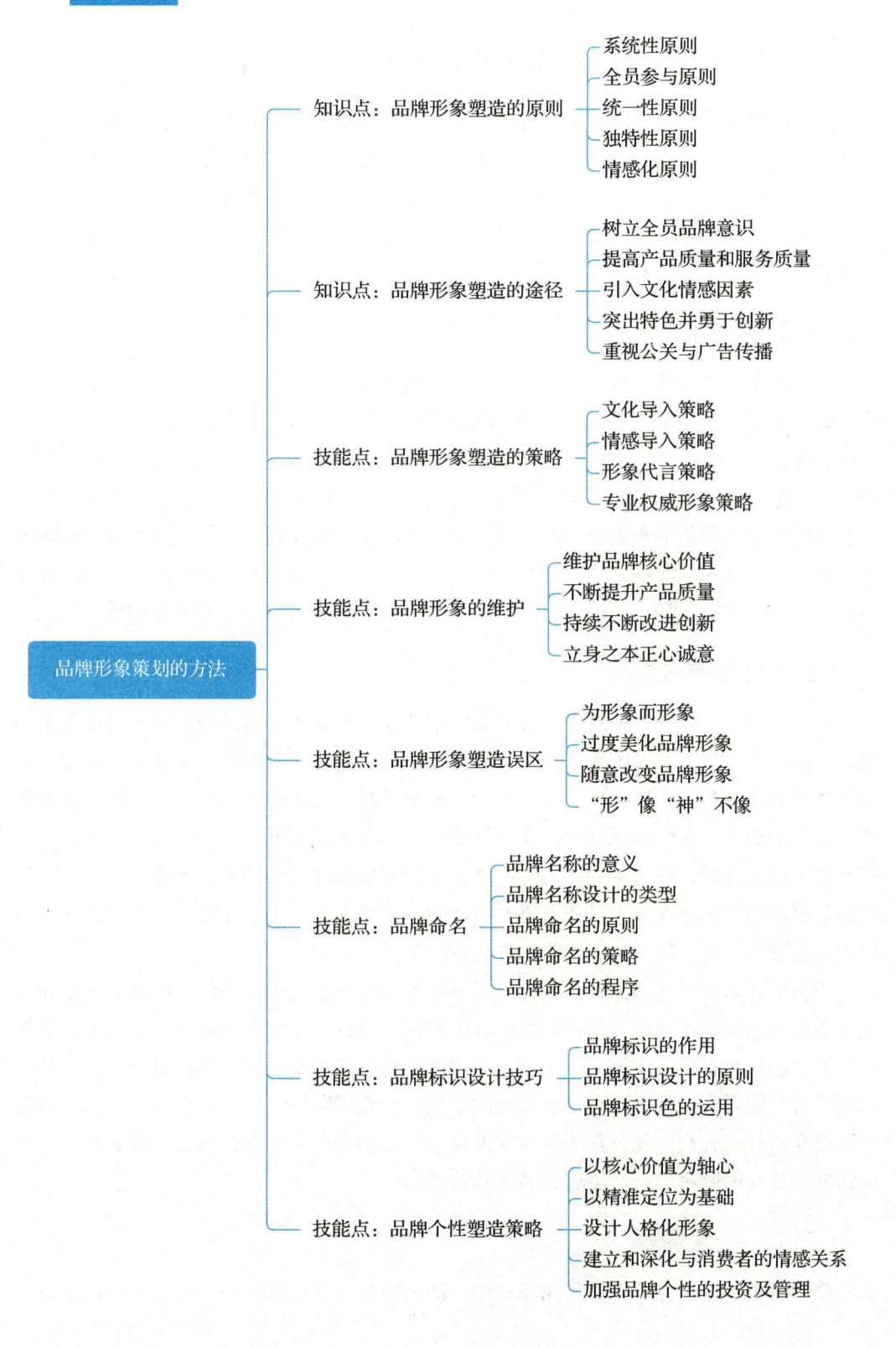

- **品牌形象策划的方法**
  - 知识点：品牌形象塑造的原则
    - 系统性原则
    - 全员参与原则
    - 统一性原则
    - 独特性原则
    - 情感化原则
  - 知识点：品牌形象塑造的途径
    - 树立全员品牌意识
    - 提高产品质量和服务质量
    - 引入文化情感因素
    - 突出特色并勇于创新
    - 重视公关与广告传播
  - 技能点：品牌形象塑造的策略
    - 文化导入策略
    - 情感导入策略
    - 形象代言策略
    - 专业权威形象策略
  - 技能点：品牌形象的维护
    - 维护品牌核心价值
    - 不断提升产品质量
    - 持续不断改进创新
    - 立身之本正心诚意
  - 技能点：品牌形象塑造误区
    - 为形象而形象
    - 过度美化品牌形象
    - 随意改变品牌形象
    - "形"像"神"不像
  - 技能点：品牌命名
    - 品牌名称的意义
    - 品牌名称设计的类型
    - 品牌命名的原则
    - 品牌命名的策略
    - 品牌命名的程序
  - 技能点：品牌标识设计技巧
    - 品牌标识的作用
    - 品牌标识设计的原则
    - 品牌标识色的运用
  - 技能点：品牌个性塑造策略
    - 以核心价值为轴心
    - 以精准定位为基础
    - 设计人格化形象
    - 建立和深化与消费者的情感关系
    - 加强品牌个性的投资及管理

品牌策划与推广

> **知识与技能导航**

一、知识点：品牌形象塑造的原则

品牌形象的塑造是一项长期而艰巨的任务，它不是哪一个人或哪一次具体行动就可以完成的。企业需要按照一定的原则，通过一定的途径，全方位地精心塑造品牌形象。而且在此过程中，企业需要掌握品牌形象塑造的策略，这样才能起到事半功倍的效果。同时，企业还要明确品牌形象塑造的误区，不能为了形象而塑造形象，不能过度美化品牌或者随便改变品牌形象。

（一）系统性原则

品牌形象的塑造涉及多方面的因素，是一项系统工程，企业要做大量艰苦细致的工作。企业需要增强品牌意识，重视品牌战略，周密计划，科学组织，上下配合，各方协调，不断加强和完善品牌管理；企业需要动员各方面力量，合理利用人、财、物、时间、信息、荣誉等资源，并对各种资源进行优化组合，使它们发挥最大作用，产生最佳效益。另外，品牌形象的塑造不是单在企业内部就可以完成的，还需要公众的参与，因为品牌形象最终要树立在公众的脑海中。企业需要面向社会，与社会互相配合，并动员社会中的有生力量，利用社会中的积极因素。这一切都说明，品牌形象的塑造是一项复杂的系统工程。

（二）全员参与原则

全员参与的品牌形象管理对品牌形象的塑造来说是至关重要的。品牌形象要向市场发出一种声音，就是要求企业所有员工都有使命感。这种使命感来自荣誉感，能够让员工产生强大的凝聚力。很难想象一盘散沙或牢骚满腹的员工会向公众展示良好的品牌形象。英国营销学者彻纳东尼认为，企业要使所有的员工都理解品牌的含义，使所有的员工都能认识、理解、表达企业的品牌形象，这对实施品牌战略的企业来说，尤其是对于实施品牌国际化的企业来说是非常重要的问题。只有众多员工达成共识，才能使不同领域的角色融为一体，使不同部门的成员向着一个方向努力。

美国学者阿克在其《品牌领导》一书中提到，企业应把内部品牌的传播工作放在优先考虑的地位，即在得到外部认同之前首先在内部推行，达到内部认同，因为内部认知的差异可能误导策略的实施。除了让企业内部全体员工参与品牌形象的塑造，全员参与原则还有一层含义，就是动员社会公众的力量。企业的营销、服务、公关和广告要能够吸引公众，打动公众，使公众关注品牌形象，热心参与品牌形象的塑造，使品牌形象牢固树立在公众的脑海中，产生长久的非凡魅力。

（三）统一性原则

品牌形象的统一性原则是指品牌识别，即品牌的名称、标识物、标识字、标识色、标识性包装的设计和使用必须统一标准，不能随意变动。例如，同一家企业或同一款产品在一个国家或地区的翻译名称要统一，像日本的松下、丰田和美国的通用、微软等的中文名称就不能随便采用其他汉字来代替。

例如，肯德基是一家国际性连锁店，其最大特征是"一家是一家，十家是一家，千家还是一家"，无论你身处何地，只要到了肯德基，你就会感觉像是到了离家最近的那家肯德基。因为那红白条的屋顶、大胡子山德士上校、宽敞明亮的大玻璃窗、笑容可掬的服务员，还有香喷喷、脆松松、金灿灿的油炸鸡腿，都是你再熟悉不过的了。

（四）独特性原则

在塑造品牌形象的过程中，展现出自身品牌的独特性也是十分关键的。品牌的独特性可以表现在质量特色、服务特色、技术特色、文化特色或经营特色等方面。品牌形象只有独具个性和特色才能吸引公众，才能通过鲜明的对比在众多品牌中脱颖而出。例如，联合利华公司的著名香皂品牌"力士"在塑造品牌形象时一直突出其高贵典雅的特色，每一版的广告中都大量启用国际知名影星以凸显其高贵品质，至今尚未有其他品牌能在这一层次上超越它。如果品牌的形象与其他已有品牌的形象过于相似，就难以在消费者心目中留下深刻印象，甚至落入恶意模仿其他品牌的尴尬境地，成为令人鄙夷的"山寨货"。

（五）情感化原则

品牌形象的塑造过程要处处融入情感因素，使品牌具有情感魅力，以情动人，这样才能缩小其与公众的距离，实现和公众的良好交流。"情感品牌"使人们认识到产品的部分价值是情感上的而非物质上的，从而拓展了产品和服务的平台。

麦当劳以情感塑造形象的招数可谓绝妙。作为世界范围内最负盛名的快餐店之一，麦当劳最初的经营业绩很平淡。直到1957年，一位叫戈德斯坦的人加盟麦当劳后，为了促销开始做广告。1960年，美国广播公司开播了一个全国性的儿童节目——波索马戏团，戈德斯坦觉得很有趣，他看准时机独家赞助了马戏团，并请波索的扮演者为麦当劳做广告。波索这个滑稽的小丑殷勤地向孩子们喊道："别忘了叫爸爸妈妈带你们去麦当劳哟！"孩子们在嬉笑声中牢记"波索小丑"的话，于是光顾麦当劳的人越来越多，麦当劳的营业额直线上升。

二、知识点：品牌形象塑造的途径

（一）树立全员品牌意识

首先，企业管理者要提高自身的管理素质，增强塑造品牌形象的意识，将品牌形象塑造作为企业的优先课题，作为企业发展的战略性问题，要把企业的经营理念反映在品牌形象上；其次，企业应以人为本，启发员工的心智，最大限度地激发员工的智慧和潜能，树立全员品牌意识，员工们明白了塑造品牌形象的重要意义就会产生荣誉感和使命感，自觉、自愿地为塑造品牌形象做出贡献；最后，要在企业内部建立起特有的观念体系和运作机制，建立起科学的组织架构和严格的规章制度，这是塑造品牌形象的组织保证。

（二）提高产品质量和服务质量

产品质量是满足消费者需求的一种效能，它是品牌形象的基石，是品牌的本质和生命。企业只有强化高效管理和合理配置资源，不断引进新技术，才能提高产品质量，从而为塑造品牌形象提供必要的保证。企业要想做好产品的市场销售，树立品牌形象，保持品牌的竞争优势，就必须在提高产品质量的同时努力改善服务质量，提高服务水平。优质的服务有利于维护和提升品牌形象。当消费者遇到损失或发现产品有缺陷时就会产生抱怨，这会给品牌形象带来不良影响，而优质的服务可以降低消费者的风险，减少消费者的损失，保障消费者的安全，从而赢得消费者的理解和信任。

（三）引入文化情感因素

品牌有自己的个性和表现力，是沟通企业和公众情感的桥梁，而公众在内心深处都渴望真挚、美好的感情。每一个国家、每一个民族都深受本国、本民族文化的影响，文化传统在不经意间影响着消费者的选择。如果某个品牌能够契合传统文化的一些因素，就会在消费者心目中占据一定的情感空间，引导消费者关注该品牌。

例如，滴滴顺风车联合上海彩虹室内合唱团打造跨界作品《春节自救指南——回家篇》，就是抓住了"春节回家"这一传统场景，通过上海彩虹室内合唱团的"共情"联结，吸引了消费者。

（四）突出特色并勇于创新

品牌形象只有独具个性和特色，才能吸引公众，才能通过鲜明的对比在众多品牌中脱颖而出。抄袭模仿、步人后尘的品牌形象一般不会有好的效果，也不可能有什么魅力。品牌形象不是一成不变的，随着企业内外经营状况和消费需求的变化，品牌形象也要不断地创新，使之适应消费者的心理变化，适应企业发展的需要。韩国的LG在创始时期有两个品牌名，即化工的Lucky和电子的Goldstar。1995年，为了适应全球化的发展，Lucky和Goldstar实现品牌重组，新企业的品牌为LG。1997年，LG在世界市场上全面启动醒目的脸谱型"LG"标识，以更加现代和简洁的形象出现在世人面前，其品牌形象得到大幅提升。由此可见，品牌要想永葆青春和活力就必须跟上潮流，跟上时代的步伐，及时创造新形象。

（五）重视公关与广告传播

对于品牌形象而言，公关与广告如鸟之两翼、车之两轮，重要性不言而喻。品牌形象最终要建立在社会公众心目之中，这取决于公众对品牌的信任度、忠诚度。因而品牌形象的塑造应面向公众，以公众为核心，高度重视公众的反应。一些国际品牌的公关赞助非常有针对性和连续性，以便给公众留下深刻的印象。同时还应认识到，品牌的推广离不开广告宣传，不论是发布平面广告、立体广告，还是通过杂志、报纸、电台、电视等渠道宣传，成功的品牌都会选择与自身品牌形象相符的统一的广告风格，并坚持遵守这个风格，使品牌形象清晰，不被混淆。

以上五个方面远不是品牌形象塑造的全部工作，除此之外，科技是品牌的先导，文化是品牌的灵魂，创新是品牌的活力，等等。品牌形象的塑造和魅力的形成绝不是一朝一夕的功夫，需要长期积累，大量投入。只要方法正确，加上长期不懈地努力，企业肯定就会获得丰厚的回报。

三、技能点：品牌形象塑造的策略

（一）文化导入策略

品牌文化是在企业、产品的历史传统基础上形成的品牌形象、品牌特色和品牌所体现的企业文化及经营哲学的综合体。品牌需要文化，品牌文化是企业文化的核心，品牌文化可以提升品牌形象，为品牌带来高附加值。如果企业想要打造国际品牌，就更需要根植于本国的深厚的历史文化之中。每一个品牌都应当塑造差异性的品牌文化，以文化感动人。

（二）情感导入策略

品牌绝不是冷冰冰的符号和名称，它有自己的个性和表现力，是沟通企业和公众情感的桥梁。因此，如果品牌能在消费者的心目中占据一席之地，占据消费者的情感空间，那么这种品牌形象的塑造就是成功的。

例如，人们熟知的芭比娃娃已经50多岁了，但依旧流行于全球，在全球绝大多数的国家和地区都有销售，多次被美国著名的玩具杂志评为美国畅销玩具。即便是在电子玩具大行其道的20世纪90年代，芭比娃娃仍是美国十大畅销玩具之一，在世界百强商品中，芭比娃娃更是唯一的玩具商品。

是什么让芭比娃娃具有如此大的吸引力？除了她漂亮的外表，更重要的是公司给芭比娃娃赋予了情感化的形象，公司们利用广告树立了芭比娃娃拟人化和情感化的形象，在电视、报刊上开辟"芭比乐园""芭比信箱"，拍摄芭比娃娃卡通片，组织芭比娃娃收藏会，芭比娃娃的形象就这样叩开了孩子们的心扉，经久不衰。

（三）形象代言策略

市场营销中所指的代言人是那些为帮助企业或组织达到营利性目的提供信息传播服务的特殊人员。早在20世纪初，"力士"香皂的印刷广告中就有了影视明星的照片。成功运用形象代言策略能够扩大品牌知名度、认知度，近距离与受众沟通。受众对代言人的喜爱可能会促成购买行为的发生，建立起品牌的美誉度与忠诚度。在我国，形象代言策略也被广泛应用，其中又属运动鞋、化妆品、服装行业最突出。运动鞋广告大多有品牌形象代言人，其中包括少量优秀运动员代言人，以强调品牌所代表的追求高超的竞技水平和永不言败的体育精神。还有一些品牌形象代言人是歌星或影视明星，这是因为运动鞋的目标消费群体主要是青少年，而这个目标消费群体正处于喜爱和崇拜明星的年龄段，商家想利用这些当红明星的影响力和号召力吸引他们。青少年有时候会出于对品牌代言人的喜爱而购买商品，而不是真正看重商品本身。

（四）专业权威形象策略

专业权威形象策略可以突出企业的品牌在某一领域的领先地位，增强其权威性，提高消费者信赖度。例如，知名牙膏品牌"高露洁"在广告宣传时强调中华口腔医学会和中华预防医学会共同推荐；宝洁公司在这方面表现得也很突出，在它的牙膏品牌"佳洁士"系列广告中，一位中年牙科教授的形象多次出现，她通过向小朋友讲解护齿知识等来肯定佳洁士牙膏不磨损牙齿和防蛀的效果，而且还有佳洁士医学会的认证，更权威；洗发水品牌"海飞丝"也多次借专业美发师之口强调产品出众的去屑功能。

四、技能点：品牌形象的维护

（一）维护品牌核心价值

品牌核心价值是品牌资产的主体，它让消费者明确、清晰地识别并记住品牌的利益点与个性，是驱动消费者认同、喜欢乃至爱上一个品牌的主要力量。品牌形象的维护就是要求企业尽力地控制和掌握目标消费群体对品牌的感觉与信念，根据目标消费群体消费需求层次的变化随时把握他们对品牌感觉与信念的变化趋势；充分利用那些能赋予和提升该品牌价值的感觉，同时消除那些不能使品牌核心价值与消费者生活方式产生互动、与市场环境变动相适应的感觉，随时根据消费者需求的变化对品牌核心价值进行维护，不断维护品牌核心价值的目的就是要凸显品牌形象的独特性。具有良好品牌形象的产品不但要在性能、形状、包装等方面满足消费者的偏好，更要在等级、身价和高雅形象上满足消费者的心理需要。

（二）不断提升产品质量

产品质量是构成品牌形象的首要因素，也是决定品牌形象生命力的首要因素。对企业来讲，对消费者负责任是从产品质量开始的。出色的产品质量才是赢得消费者的信任、占领市场的敲门砖。没有一流的产品质量就不可能赢得消费者的信任，更谈不上品牌形象的塑造。

以产品质量而闻名的奔驰汽车，号称跑 20 万千米不用动螺丝刀，跑 30 万千米以后，换个发动机还可以再跑 30 万千米。在生产过程中，奔驰公司更是严把质量关，要求全体员工精工细作，一丝不苟。在产品检测上，为了保证绝对品质，奔驰公司在全球各大洲设有质量检测中心，有大批质检人员和高性能的设备，每年抽检上万辆奔驰车。公司还有一个试车场，每年拿出 100 辆新车进行破坏性试验，以时速 35 千米的车速撞击坚固的混凝土厚墙，以检验前座的安全性。这样的质量文化使奔驰的品牌形象总是充满活力。

（三）持续不断改进创新

国内知名品牌设计公司捷登的设计总监雷蒙曾说过：品牌形象的生命力一半来自创新。创新使品牌形象与众不同，为品牌生命注入了无穷活力，是延长品牌形象生命的重要途径。技术创新就是专门研究同类产品的新技术、新工艺，不断提高产品的技术含量，开发新工艺，研究产品的市场生命周期，以及更新、改进、换代的时限和趋势，不断地发展产品有价值的特色，不断推出"热点"产品，保证产品旺盛的销售势头。市场竞争的激烈化使产品生命周期缩短，今天的名牌在明天就有可能成为过时产品，被更具吸引力的新品牌替代。世界已经进入知识经济时代，没有超越时代的技术就难以生产出高起点、高质量、高份额的产品，品牌形象就会沦为平庸，最终走向没落。除了技术创新，企业还要进行管理创新与营销创新。后者是指不断研究市场消费需求、消费者购买行为的走势、消费者购买习惯的变化和消费流行动向，不断地在营销方式、价格、渠道选择、促销措施上推陈出新，引导消费，满足需求。

（四）立身之本正心诚意

信誉是一个品牌能够在消费者心目中建立其品牌偏好和品牌忠诚的基本要素。企业在产品质量、服务质量等各方面的承诺使消费者对此品牌产生偏好和忠诚。良好的信誉是企业的无形资产，可以增强品牌形象的竞争力，为企业带来超值的利润。心要正，意要诚，诚信是企业的立身之本，没有诚信就没有市场。某品牌奶粉事件导致了整个行业的诚信危机，中国奶制品企业的品牌形象集体坍塌，企业道德形象在公众眼中发生质变，行业发展遭受重创，经历了多年才得到重建。所以诚信给品牌形象带来的价值是不可估量的。一个诚信的形象将维系客户的美誉度和忠诚度，为企业的可持续发展奠定坚实基础。因此，诚信应当成为所有企业的经营哲学基础，保持诚信应当是企业维护品牌形象的必要工作之一。

总之，品牌形象的塑造与维护是一项长远的系统工程，这需要企业全体员工的共同努力。只有优秀的品牌形象才能促进企业无形资产的保值增值，使企业在激烈的市场竞争中立于不败之地。

五、技能点：品牌形象塑造误区

近些年来，"品牌形象"作为一个时髦词活跃在工商企业界，频繁出现在报纸杂志中，也常常挂在人们的嘴边。但是，有些企业提到这个词常常只是赶时尚、求新奇，并没有多少塑造品牌形象的实际行动，只见刮风，不见下雨。有些企业虽然有投入、有行动，但是认识不正确，方法错误，因而见不到效果，甚至产生负面影响，以至于某些企业领导害怕宣传失败会把企业搞倒闭了，思想进入一个死胡同。这些都是品牌形象塑造误区。笔者认为，根据我国企业品牌形象的现状，有必要对以下几个误区加以澄清和防范。

（一）为形象而形象

有些企业以为挂几块招牌、做几次广告形象就出来了，于是花了不少精力在这些方面，而不在经营、管理、技术、质量等方面下功夫。这无异于舍本逐末、缘木求鱼。企业可以在短时间内为品牌树立一个形象，去赢得消费者关注，但是以这种方法树立的品牌形象很单薄，没有根基，没有生命力。以这种投机取巧、企图一步登天的侥幸心理去管理品牌势必使品牌随波逐流，被消费者和流行时尚牵着鼻子走。流行时尚瞬息万变，品牌一味投其所好最终会丧失个性、丧失自我主张，也就没有什么形象可言了。

（二）过度美化品牌形象

用虚假广告和华丽词汇过度美化品牌、拔高品牌、虚构品牌形象，这是一些企业在塑造品牌形象时常见的毛病。品牌宣传要根据企业和产品实际实事求是地进行宣传，是怎样的就是怎样的，只有如此才能赢得消费者的信任和忠诚。宣传中加入一些感情色彩、做适度修饰是必要的，做得好还会有意想不到的效果。但是过分夸张、过度拔高会让消费者感到虚假，看出破绽，产生疑惑心理，企业就会失去消费者，事与愿违。

（三）随意改变品牌形象

有些企业，产品销售额一下降，或者市场状况一改变，就急于重塑品牌形象，推翻过去，重新开始。还有一些企业，尚未界定品牌识别、做好品牌定位，就胡乱宣传，盲目沟通。其基本做法是：试一试，干了再说，不行就改。结果是既投了资金，又花了精力，到头来品牌形象却一塌糊涂。

（四）"形"像"神"不像

市场上有不少企业模仿外国品牌，学界有人称其为"仿洋品牌"，也有人称其为"假洋品牌"。之所以被称为"仿"或"假"是因为它们抓住了形而没有抓住神，"形"像"神"

不像。1世纪的时候普鲁塔克提出一个问题：如果忒修斯船上的木头被逐渐替换，直到所有的木头都不是原来的木头，那这艘船还是原来的那艘船吗？有些哲学家认为是，有些哲学家认为不是。做品牌也是一样，只看到并模仿表面的东西，就无法理解内在本质的要点。

六、技能点：品牌命名

（一）品牌名称的意义

品牌名称是品牌构成中可以用文字表达并能用语言进行传播与交流的部分。正如每个人都有自己的姓名，品牌也需要一个好听的名称来与外界进行沟通和交流，一个好的品牌名称可以成为企业的宝贵财富。

品牌名称提供了品牌联想，能最大限度地激发消费者的"直接联想力"，这是成功的品牌名称的基本特征之一。品牌名称作为品牌之魂体现了品牌的个性和特色，它使消费者自然而然地产生一种很具体、很独特的联想。一提到某一品牌名称，人们会很快对该品牌所代表的产品质量、形象、售后服务等产生一个总体的概念。

品牌名称对产品的销售有着直接的影响。以日本的胶卷市场为例，在富士公司垄断市场之前，富士公司和樱花公司同时作为日本胶卷市场的两大巨头。20世纪50年代，樱花公司的市场占有率超过了50%，然而后来富士公司的市场份额越来越高，最终击败樱花公司，成为市场霸主。根据调查，樱花公司失败的原因并不是产品质量问题，而是因为其品牌名称。在日文里，"樱花"一词代表软性的、模糊的、桃色的形象，樱花公司因此受到其樱花牌胶卷名称的拖累。相反，"富士"一词则同日本的圣山"富士山"联系在一起。樱花牌胶卷受制于这一弱势形象，各种广告宣传均无济于事，只有节节败退。由此可见，品牌名称作为品牌的核心要素会直接影响一个品牌的兴衰，因此企业在一开始就要确定一个有利于传达品牌定位方向且有利于传播的品牌名称。

（二）品牌名称设计的类型

里斯·特劳特指出："在定位时代中，你要做的最重要的营销决策便是为产品取个名称。"好的产品是一条龙，而为它起一个好的品牌名称犹如画龙点睛，对提高品牌知名度、扩大产品品牌的市场份额有着非常重要的作用。好的品牌名称是消费者认知、接受、满意乃至忠诚于品牌的前提。纵观国内外一些著名企业，它们的名称既各具特色，又都遵循着共同规律，还包含着诸多精彩的偶然创意。下面是品牌名称设计的一些基本类型。

1. 按品牌文字类型划分

按品牌文字类型划分，品牌名称可分为文字品牌名和数字品牌名。

（1）文字品牌名。文字品牌名是品牌命名的常用选择。但是，在运用中文还是外文

品牌策划与推广

的选择上，不同的企业有不同的决策。一方面，我们看到国外品牌进入中国市场时都要为已有的品牌名称起一个对应的中文名，如家乐福、奔驰、可口可乐；另一方面，一些中国企业喜欢用外文为自己的品牌命名，特别是服装类品牌，如"only""sports"等，这与消费者对世界上最好的服装来自法国和意大利的认知有关。此外，中文品牌中的汉语拼音或音译名也是一种品牌命名模式，如"Haier""TAHAN"（太和）等。

（2）数字品牌名。数字品牌名是以数字或数字与文字联合组成的品牌名称。尽管各国文字有较大差异，但数字却是全世界通用的。用数字为品牌命名容易被全球消费者接受，但需要特别注意的是各国对不同数字的含义的理解有差异，应避免与目标市场国家或地区的消费文化冲突。比如日本人回避数字4，西方人忌讳数字13。"7-11"是世界最大的零售商和便利店特许商，"7-11"名称源于该公司1946年推出的早7点到晚11点营业的服务特色。比较著名的数字名称还有三九胃泰、香奈儿5号香水等。

2. 按品牌名称的字义来源划分

按品牌名称的字义来源划分，品牌名称可分为企业名称品牌名、人物名称品牌名、地点名称品牌名、动物名称品牌名、植物名称品牌名。

（1）企业名称品牌名。企业名称品牌名是指将企业名称直接用作品牌的名称。企业名称品牌名又可分为两种类型：全称式和缩写式。全称式名称如摩托罗拉公司的摩托罗拉手机、索尼公司的索尼电器等；缩写式名称是用企业名称的缩写来为品牌命名的，即将企业名称每个单词的第一个字母组合起来，这种类型的品牌名称比较知名的有：IBM，全称为International Business Machine，汉译名称为国际商用机器公司，计算机产品的品牌名称也为IBM；3M，全称为Minnesota Minning & Manufacturing Co，汉译名称为明尼苏达采矿制造公司，该公司所有的产品都以3M为品牌名称；类似的还有TCL、LG、NEC等。

（2）人物名称品牌名。人物名称品牌名即以商品的发明、制造者或以对这个商品有名气的特殊爱好者的名字取名。品牌的名称有可能取自古代名人，如东坡鸡——苏东坡最爱吃的鸡；也可能是创业者、设计者的姓名，如张小泉剪刀——这种剪刀的最初制造者是张小泉。这种因人取名的产品能借助名人的威望及消费者对名人的崇拜心理，以语言文字为媒介，将特殊的人和产品联系起来，激发人们的回忆和联想，容易给消费者留下深刻的印象。

（3）地点名称品牌名。地点名称品牌名即以产品的出产地或所在地的山川湖泊的名称作为品牌名称。以地名命名的产品通常是想突出该地生产此产品所具有的独特资源，以及由此而形成的独一无二的产品品质，以突出产品的原产地效应，如临武鸭、东江鱼等都是用地名或演变的地名取名的。这种方法可以利用消费者对著名产地产品的信赖心理给消费者带来真材实料、品质上乘、具有独特地方风味的感觉，从而产生对品牌的信任感。

（4）动物名称品牌名。动物名称品牌名即以动物的名称作为品牌名称。动物名称常能给消费者留下深刻的印象，如骆驼、鳄鱼、小天鹅、熊猫、凤凰、金丝猴、白鳍豚、圣象、神龙等。需要注意的是，在不同民族的文化背景下，同一动物具有的象征意义有时截然不同。

（5）植物名称品牌名。植物名称品牌名即以植物的名称作为品牌名称，如苹果牌电脑、草珊瑚含片、牡丹牌电视机、西瓜霜润喉片等。同样，不同国家或地区的居民对植物具有的象征意义有不同的理解。菊花在意大利被奉为国花，但是在拉丁美洲的一些国家则被视为妖花，人们只有在送葬的时候才会用菊花供奉死者，菊花牌电风扇如果出口到拉丁美洲的这些国家，销售前景必然黯淡。

（三）品牌命名的原则

消费者对品牌的认知始于品牌名称，企业要确定一个有利于消费者认知、能传达品牌发展方向和价值意义的名称，则需要从市场营销、法律、语言三个层面遵循以下原则。

1. 市场营销层面

（1）暗示产品利益。从品牌名称上可联想到品牌的利益。品牌名称应暗示产品的某种性能，含蓄地表达出其特征和用途，以便于迎合消费者对商品实用的心理要求，使消费者了解商品的本质，加快认知过程。比如"三九胃泰"，它暗示该产品在医治胃病上有专长；"好记星"牌英语电子学习工具，它与"好记性"谐音，暗示利用它学习英语记得牢、效率高。

（2）具有促销、广告和说服的作用。一些品牌名称会使消费者看到后就会感到新奇，进而产生购买欲望，比如蒙牛的"随便"雪糕，农夫山泉旗下的"尖叫"运动饮料，和路雪的"绿舌头"雪糕等。

（3）与标识物协调统一。品牌名称与标识物共同构成消费者对品牌的认知，在为品牌命名时需要注意两者的协调统一。标识物是指品牌中无法用语言表述但可被识别的部分，当品牌名称与标识物相得益彰时，品牌的整体效果会更加突出。

（4）与企业形象和产品形象匹配，比如"养生堂"这个品牌名称与从事健康事业的企业形象非常匹配。

（5）适应市场环境原则。消费者总是从一定的背景出发来评价品牌名称，而不同的国家或地区的消费者因民族文化、宗教信仰、风俗习惯、语言文字等的差异会有文化背景及品牌认知的不同。因此，品牌名称要适应目标市场的文化价值观念，入乡随俗，否则会产生不利的影响。今天已风靡全球的世界名牌金利来在初创时期本名"金狮"，一天，创始人曾宪梓先生送给他的一位亲戚两条金狮领带，谁知这位亲戚很不高兴，说："我才不戴你的领带呢，金输金输，什么都输掉了。"原来，当地话"狮"与"输"的读音相近，显然这位亲戚是忌讳"输"字。那天晚上曾先生一夜未眠，为改"金狮"这个名称绞尽脑汁，最后终于将GOLDLION（意为"金狮"）的意译与音译相结合，起了"金利来"这个新名称，这个名称很快得到了大家的喜爱，在现代社会里，谁不希望"金利

品牌策划与推广

来"呢？显然它迎合了人们图吉利的心理。

2. 法律层面

（1）具有法律的有效性。品牌名称受到法律保护是品牌被保护的根本，在为品牌命名时应遵循相关的法律。一些企业往往由于信息的不对称导致品牌名称与其他企业的品牌名称重复，可能造成无法估量的损失，这类案例不胜枚举。因此，品牌命名首先应考虑该品牌名称是否侵权，品牌设计者要通过有关部门查询是否已有相同或相近的名称被注册，如果有则必须重新命名。其次，要向有关部门或专家咨询该品牌名称是否在商标法允许注册的范围以内。有的品牌名称虽然不构成侵权行为，但是仍无法注册，难以得到法律的有效保护。例如，武汉的一家餐饮企业最初取名为"小南京"，在短短的几年内该企业迅速成为武汉乃至湖北地区人尽皆知的餐饮品牌。当餐饮者准备申请注册时才知道，我国的商标法规定县级以上行政区划的地名或者公众知晓的外国地名是不能作为商标名称进行注册的，当然也就不会受到法律的保护。该企业最终使用了"南京"的谐音"蓝鲸"，将"小南京"改为"小蓝鲸"，加上一定程度的宣传，使消费者较快认可了新的品牌名称。

（2）相对于品牌竞争者的独一无二性。尽管同一品牌名称使用在不同类别的产品中是被法律认可的，但是企业在给品牌命名时最好做到独一无二。据统计，我国以"熊猫""海燕""天鹅""长城"等命名的品牌大量存在，消费者常常难以识别，这无疑会使品牌的竞争力降低。

3. 语言层面

（1）语音易读。语音易读表现在：品牌名称容易发音；当读到或听到时令人愉快；在所有的语言中能以单一的方式发音等。这是品牌名称最根本的要求，只有让消费者很快地熟悉品牌名称，才能高效地发挥它的识别功能和传播功能，让消费者进一步产生联想和购买欲望。

（2）形式简洁。名称无歧义、简洁明快，易于同消费者进行信息交流。而且名称越短就越有可能引起公众的遐想，象征意义可能更丰富。名称越简洁越有利于传播，能使品牌在最短的时间内建立起较高的认知度。

（3）语言标新立异。品牌名称重在标新立异，避免与其他品牌混淆，这样才有利于发挥品牌名称独特的魅力，以显示超凡脱俗的个性。比如"SONY""花花公子""宝马"等。"柯达"（Kodak）一词在英文里原本是没有含义的，它是柯达公司创始人乔治·伊斯曼独具匠心和深邃思考的结晶。"K"是伊斯曼母亲姓名的第一个字母，将字母用在品牌名称上一方面表达了他对母亲的缅怀，另一方面他还认为"K"能代表一种事物的突出部分，具有坚固、锋利等特征。所以"柯达"品牌名称的首尾两个字母都是"K"。

（4）语义启发积极联想。赋予品牌名称相关的寓意，通过品牌名称与产品功能在意念上的联系来启发人们丰富的想象力，让消费者从中产生愉快的联想。这种方式对品牌营销和占领市场往往有很大帮助。例如，中国的"春兰"空调就给人以美好温馨的联想——

春天是温暖的，兰花是清香的，春天的兰花让人感觉一阵清新的空气迎面扑来，再加上广告词"只要你拥有春兰空调，春天将永远陪伴着你"，这种亲切感往往使消费者在购买空调时将其作为首选。

外国品牌也很重视品牌名称的寓意和联想功能。例如，德国大众汽车公司生产的"桑塔纳"是美国加利福尼亚州一座山谷的名称，山谷中还经常刮强大的旋风，这种旋风也叫"桑塔纳"，大众以"桑塔纳"命名其中小汽车的一个品牌，使人们联想到这个品牌的小汽车像旋风一样快速和强劲。一些外国品牌被翻译成中文时，将音译和意译结合起来，很多是很有新意的再创造，其联想之妙也很独到。例如，美国的 Coca-Cola 饮料，英文并无特殊意义，但译成中文"可口可乐"以后，这种饮料就被赋予了又可口又可乐的意义，令人拍案叫绝。外国品牌名称翻译必须适合中国的国情，具有中国味，这会对产品在中国市场上的开拓起到推动作用。

（四）品牌命名的策略

1. 目标市场策略

该策略以目标消费者为对象，根据目标市场的特征进行命名。通过品牌名称将目标消费者形象化，并将其形象内涵转化为一种形象价值，从而使品牌名称清晰地告诉市场该产品的目标消费者是谁。以该策略命名的品牌名称要迎合消费者的心理、文化或品位特征，其传达出来的寓意要与目标消费者的年龄、性别、身份、地位等相符。这种品牌命名通常比较直观。

例如，"劲士""太太""清妃""方太"等。"太太"这一名称就直接表明了这种口服液的消费者是那些"太太"们，一改其他保健品那种男女老少均可用的无目标诉求方式。"太太"字面本身有两层含义：一是年龄，一般是对已婚妇女的尊称；二是其生活形态，多指有闲阶层或有一定地位的已婚妇女。"太太"的名称不仅清晰地界定了目标消费群体，同时也暗示了这一消费群体富足而悠闲的生活状态。迎合目标消费者的心理并非易事，需要对目标消费者所处的社会文化背景进行深入研究。

2. 产品定位策略

该策略以产品特征为焦点，让品牌名称立足于产品本身的功能、效应、利益、使用场合、档次和类型，其好处是使消费者从中领会该产品的功效。

例如，"舒肤佳"香皂，它将消费者在使用这种产品时期待产生的心理和生理感受作为品牌命名的起点，向人们表明了其品牌属性，同时也能给消费者一种承诺，使其产生期待和购买欲，因而成为一个十分成功的品牌命名。

3. 描述性与独立随意性策略

该策略就是用一些独立的带有描述性的字或词来随意地拼凑品牌名称，在不经意间达到意想不到的效果。

例如，可口可乐（Coca-Cola）名称的前半部分来自当时正在报晓的一只雄鸡（Cock），后半部分则来源于Cold（冷），代表饮料的清凉，两者合二为一，组合词组本身也没有什么意义，不过它们的结构、读音实在是妙，不论是谁看一遍都会记住它。

4. 本地化与全球化的选择策略

经济全球化导致全球营销时代的来临，品牌命名必须考虑全球通用的策略。一个完善的品牌名称应当易于世界上尽可能多的人发音、拼写、识别和记忆，在任何语言中都没有贬义，这样才利于品牌名称在全球市场上传播。品牌名称能绝对全球通用往往并不现实，因此在执行上更多采用"全球思考，本土执行"和"全球兼顾当地"的做法。全球品牌命名策略首先考虑如何使品牌名称适合当地，在向全球推广时，可采用另起名称或翻译原有名称的方法。例如，宝洁公司的"飘柔"洗发水在美国叫"Pert-Plus"，在亚洲地区改名为"Rejoice"，在中国则叫"飘柔"。将本国品牌名称翻译成他国文字时，采用音译和意译相结合的策略，能更好地译出一个品牌名称。"Benz"直译便是"本茨"，音译为"奔驰"则成了一个极佳的品牌名。高露洁（Colgate），佳能（Canon）都是音译和意译完美结合的典范。

其次，从一开始就选择一个全球通用的名称。世界著名的宏碁（Acer）计算机在1976年创业时的英文名称叫"Multitech"，经过10年的努力，"Multitech"刚刚在国际市场上小有名气，就被一家美国计算机厂指控侵犯该公司商标权。前功尽弃的"Multitech"只好另起炉灶，前后花去近100万美元，委派著名广告商奥美进行更改品牌名称的工作。前后经历大半年的时间，终于选定"Acer"这个名称。与"Multitech"相比，显然"Acer"更具有个性和商标保护力，同时深具全球通用性。它的优点在于：蕴含意义，富有联想，在出版资料中排名靠前，易读易记。

（五）品牌命名的程序

现代品牌命名是一个科学、系统的过程，专业化的企业品牌命名一般遵循以下过程：提出备选方案、评价选择、测验分析、调整决策。

1. 提出备选方案

品牌设计者要根据命名的原则收集那些可以描述产品的单词或词组。虽然品牌命名有着诸多原则，但是一般来说一个品牌名称不能满足所有准则，除非设计得非常好。因此，命名时要有针对性地制定命名原则。如果产品要在国际市场上销售，名称适应市场环境就要放在第一位。当然，在提出备选方案时，运用最多的还是头脑风暴法，通过集思广益的方式在一定时间内得到大量的候选品牌名称，具体收集候选品牌名称的方法则因企业而异，如丝宝集团在为洗发水起名称的时候便是让营销人员尽可能列出与头发相关的字，然后进行组合，并要求品牌名称不是语言文字的习惯组合，但能很好地寓意产品，如"舒蕾""风影"便是这样组合的产物。

2. 评价选择

有了十几个甚至几十个符合条件的候选品牌名称，接下来就是在它们之中挑出最佳名称。具体做法是组织一个合理的评价小组，评价小组的成员最好包括语言学、心理学、美学、社会学、市场营销学等各方面的专家，由他们做初次评价。可供评价选择的原则除了前面已经阐述的，品牌名称还应该预示企业良好的经营理念；不应该选择带有负面形象或含义的品牌名称；从长远角度考虑，要避免品牌名称出现高度狭窄的定位，以利于将来的品牌延伸。

3. 测验分析

专家对品牌名称的评价和筛选并不能决定最后的品牌名称，消费者才是最终的决定者。因此，企业需要对选择后的方案进行消费者调查，了解消费者对品牌名称的反应，而问卷调查则是最有效的形式。问卷调查中应包括以下内容：名称联想调查，即选定的品牌名称是否使消费者产生不理解的品牌联想；可记性调查，了解品牌名称是否方便记忆，通常的做法是挑选一定数量的消费者，让他们接触被测试的品牌名称，经过一段时间后，要求他们写出所有能想起来的品牌名称；名称属性调查，即调查品牌名称是否与该产品的属性、档次及目标市场的特征一致；名称偏好调查，即调查消费者对该品牌名称的喜爱程度。

4. 调整决策

如果测试分析显示的结果不理想，消费者并不认同被测试的品牌名称，就必须考虑重新命名。

七、技能点：品牌标识设计技巧

品牌标识（Logo）是指品牌中可以被识别但不能用语言表达的部分，即运用特定的造型、图案、文字、色彩等视觉语言来表达或象征某一产品的形象。品牌标识分为标识物、标识色、标识字和标识性包装，它们和品牌名称一起都是构成完整品牌概念的基本要素。品牌标识自身能够刺激消费者认知、消费者联想和品牌偏好，进而影响品牌标识所体现的产品品质与顾客的品牌忠诚度。

（一）品牌标识的作用

品牌标识对强势品牌的发育、生长、繁衍有着重要的影响。心理学家的研究结论表明：在人们凭感觉接收到的外界信息中，83%的印象来自视觉，剩下的11%来自听觉，3.5%来自嗅觉，1.5%来自触觉，另有1%来自口感或味觉。标识正是品牌给消费者带来的视觉印象。

与品牌名称相比，品牌标识更容易让消费者识别，品牌标识作为品牌形象的集中表现，充当着无声推销员的重要角色，其功能与作用体现在以下几个方面。

品牌策划与推广

1. 品牌标识形象生动、更易识别

我们看到，不识字的幼童看到麦当劳金色的"M"时便会想到是汉堡包。喜欢汽车的幼童看到四个相连的圆圈时就知道是奥迪。

2. 品牌标识能够引发消费者的联想

风格独特的品牌标识能够刺激消费者产生美好的想象，从而对该企业的产品产生好的印象。例如，米老鼠、康师傅方便面上的胖厨师、旺仔牛奶上的胖仔等，这些品牌标识都是可爱的、易记的，能够引起消费者的兴趣，使他们产生好感，从而把对品牌标识的好感转化为积极的品牌联想，这非常有利于企业以品牌为中心开展营销活动。

3. 品牌标识便于企业进行宣传

品牌标识是最直接、最有效的广告工具和手段。品牌宣传可以丰富多彩，可以采用各种艺术化、拟人化、形象化的方式，但核心内容应该是品牌标识。企业应通过多种宣传手法让消费者认识标识、区别标识、熟悉标识、喜爱标识，不断提高品牌标识及其所代表的品牌的知名度和美誉度，激发消费者的购买欲望直至形成购买行为。

（二）品牌标识设计的原则

品牌标识是一种视觉语言，它通过一定的图案、颜色向消费者传输某种信息，以达到识别品牌、促进销售的目的。美国商标协会对好的商品标识特征的界定如下：简单、便于记忆、易读易说、可运用各种媒体形式宣传、适合出口、细致微妙、没有不健康的含义、构图具有美感。因此，在品牌标识设计中，企业除了要考虑最基本的平面设计和创意要求，还必须考虑营销因素和消费者的认知、情感心理。这些方面构成了品牌标识设计的五大原则，即营销原则、创意原则、设计原则、认知原则、情感原则。

1. 营销原则

品牌标识是对品牌内涵的外在显现，因此从营销的视角来看，品牌标识的设计要以产品特质为基础，准确传递产品信息，彰显品牌的利益，体现品牌价值和理念，传递品牌形象，成为消费者识别品牌的鉴别器。我国的航空公司多以飞翔类动物图案为标识，体现其服务的特质，比如中国国际航空公司采用红色凤凰的造型，凤凰是传说中的鸟王，具有超强的飞行能力，红色代表吉祥，该标识图形简洁典雅，红色凤凰昂首翘尾、生机盎然。

2. 创意原则

从标识创意的视角来看，品牌标识设计需要做到简洁、新颖独特、一目了然，给消费者以强烈的视觉冲击。在信息大爆炸的时代，对于复杂、大众化的信息，消费者几乎难以入目，或者过目即忘。因此，创意原则是消费者青睐品牌的重要原则。匠心独运的品牌标识易于让消费者识别出其独特的品质、风格和经营理念。因此，在设计上必须别

出心裁，使品牌标识富有特色、个性显著，不仅在视觉效果上能吸引消费者的注意力，而且在心理效果上能抓住消费者的心，使消费者看后能产生耳目一新的感觉。宝马车以高雅的设计和卓越的功能著称于世，它的品牌标识是一个圆，由蓝白两色将其分成四份，因其清晰、醒目、简洁给消费者留下深刻的印象。

3. 设计原则

标识由线条、形状及色彩组合而成，因此从艺术设计的视角来看，品牌标识的设计在线条及色彩搭配上应遵循布局合理、平衡对称、对比鲜明、清晰与简化、隐喻象征恰当的原则。平衡是指各要素的分布要令人赏心悦目，给人留下和谐的视觉印象；对比是指利用不同的大小、形状、密度及颜色增强其可读性，使其更加吸引人们的注意力。不同的线条、形状隐含着不同的寓意。线条名称及其寓意如表4-1所示。

表4-1 线条名称及其寓意

线条名称	寓 意
直线	果断、坚定、刚毅、力量
曲线或弧线	柔和、灵活、丰满、美好、优雅、优美、抒情、纤弱
水平线	安定、寂静、宽阔、理智、大地、天空、有内在感
垂直线	崇高、肃穆、无限、宁静、激情、生命、尊严、永恒、权力、抗拒变化的能力
斜线	危险、崩溃、行动、冲动、无法控制的情感与运动
参差不齐的斜线	闪电、意外事故、毁灭
螺旋线	升腾、超然、脱俗
圆形	圆满、简单、结局、平衡感和控制力
圆球体	圆满、持续的运动
椭圆形	妥协、不安定
等边三角形	稳定、牢固、永恒

图形和图案作为标识设计的重要元素，通过象征寓意的手法进行高度艺术化的概括与提炼，形成具有象征性的形象，具体有具象和抽象两种标识设计。具象的标识设计是对自然形态进行概括、提炼、取舍、改变，最后构成所需的图案。人物、动植物、风景等自然元素皆是具象标识设计的原型，采用哪种原型取决于产品的特征和品牌内涵。常用的图形有太阳、月亮、眼睛、手、王冠等。抽象的标识设计则是运用抽象的几何图形组合传达事物的本质和规律特征。几何图形构成抽象设计的基本元素，"形有限而意无穷"是抽象设计的主要特征。

色彩在标识设计中起着强化与传达感觉和寓意的作用，色彩通过刺激人的视觉而传递不同的寓意。可口可乐标识的红底白字给人以喜庆、快乐的感觉；雪碧的绿色则给人以清爽、清凉及回归自然的遐想。色彩运用于品牌标识的基础是它能使人产生丰富的联想。不同色彩具有不同的联想意义。常见的色彩及其联想意义如表4-2所示。

表 4-2　常见的色彩及其联想意义

色彩名称	正面联想意义	负面联想意义
白色	纯真、清洁、明快、喜欢、洁白、贞洁	悲哀、示弱、投降
黑色	静寂、权贵、高档、沉思、坚持、勇敢	恐怖、绝望、悲哀、沉默
灰色	中庸、平凡、温和、谦让、知识、成熟	廉价
红色	喜悦、活力、幸福、快乐、爱情、热烈	危险、不安、妒忌
橙色	积极、乐观、明亮、华丽、兴奋、欢乐	欺诈、妒忌
黄色	希望、快活、智慧、权威、爱慕、财富	卑鄙、色情、病态
蓝色	幸福、深邃、宁静、希望、力量、智慧	孤独、伤感、忧愁
绿色	自然、轻松、和平、成长、安静、安全	稚嫩、妒忌、内疚
青色	诚实、沉着、海洋、广大、悠久、智慧	沉闷、消极
紫色	优雅、高贵、壮丽、神秘、永远、气魄	焦虑、忧愁、哀悼
金色	名誉、富贵、忠诚	浮华
银色	信仰、富有、纯洁	浮华

4. 认知原则

从消费者对品牌标识的识别和认知视角来看，品牌标识在图形及色彩的运用上要做到简洁明了、通俗易懂、鲜明醒目、容易记忆并符合消费者的风俗习惯和审美价值观。比如奔驰的"三角星"标识代表发动机在海、陆、空领域中的强劲马力和速度，在车主和车迷的大脑中会形成信赖、崇敬、自豪和满足等认知。在品牌标识设计中往往存在这样的误区，即过分追求图形的艺术性、高度抽象而忽略大多数消费者的可识别性。

5. 情感原则

一个能直击消费者情感深处的品牌标识必须符合以下特点：浓郁的现代气息、极强的感染力、给人以美的享受、让人产生丰富且美好的联想，使消费者看到它后会产生一种天然的亲近感。例如，可口可乐的弧线使人想到流水的自然和快乐。

（三）品牌标识色的运用

在品牌标识设计中，色彩的选择需要考虑商品、对象、季节、文化、时代等特点。

1. 商品

不同种类的商品标识应选择相应的色彩及其组合。常用的商品类别与色彩的关系如表 4-3 所示。

表 4-3　常用的商品类别与色彩的关系

商品类别	色彩
建筑材料	黄色、橙色
宝石	黄色、紫色
早餐食品	黄色、橙色
香水	黄色、紫色
咖啡	黄色、橙色
学生用品	黄色、橙色
肥皂	黄色、绿色
夏季露营用品	黄色、绿色
饼干	红色、黄色
药品	蓝色、银色
保健品	浅红、金红
旅游、航空服务	蓝色、绿色
夏季饮料	黄色、绿色

2. 对象

不同的目标消费者受年龄、性别、民族、受教育程度等因素的影响对色彩的感知和理解不尽相同。例如，儿童喜欢鲜艳、单纯的暖色，年轻人偏爱深沉、个性的冷色，男性选择坚实、强烈的颜色，女性青睐柔和、典雅、高贵的色彩。

3. 季节

色彩分冷暖。由暖至冷的色彩顺序为红、橙、黄、绿、紫、黑、蓝。例如，夏季服装最好采用中性色及冷色，冬季服装则适合以红、橙、黄为基本色。

4. 文化

在品牌国际化的运作中，需要特别注意不同文化背景的民族对色彩的喜好和禁忌。例如，亚洲人一般认为灰色是廉价的象征，美国人一般认为灰色是昂贵、高品质的象征。

5. 时代

社会的发展和时代的变迁也伴随着人们对色彩偏好的改变。通过人们对服装流行色的选择，我们深切地感受到，流行色彩也具有时代性。例如，20 世纪 80 年代的日本人喜欢红色的汽车，20 世纪 90 年代后他们开始变得偏爱白色。

八、技能点：品牌个性塑造策略

在残酷的市场竞争中，消费者往往乐意购买具有品牌个性的产品，这是为什么呢？因为品牌个性响应了消费者内心深层次的感受，以人性化表达触发消费者的潜在动机，使人们选择能体现自己个性的品牌，从而凸显品牌价值。换句话说，品牌个性是品牌价值的核心表现，要想提升品牌价值就必须塑造鲜明的品牌个性，否则，品牌就会被淹没在市场的汪洋大海中。那么，企业该如何塑造品牌个性呢？

品牌个性的塑造不能仅仅以企业和策划人员的喜好而定，也不能只关注品牌的定位，而要同时与产品的属性、服务特征、包装设计、广告风格、视觉符号、使用者、公共关系、品牌的历史、企业的领导者等诸多因素保持统一，它们对于品牌个性的塑造而言有着很重要的意义。因此，塑造品牌个性，企业要采取系统化、规范化的策略。具体而言，有以下五条法则可供参考。

（一）以核心价值为轴心

品牌的核心价值是塑造品牌个性的内在动力，而品牌个性是品牌价值的核心表现，两者是相互统一的。塑造品牌个性一定要围绕着品牌核心价值进行，反过来看，如果要提升品牌价值，那么必须有鲜明的品牌个性作为支撑，进一步丰富品牌内涵，以更好地经营品牌。例如，沃尔沃汽车品牌的核心价值是安全，为了打造品牌个性，其在汽车安全方面的确做了很大的努力，1959年率先给汽车安装安全带，1972年首创并为汽车安装安全气囊，2001年又推出新一代的安全概念车，沃尔沃在核心产品上兑现了它的核心价值；在传播方面，沃尔沃也在不失时机地强调它的"安全"这一核心价值。沃尔沃就是这样以其安全的核心价值演绎着它的"可信赖的、可靠的、安全有保障的"品牌个性。

（二）以精准定位为基础

准确的品牌定位是塑造品牌个性的前提和基础，而品牌个性是品牌定位的最直接体现，二者之间既有联系又不完全相同。品牌个性并不像品牌标识那样直观，品牌个性是一种感觉，存在于消费者心灵深处，将会直接影响他们对品牌的直接感觉甚至购买决策。同时，由于消费者的生理、心理和经济条件等在不断地发展，塑造品牌个性也要考虑目标消费者的未来期望，这样才能实现长时间与消费者的共鸣。

品牌个性的塑造需要锁定沟通人群。其实，品牌定位就是在锁定目标消费者，只有确定了目标消费者，品牌个性的塑造才能有的放矢。品牌与消费者沟通的过程也是让消费者了解和认知品牌个性、与消费者建立情感关系的过程。塑造品牌个性的前提条件就是要锁定及满足目标消费者的需求，了解消费者的内心世界。洋河蓝色经典在近年来深受消费者的喜爱，重要原因之一是品牌个性给人一种伟大、宽广、大度的男人胸怀的感觉，它瞄准的目标消费群体就是中高收入阶层，其品牌的个性正好迎合这一消费群体的需求，"世界上最宽广的是海，比海更高远的是天空，比天空更博大的是男人的情怀"这句经典的广告语深深地打动了消费者。

(三）设计人格化形象

品牌个性是品牌的人性化表现，是品牌人格化后显示出的独特性。一个品牌如果没有人性化的含义和象征，那么这个品牌就失去了它的个性。品牌是为满足消费者需求产生的，而消费者是有感情的。因此，要想使品牌占领消费者的心，就必须使冷冰冰的商品拥有人情味及生命力，这需要设计人格化形象，将品牌人格化。品牌人格化后就容易接近消费者，与消费者进行情感沟通，使品牌产生更强的魅力。品牌个性一旦被塑造成功，就能给企业带来持久的发展。

（四）建立和深化与消费者的情感关系

品牌个性是吸引消费者产生消费意识的主要因素之一，人们也总是喜欢有人情味的东西。消费者总喜欢选择符合自己个性的品牌，因此，对于企业而言，创建与消费者个性相近的品牌是一种有效的营销策略。品牌个性跟消费者个性越接近，品牌就越能与消费者建立情感；情感越深厚，消费者对品牌就越忠诚。如果能够为品牌创造一种个性，满足消费者的某种情感需求，就更容易打动消费者。品牌个性能提供人类情感的体验，满足人类的情感诉求，从而使品牌得到持久的发展。在消费者看来，海尔品牌的人格化形象是一对小兄弟，给人的感觉就很真诚，这对小兄弟会让人联想到"真诚、勇于创新"的个性。

（五）加强品牌个性的投资及管理

企业塑造品牌个性需要不断地进行投资，随着消费人群的更新及变化，品牌个性也要做出相应的改变，需要不断地接受维护和管理，深入消费者的内心，从情感上成为人们消费的理由。同时，加强品牌个性的投资，不断地为品牌"做加法"，以积累起丰厚的品牌资产，实现企业的持续性发展。例如，著名的箱包品牌路易威登，它的目标消费者是成功人士，它在打造品牌的过程中进行了很大的投资，不断对其"高贵、成功"的品牌个性进行维护和管理，甚至采用了限量生产和预约登记的方法限定使用的人群，以使目标消费者产生独一无二的感受，彰显它"高贵"的个性，使其成为人们喜爱的精品。反过来，金利来原来主打男性市场，后来推出了金利来女士提包、金利来护肤品等，淡化了金利来在消费者心目中的品牌个性。品牌个性十分突出，是成功企业的象征，后来一些品牌进入了大众市场，放弃了原有的品牌个性，使品牌价值遭受了重大损失。可见，加强品牌个性的投资及管理十分重要，它是长期的投资过程，应该引起企业家们的高度重视。

【案例赏析】比亚迪汽车发布全新Logo背后的深意，你看懂了吗？

技能训练

请每个小组根据所学知识查询相关资料，自主设计一个品牌，需要包含品牌名称、

品牌策划与推广

品牌标识,以及传达的品牌个性及理念。在设计过程中,注意品牌名称是否符合设计要求,品牌标识是否符合目标消费群体的审美标准,制作 PPT 并进行汇报展示。

技能训练考核评分表

	评分项目	分值	得分
素质目标	形象意识、创新精神等完成情况	20	
知识与技能目标	1.品牌名称、标识设计内容和方法的掌握及运用情况	15	
	2.品牌名称新颖独特,品牌标识特色鲜明、富有创新性,符合目标消费群体审美标准等	30	
	3.汇报展示中同学们的仪表仪态、口头表达等表现情况	20	
	4.小组分工明确、团结协作等完成情况	15	
	总分	100	

知识检测

1. 品牌命名应遵循哪些原则?
2. 品牌标识设计应遵循哪些原则?
3. 品牌标识具有哪些作用?
4. 品牌个性塑造策略有哪些?

素质培养案例

片仔癀珍珠膏:传承经典,焕发光彩

"有华人的地方就有片仔癀",相信有不少人曾听过这句话。关于这句话的来源,还要从明代说起。

据考证,明代嘉靖年间,有位御医带着片仔癀药方逃到漳州的璞山岩寺落发出家。当时恰逢漳州爆发大瘟疫,御医医者仁心,根据此方,用一些名贵成分炼制成一颗药锭,切片分发给当地百姓服用,百姓服用后药到病除,这就是片仔癀的来源。明末清初,福建和广东地区的百姓会下南洋经商,他们出海时往往会随身携带两样东西:一样是妈祖像寓意保平安,另一样是片仔癀保护健康。片仔癀就是这样随着华侨流入南洋,也被称为海上丝绸之路上的"中国符号",自然有了"有华人的地方就有片仔癀"的说法。

也许这位御医也不曾想到,在几百年后的福建漳州,一款以"片仔癀"为名称的化妆品诞生,揭开了国妆品牌的新篇章,这就是片仔癀珍珠膏。

1980 年,漳州市化学品厂(福建片仔癀化妆品有限公司的前身)推出首款产品——皇后牌片仔癀珍珠膏。作为皇后化妆品旗下的明星产品,片仔癀珍珠膏以补水、保湿、

舒缓、淡纹、弹嫩五大功效成为消费者喜爱并选择的护肤品。

片仔癀珍珠膏为女性的肌肤注入活力与光彩。随着科技的进步和消费者需求的变化，皇后化妆品一直在不断创新和改进，以满足现代人对护肤品的需求。不变的是皇后化妆品对中式草本文化的传承，对护肤品品质的追求，以及对每一位消费者肌肤健康的关怀。

片仔癀珍珠膏是一款珍贵的护肤品，它秉承了传承和创新的精神。

案例评析：

片仔癀作为一个历史悠久的老品牌一直造福于人民群众，片仔癀珍珠膏作为深受女性喜爱的护肤品牌，一直在不断创新和改进，以满足现代人对护肤品的需求，一直致力于中式草本文化的传承，是值得消费者信赖的国产品牌。

案例感悟：

品牌可以创造价值，越是历史悠久的知名品牌价值往往越高，因此，营销人员一定要有强烈的品牌意识，重视企业品牌的塑造。

项目五

品牌广告推广

案例导入

品牌跨界营销推广

【案例1】蜜雪冰城与中国邮政官宣联名,并在网络上公开晒出了蜜雪冰城主题邮局装修效果图,如图5-1所示。这家联名店的外观舍弃了蜜雪冰城标识性的红色调,改为邮政的绿色调,但是门头上的"雪王"形象和品牌名称依然保留。一位网友在小红书上调侃,"亲爱的瑞,当你读到这封信时,我已经入编了。"该条评论一时间引来了无数网友的评论互动。

一直以来,蜜雪冰城都在积极塑造"雪王"IP,此次以"雪雪我啊,瞒不住喽"的人格化口吻,官宣与中国邮政的合作,又一次丰富了"雪王"的"社牛"人设。这次联名活动的"出圈"既给消费者带来了意料之外的惊喜,也在双方品牌的形象塑造上起到了积极作用,强化了年轻的品牌印象。

图5-1 蜜雪冰城主题邮局装修效果图

【案例2】故宫文化与美妆品牌的合作模式是一种创新的跨界营销策略,它巧妙地将传统文化元素与现代美妆产品结合,创造出既具有文化底蕴又符合现代审美趋势的产品。

故宫文化与美妆品牌的合作,主要表现为将故宫的建筑元素、传统色彩、古典图案及历史故事等文化符号融入到美妆产品的设计、包装和营销环节中。这种合作不仅限于产品本身的设计,还延伸到品牌形象塑造、市场推广等多个方面,形成全方位、深层次的合作体系。

以故宫与毛戈平美妆的合作为例，双方推出了以光绪大婚图为创作灵感的"气蕴东方"系列新品。这一系列产品的外观采用了故宫常见的绯红、鎏金这两个寓意吉祥的配色，将凤纹和流云纹两种元素结合在一起，整体华贵且灵动。其中，"珠光凤羽耀颜粉饼"灵感源于貂皮嵌珠的皇后冬朝冠，将宫廷文化融入大众的生活，每次开盖与合盖皆似"加冕"，尽显宫廷大典的华美端庄之仪。这一合作不仅打破了传统文化的肃穆感，为传统文化注入了新的生命力和感染力，还成功吸引了大量年轻消费者的关注和购买。

【思考】
问题1：上述案例中提到的两组品牌从跨界营销推广活动中获得了怎样的效益？
问题2：你是如何看待品牌广告推广的？

项目导学

学习任务	品牌广告推广	教学模式	任务驱动教学法
建议学时	6	教学地点	多媒体教室
项目描述	小李是一名大二学生，他利用课余时间做兼职，帮助企业进行平面广告设计，现在他想了解企业是如何开展广告推广活动的？如何策划？效果怎样？小李同学需要完成以下任务的学习		
项目解读	任务一　认识广告推广		
	任务二　品牌广告推广步骤		
学习目标	知识目标	了解广告的定义、要素及类型； 熟悉广告推广策划的内容； 掌握广告推广效果测评的方法	
	能力目标	能运用所学知识进行广告调查； 能根据广告推广策划的内容撰写简要的广告策划书； 能对广告推广效果进行简要测评	
	素质目标	培养学生团结协作、遵纪守法、开拓创新的精神； 了解我国的优秀民族品牌，培养学生的民族品牌意识、形象意识，增强爱国主义情怀	

项目实施

任务一　认识广告推广

知识目标

- 了解广告的概念。

品牌策划与推广

- 掌握广告构成的要素。
- 熟悉广告的类型

能力目标

- 能运用相关广告学理论知识对品牌广告进行分析和评价。

思维导图

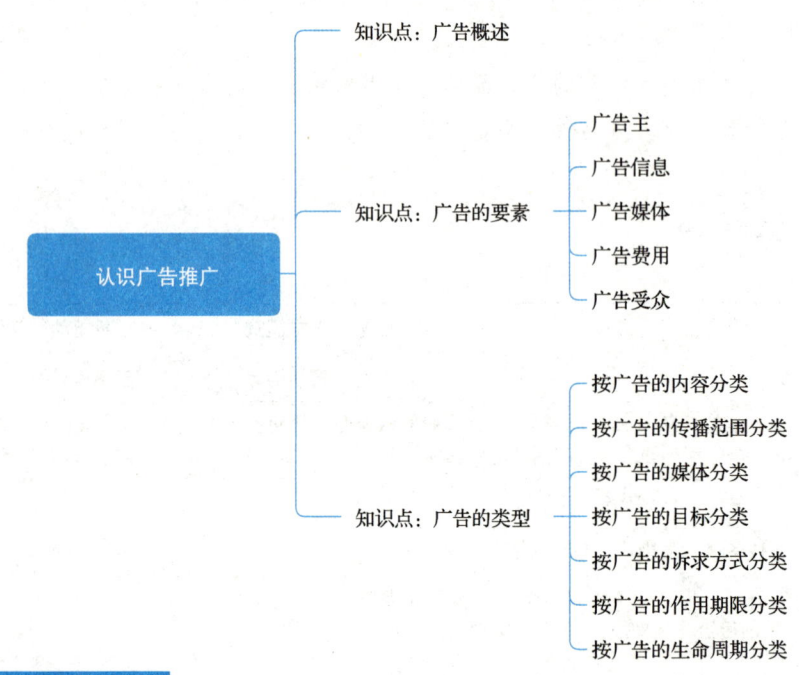

认识广告推广
- 知识点：广告概述
- 知识点：广告的要素
  - 广告主
  - 广告信息
  - 广告媒体
  - 广告费用
  - 广告受众
- 知识点：广告的类型
  - 按广告的内容分类
  - 按广告的传播范围分类
  - 按广告的媒体分类
  - 按广告的目标分类
  - 按广告的诉求方式分类
  - 按广告的作用期限分类
  - 按广告的生命周期分类

知识与技能导航

一、知识点：广告概述

广告一词来源于拉丁文"Adverture"（诱导），原意是吸引人注意、诱导和披露。在英文中人们常用"Advertising"指代广告，与之类似的词语还有德语的"Reklame"、法语的"Relame"和拉丁语的"Clame"等。

我国古代并没有"广告"一词，类似的是"告白"或"广而告之"。事实上，直到20世纪初期，广告一词才从日本引入我国。

广告，顾名思义，就是广而告之，向社会广大公众告知某件事物。通常分为非经济广告和经济广告。非经济广告是指不以营利为目的的广告，如政府公告，政党、宗教、教育、文化、市政、社会团体等方面的启事、声明等。经济广告是指以营利为目的的广告，通常是商业广告，它是为推销商品或提供服务，以付费方式通过广告媒体向消费者或用户传播商品或服务信息的手段。商品广告就是这样的经济广告。像企业的品牌宣传广告、企业形象广告、企业观念广告等均属于经济广告。

二、知识点：广告的要素

广告的要素即广告活动的基本组成单位，主要包括以下几个方面的内容。

（一）广告主

广告主指为了推销商品或者提供服务，自行或者委托他人设计、制作、发布广告的法人、其他经济组织或个人。广告主支付广告费用，对广告发布具有一定的支配权，在整个广告活动中居于主导地位。同时，广告主也是广告的责任主体，需要对所做的广告承担相应的法律责任。

（二）广告信息

广告信息指广告主传递的广告内容，包括商品信息及广告主的某些服务、主张或理念。广告主对广告信息的发布有决定权，创作后的作品需要得到广告主的认可后才能在广告媒体上发布。

（三）广告媒体

广告媒体指传播广告信息的物质，凡能在广告主与广告对象之间起媒介和载体作用的物质都可以称为广告媒体。它既是广告信息的载体，又是连接广告主和广告受众的纽带。

广告媒体的种类有很多，比如电视、广播、报纸、杂志、网络平台等。

（四）广告费用

广告费用就是从事广告活动所需付出的费用，包括广告调研费、广告设计费、广告媒体发布费等。广告费用的多少取决于多种因素，如广告发布媒体的地位和影响力、广告发布时间段及频次等。

（五）广告受众

广告受众就是广告信息的接收对象，也指广告信息传播的目标受众，可以是组织和群体，也可以是个人。只有广告信息被有效传递给受众并为受众所接受，广告活动的目的才有可能实现。

三、知识点：广告的类型

（一）按广告的内容分类

根据内容的不同，可将广告分为产品广告、服务广告、观念广告、启事广告等。

（1）产品广告。产品广告传递产品的品牌、商标、性质、特点、功能等信息，以促使顾客购买，扩大产品的销量。

（2）服务广告。服务广告是饭店、旅游、银行、保险等服务行业所做的旨在推销服务的广告。它向受众介绍服务的性质、内容、提供方式等，以引起受众的兴趣，实现扩大服务销量的目的。

（3）观念广告。观念广告不是向受众推销一种产品或服务，而是向受众传输一种观念。其中，公益广告往往倡导某种观念或行为，如政府部门倡导的"节约用水""环境保护"等广告。企业常借观念广告树立自身积极参与社会活动的良好形象。

（4）启事广告。启事广告向受众传递非促销的信息，如企业更名启事、迁址启事、聘请律师声明等。

（二）按广告的传播范围分类

广告传播范围就是广告覆盖区域，据此可将广告划分为地方性广告、区域性广告、全国性广告、国际广告等。

（1）地方性广告。地方性广告是指为在某一地区分销产品或服务而通过该地区的地方媒体所做的广告，它多为零售商为生产商所做的广告。

（2）区域性广告。区域性广告是指为在几个地区分销产品或服务而通过覆盖这几个地区的区域性媒体所做的广告，比如华南地区广告、少数民族地区广告等。

（3）全国性广告。全国性广告是指为在全国范围内分销产品或服务而通过全国性媒体所做的广告。

（4）国际广告。国际广告是指为在多个国家或地区的市场上分销产品或服务而通过国际媒体所做的广告，比如通过各国国际广播电台、国际电视台所做的广告。国际广告应根据目标市场的要求采用不同的语言，以便于受众理解和接受。

（三）按广告的媒体分类

按媒体分类，一般将广告分为印刷广告、电波广告、其他媒体广告三种。

（1）印刷广告。印刷广告是指依靠印刷技术而制作的广告，比如报纸广告、杂志广告、直邮广告等。印刷广告是最传统的广告形式。

（2）电波广告。电波广告是指以电视、广播等为媒介发布的广告，是最富感染力与表现力的广告形式。

（3）其他媒体广告。主要有网络广告、橱窗广告、路牌广告、墙体广告、飞艇广告等。

（四）按广告的目标分类

根据目标的不同，可将广告分为显露广告、认知广告、竞争广告、扩销广告等。

（1）显露广告。显露广告对商品、企业并不进行过多的宣传介绍，而只是多次重复发布简单明了、富有特色且便于记忆的信息，以迅速提高知名度。这类广告多用于产品即将上市或刚刚上市时的宣传。

(2) 认知广告。认知广告具体、详细地介绍了商品的特性、用途及优越性，让受众真正地、全面地了解商品，提高商品的知名度。

(3) 竞争广告。竞争广告具有很强的针对性，往往以竞争对手的广告产品作为"靶子"，或给予猛烈攻击，或针对竞争对手的广告进攻实施有效防御。

(3) 扩销广告。这类广告主要是为了直接扩大当前产品的销量，因而富有激励性，比如有奖销售广告等。

（五）按广告的诉求方式分类

广告借以引起消费者购买欲望、引发其购买行为的表达方式就是广告的诉求方式。按诉求方式分类，广告可分为理性诉求广告、感性诉求广告两大类。

(1) 理性诉求广告。这类广告采取理性的说服方法，有理有据地直接论证产品的优点，让消费者自己做出判断，进而采取购买行为。

(2) 感性诉求广告。这类广告以受众的感情为突破口，采取感性的说服手法，动之以情，使受众对宣传的商品产生好感，进而采取购买行为。感性诉求广告将人类的情感融入无生命的商品之中，极具表现力与感染力。

（六）按广告的作用期限分类

不同的广告的效果发挥得有快有慢，效果延续时间有长有短，据此可将广告分为即期销售广告、战略广告两大类。

(1) 即期销售广告。这类广告的目的是直接引发消费者的购买行为，扩大当前产品的销量。它见效快，但是效果延续时间很短。

(2) 战略广告。这类广告的目的不在于促使消费者立即购买，而是在消费者心目中树立起本企业或产品的良好形象，从而达到长远促进产品销售和扩大企业市场占有率的目的。战略广告的效果具有滞后性，但是具有很强的延续性，能在较长时间里持续发挥作用。

（七）按广告的生命周期分类

产品具有一个包括导入期、成长期、成熟期、衰退期四个阶段的生命周期。根据产品所处的生命周期阶段，可将广告分为导入期广告、竞争期广告和维持期广告。

(1) 导入期广告。导入期广告是指在产品刚刚上市时，即产品介绍阶段所做的广告。这类广告主要介绍产品的特性、使用常识与方法，以激发消费者对产品的基本需求。

(2) 竞争期广告。竞争期广告是指产品在成长期与成熟期所做的广告。它主要介绍某种产品优于其他同类产品的特性，以与其他同类产品展开竞争，激发消费者对该产品的选择性需求，扩大市场份额。

(3) 维持期广告。维持期广告是指产品在衰退期所做的广告。这类广告主要宣传品牌和商标以提醒消费者，使消费者在产品衰退期继续购买与使用该产品，从而维持该产

品牌策划与推广

品的销量或防止销量锐减。

【案例赏析】"人民词语"与广告推广

技能训练

请选择一个感兴趣的品牌进行广告推广活动，撰写品牌广告推广活动方案，并制作成 PPT 进行汇报展示。

技能训练考核评分表

评分项目		分值	得分
素质目标	形象意识、品牌广告推广意识等完成情况	20	
知识与技能目标	1. 品牌广告推广的内容和方法的掌握及运用情况	15	
	2. 品牌广告推广活动方案科学、可行，PPT 制作美观、结构合理等	30	
	3. 汇报展示中同学们的仪表仪态、口头表达等表现情况	20	
	4. 小组分工明确、团结协作等完成情况	15	
总分		100	

知识检测

一、单选题

1. 广告一词的英文表述为（　　）。

　　A. Advertising　　B. Adverture　　C. Reklame　　D. Relame

2. 观念广告是向受众传输（　　）。

　　A. 产品　　B. 服务　　C. 观念　　D. 形象

二、名词解释

1. 广告
2. 广告主

三、论述题

广告的构成要素有哪些？

任务二　品牌广告推广步骤

知识目标

- 掌握广告推广调查的步骤和方法。
- 熟悉广告推广策划的内容。
- 掌握广告推广效果测评的程序。

能力目标

- 能够利用广告推广调查的步骤和方法进行广告调查。
- 能够基于广告推广策划的内容撰写简要的广告策划书。
- 能够基于广告推广效果测评的程序进行广告测评并对测评结果进行简要分析。

思维导图

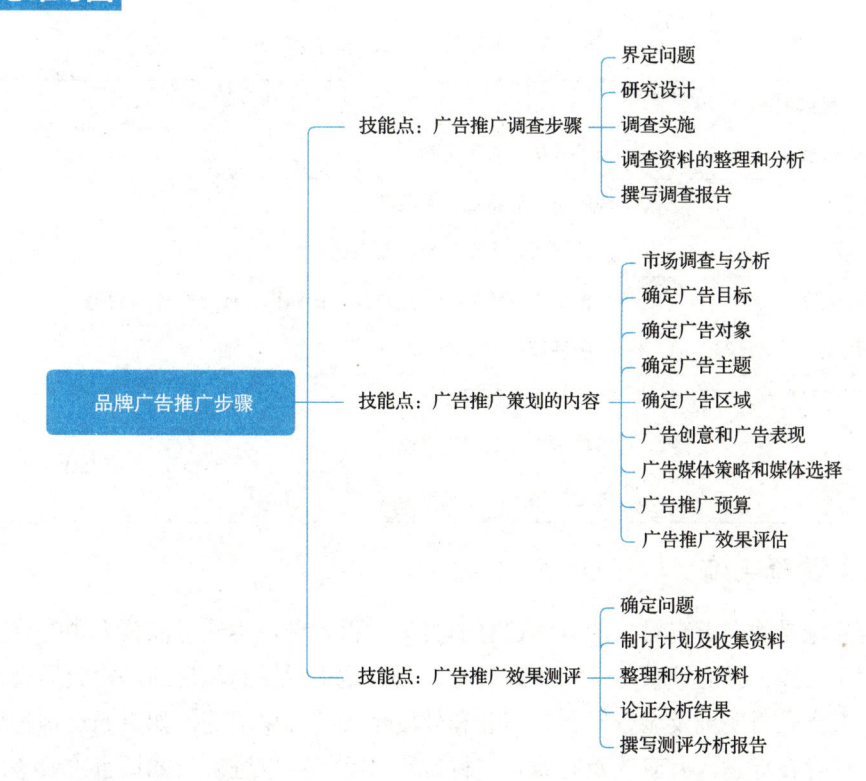

品牌广告推广步骤
- 技能点：广告推广调查步骤
  - 界定问题
  - 研究设计
  - 调查实施
  - 调查资料的整理和分析
  - 撰写调查报告
- 技能点：广告推广策划的内容
  - 市场调查与分析
  - 确定广告目标
  - 确定广告对象
  - 确定广告主题
  - 确定广告区域
  - 广告创意和广告表现
  - 广告媒体策略和媒体选择
  - 广告推广预算
  - 广告推广效果评估
- 技能点：广告推广效果测评
  - 确定问题
  - 制订计划及收集资料
  - 整理和分析资料
  - 论证分析结果
  - 撰写测评分析报告

知识与技能导航

一、技能点：广告推广调查步骤

广告推广调查主要包括五个步骤，即界定问题、研究设计、调查实施、调查资料的

品牌策划与推广

整理和分析、撰写调查报告。

（一）界定问题

所谓界定问题就是要求广告推广调查人员确定所要调查的问题及调查所要实现的目标。只有明确这些才能做到有的放矢，正确地开展工作。界定问题可以通过一些预先的定性研究来确定，比如与广告主充分沟通、向有关专家咨询、分析二手文献资料等。界定问题是广告推广调查的首要环节，对广告刊登问题的敏锐把握和对调查目标的准确设定是这一阶段工作的关键，这对广告推广调查人员把握问题的能力提出了较高的挑战。

（二）研究设计

研究设计是实施广告推广调查前的一项重要工作。研究设计确定了开展广告推广调查所要遵循的计划方案，描绘了广告推广调查活动的框架和蓝图。研究设计的工作内容包括确定广告信息来源、选定调研方法、设计调研问卷、确定数据收集途径、明确广告受众、制定广告调研经费预算等一系列活动，如表5-1所示。

表5-1 研究设计的工作内容

具体内容	说明
确定广告信息来源	一手资料、二手资料
选定调研方法	询问法、观察法、实验法等
设计调研问卷	定性调研、定量调研、量表选择
确定数据收集途径	数据检索或购买、人员访问、计算机、社交媒体辅助等
明确广告受众	明确调查的对象
制定广告调研经费预算	经费数额及使用安排
确定调研团队	委托调研公司或自己组织
进行调研抽样	确定样本大小、抽样方法

（三）调查实施

调查实施是面向调查对象的具体信息的收集过程。调查实施可以分为预先调查、正式调查两个阶段。预先调查是一种测试调查，通常是小规模的，目的是检验调查方案是否合理、概念是否明确及调查问卷的信度和效度是否符合要求等。如果通过预先调查发现调查设计存在问题，就应该及时修正，待修正之后就可以进入正式调查阶段了。正式调查阶段的主要任务是收集信息，包括对一手信息和二手信息的收集。这一阶段的关键任务是保证调查信息的真实性和可靠性。

（四）调查资料的整理和分析

调查资料的整理和分析是指将调查收集到的资料进行整理和分析，剔除不真实信息，保证资料的系统性、完整性和可靠性；将整理后的资料进行分类编号，将纸质版问卷数据录入 Excel、SPSS 等软件中并进行数据的统计和分析。

（五）撰写调查报告

前期的调查工作完成之后，广告推广调查人员应撰写最终的调查报告，呈送给调查委托者。调查报告主要通过文字、数据、图表等形式表现出来，全面客观地描述研究的发现。调查报告的主要内容包括调查的背景及意义，调查采用的方法、步骤、统计方式及可能产生的误差，调查的主要结论，企业应当采取的主要对策等。调查报告在表述方式上要尽可能简单明了，要让广告决策者和企业营销人员看得清楚明白。

二、技能点：广告推广策划的内容

严格来说，广告推广策划包括广告策略、广告计划两部分。广告策略反映广告行动的核心谋略，广告计划则是广告策略和策略实施的具体计划。

广告推广策划书是广告推广策划方案的最终报告，也是广告推广策划的执行依据，一般包括以下九个方面的内容。

（一）市场调查与分析

没有调查，就没有发言权。广告推广策划以市场调查为基础，市场调查是广告推广策划的第一步和策划信息的主要来源，采用科学的调查方法收集完整、真实、可靠的信息资料是市场调查的基本要求。市场调查与分析的主要内容如下。

（1）影响市场需求因素的调查与分析，包括经济、文化、气候、地理和法律法规等方面。

（2）广告产品或信息的调查与分析，重点是掌握它们的特征和优势，以便挖掘自身的独特优势，提炼广告主题或诉求点。

（3）品牌的调查与分析，包括品牌在消费者心目中的地位，品牌形象，品牌的知名度、美誉度和忠诚度等。

（4）消费者的调查与分析，包括消费者基本情况调查、消费行为与消费心理调查。

（5）市场竞争状况的调查与分析，包括市场竞争结构、竞争优势和手段等。

（6）广告传播的调查与分析，包括广告信息传播的形式、内容、影响力等。

（二）确定广告目标

广告目标是指广告要达到的目的。广告目标要服从企业的总体营销目标，解决"我们要到哪里"的问题。广告目标包括长期目标、中期目标、短期目标，具体来讲，包括促进商品销售、改变消费观念、提高品牌知名度、提升企业形象等目的。

广告目标的确定要尽量量化，同时应具有可行性和可控性。

(三)确定广告对象

确定广告对象就是确定"对谁说",即广告信息的传播对象——受众。明确了广告对象就知道了要对谁做广告,为下一步解决"说什么"和"怎么说"提供了依据。

(四)确定广告主题

广告主题是广告所要表达的重点和中心思想,是广告内容的集中体现和概括,是广告创意的基石和广告诉求的基本点。确定广告主题的基础是广告定位,依据是产品本身的特点、消费者的需求特性和消费行为与心理要求。

(五)确定广告区域

广告区域是指广告传播对象生活的区域和范围,是媒体选择的重要依据之一。广告区域的确定要与目标市场生活区域一致。

(六)广告创意和广告表现

广告创意是为宣传广告主题而进行的创造性思维活动。广告创意贯穿广告推广策划的全过程,是通过构思形成的新颖而富有吸引力的广告创作意念。美国广告大师大卫·奥格威认为:"要吸引消费者的注意力,同时让他们来买你的产品,非要有很好的点子才行。除非你的广告有很好的点子,否则它就会像很快就要被黑暗吞噬的船只一样。"

广告创意应是广告产品的客观真实反映,广告表现是广告创意的具体表现形式,同一广告创意可用多种广告表现形式呈现出来。

(七)广告媒体策略和媒体选择

广告媒体策略和媒体选择是现代广告策划的重要内容,直接影响广告传播成败和广告目标的实现程度。

(八)广告推广预算

广告推广预算是对广告活动费用的计划和控制,是广告活动得以顺利完成的资金保证。

(九)广告推广效果评估

广告推广效果评估是检验广告活动成败、提升广告效果、实现广告目标的重要手段,也是广告主最关心的内容之一,在整个广告活动中占据重要位置。

广告主或广告公司通过广告推广效果评估为进一步完善广告推广策划方案提供参考依据。

三、技能点：广告推广效果测评

广告推广效果测评是现代广告推广活动的重要组成部分，是指测评广告通过媒体传播之后产生的影响，或者说媒体受众对广告推广效果的结果性反应。这种影响可以分为对媒体受众的心理（沟通）影响、对媒体受众社会观念的影响及对广告产品销售的影响。

广告推广效果测评的程序大体上可以分为确定问题、制订计划及收集资料、整理和分析资料、论证分析结果、撰写测评分析报告等。

（一）确定问题

由于广告推广效果具有层次性的特点，因此广告推广效果测评的问题不能漫无边际，而应事先决定研究的具体对象及从哪些方面对这些问题进行剖析。广告推广效果测评人员要把广告主宣传活动中存在的最关键和最迫切需要了解的效果问题作为测评重点，设立正式测评目标，选定测评课题。

确定问题的方法一般有如下两种。

（1）归纳法，即了解广告主广告推广现状，根据广告主的要求确定分析的目标。

（2）演绎法，根据广告主的发展目标来衡量企业广告推广的现状。

（二）制订计划及收集资料

这一阶段主要包括制订计划、组建调查测评研究组深入调查、收集资料等内容。

（1）制订计划。根据广告主与测评研究人员双方的洽谈协商，广告公司应该委派课题负责人写出与实际情况相符的广告推广效果测评工作计划。该计划内容包括课题进行步骤、调查范围与内容、人员组织等。如果广告推广效果测评小组与广告主不存在隶属关系，就有必要签订有关协议。按照测评要求，双方应在协商的基础上就广告推广效果测评的目的、范围、内容、质量要求、完成时间、费用酬金、双方应承担的权利与责任等内容订立正式的广告推广效果测评调查研究合同。

（2）组建调查测评研究组深入调查。在确定广告推广效果测评课题并签订合同之后，测评研究部门应根据广告主所提课题的要求和测评研究人员的构成情况，综合考虑，组建调查测评研究组。在课题组的组建中，应选择好课题负责人，然后根据课题的要求分工负责、群策群力地进行课题研究，认认真真深入调查才能产生高质量的测评结果。

（3）收集资料。调查测评研究组成立后，要按照测评课题的要求收集有关资料。企业外部资料主要是与企业广告推广活动有联系的政策、法规、计划及部分统计资料，企业所在地的经济状况、市场供求变化状况、主要媒体状况、目标市场上消费者的媒体习惯及竞争企业的广告推广状况。企业内部资料包括企业近年来的销售状况、利润状况、广告预算状况。

（三）整理和分析资料

整理和分析资料是指对通过调查和其他方法收集的大量信息资料进行分类整理、综合分析和专题分析。整理资料的基本方法有：按时间序列分类、按问题分类、按专题分类、按因素分类等。在分类整理资料的基础上进行初步分析，选出可以用于广告推广效果测评的资料。

分析资料的方法有综合分析、专题分析两类。综合分析是从企业的整体出发综合分析企业的广告推广效果，比如广告主的市场占有率分析、市场扩大率分析、企业知名度提高率分析等。专题分析是指根据广告推广效果测评课题的要求，在汇总调查资料之后对广告推广效果的某一方面进行详尽的分析。

（四）论证分析结果

论证分析结果即召开分析结果论证会。论证会应由调查测评研究组负责召开，邀请社会上的有关专家、学者参加，广告主有关负责人出席，运用科学的方法对广告推广效果测评结果进行全方位的评议和论证。常用的论证分析方法如下。

（1）判断分析法。由调查测评研究组召集课题组成员，邀请专家和广告主有关负责人出席，对提供的测评结果进行研究和论证，然后由主持人集中起来，并根据参加讨论人员的身份、工作性质、发表意见的权威程度等因素确定一个综合权数，提出分析广告推广效果的改进意见。

（2）集体思考法。由调查测评研究组邀请专家、学者参加，对测评结果进行讨论和研究，发表独创性意见，尽量使会议参加者畅所欲言，集体修正，综合分析。

（五）撰写测评分析报告

广告推广策划者要对经过论证分析并征得广告主同意的测评结果进行认真的文字加工，写成分析报告。企业的广告推广效果测评分析报告的主要内容如下。

（1）绪言，主要阐明广告推广效果测评的背景、目的和意义。

（2）广告主概况，主要说明广告主的人、财、物等资源状况，广告主广告推广的规模、范围和方法等。

（3）广告推广效果测评的调查内容、范围与基本方法。

（4）广告推广效果测评的实际步骤。

（5）广告推广效果测评的具体结果。

（6）改善广告推广的具体意见。

【案例赏析】李宁篮球新广告片，开局就被"燃"炸了！

技能训练

请设计某品牌的广告推广调查问卷，并撰写广告推广调研报告。

技能训练考核评分表

评分项目		分值	得分
素质目标	诚信精神、操作技能等完成情况	20	
知识与技能目标	1. 品牌调查问卷和报告等内容的掌握及运用情况	15	
	2. 调研问卷设计合理、紧扣主题	25	
	3. 广告推广调研报告结构合理、目标明确、结论建议科学有效等	25	
	4. 小组分工明确、团结协作等完成情况	15	

知识检测

一、名词解释

1．广告推广策划
2．广告推广效果测评

二、简答题

1．企业的广告推广效果测评分析报告主要包括哪些内容？
2．企业为什么要进行广告推广调查？

三、论述题

1．广告推广策划书的内容有什么？
2．广告推广效果测评的程序有哪些？

素质培养案例

案例材料：

虚假广告满天飞 "黄金"卖出"白菜价"

"最后10组！再不抢就没了！""两只金手镯、两条金项链、两只金戒指，共计50克的6件套黄金首饰，原价要1万多元，现在只要298元。"湖南常德市民朱女士花596元在某电视购物频道订购了两套黄金首饰。

品牌策划与推广

之后，朱女士收到了商家寄来的实物，却让她目瞪口呆。"实物拿到手后好轻，好粗糙。"朱女士随后将自己购买的两套共计100克的"黄金"拿到正规金店鉴定。金店表示朱女士购买的并非黄金，而是工艺品。"之后打了20多个电话要求退货，都没有回应。"朱女士说。

据了解，中国商业联合会媒体购物专业委员会（以下简称"媒购委"）曝光违法电视购物广告时指出，湖南、辽宁、山西、湖北、四川等地的20余家电视台发布低价黄金首饰的电视购物广告。媒购委通过电视购物渠道购买了12件黄金饰品，包括金手镯、金戒指、金项链等，送到国家首饰质量检验检测中心检测。

经检测，这些首饰不但没有黄金成分，还含有镉、铅、镍等有毒有害元素；有的"金首饰"中，可致癌的镉元素超标近3000倍。镉元素会对人体骨骼造成严重损伤，更是一种致癌物质。

案例评析：

1. 上述案件是很典型的虚假宣传，这体现了广告组织与广告管理的关系，值得所有广告从业者警惕。

2. 中国广告协会已先后制定相应自律规章，协会成员应共同遵守规范。社会监督则是广告监督公开化、透明化的具体体现。

案例感悟：

广告主、广告公司、广告媒体是广告中最基本的组成要素，三者之间通过广告代理制联系在一起，共同参与广告推广活动，并接受相关法规和管理部门的管理，杜绝虚假广告的现象发生。

项目六

品牌公关活动推广

案例导入

字节跳动公益中秋节的公益活动

"但愿人长久,千里共婵娟。"中秋是一个饱含众多情思与祈愿的传统节日,不少品牌乐意在这个节日借势进行营销活动。在中秋这个"共婵娟"的节日里,仅仅是送祝福或许有些狭隘,字节跳动公益(简称字节公益)巧妙地拔高了立意,站在更高的角度推出了两款主题礼盒。

第一款礼盒是字节公益与壹基金联合发起的公益项目——益童乐园礼盒。字节公益邀请了益童乐园中的小朋友绘出自己关于中秋节的期盼与印象,并将其印制在礼盒上,为大家展示孩子们的童真与可爱。同时,字节公益表示将通过字节公益基金会把在公司内部额外售卖礼盒所得的 405 万元全部捐赠给益童乐园礼盒项目。

第二款礼盒则是携手五芳斋、中国文物保护基金会联合定制的"古籍月饼"礼盒,月饼礼盒的主题是《永乐大典》,内含八饼八味,还有《永乐大典》"湖"字册拼图,让消费者可以在品味中秋月饼的同时体验古籍修复的过程,呼吁更多人一起关注古籍保护。字节公益的"古籍月饼"礼盒如图 6-1 所示。这项主题活动的概念来自字节公益与中国文物保护基金会联合成立的"字节跳动古籍保护专项基金",其初期启动基金为人民币 1000 万元。

图 6-1 字节公益的"古籍月饼"礼盒

品牌策划与推广

字节公益提取"中秋团圆""传统节日"两项要素,将其与公益项目良好地结合,不但提高了月饼礼盒的立意,还顺势呼吁社会关注留守儿童、古籍保护,并通过媒介传播彰显了企业的社会责任心,在获得良好经济效益的同时提高了自身的知名度和美誉度,树立了良好的企业形象。

【思考】

问题1:字节公益从公益的角度开展品牌推广活动获得了怎样的效益?

问题2:你是如何看待"企业在获得经济利益的同时,还应承担更多的社会责任"这个观点的?

项目导学

学习任务	品牌公关活动推广	教学模式	任务驱动教学法
建议学时	10	教学地点	多媒体教室
项目描述	小李是一名大二学生,他利用课余时间做兼职,帮助企业发送传单,参与企业的一些促销活动,现在他想了解企业是如何开展促销活动的?除了促销活动,企业一般还有哪些营销活动?如何策划		
项目解读	任务一　新闻发布活动推广 任务二　庆典活动推广 任务三　赞助活动推广 任务四　展览活动推广 任务五　开放参观活动推广		
学习目标	知识目标	了解品牌公关活动推广的类型; 掌握各类公关活动推广的概念、特点及作用; 掌握各类公关活动推广的实施流程和注意事项	
	能力目标	能独立策划各种类型的公关活动; 能撰写各种类型的营销活动推广方案	
	素质目标	培养学生团结协作、遵纪守法、开拓创新的精神; 了解我国优秀民族品牌,培养学生的民族品牌意识、形象意识,增强爱国主义情怀	

项目实施

任务一　新闻发布活动推广

知识目标

- 了解品牌公关活动推广的内涵、特征、类型等。

- 掌握新闻发布会的流程。

能力目标

- 能对企业新品牌、新产品进行新闻发布会活动推广。

思维导图

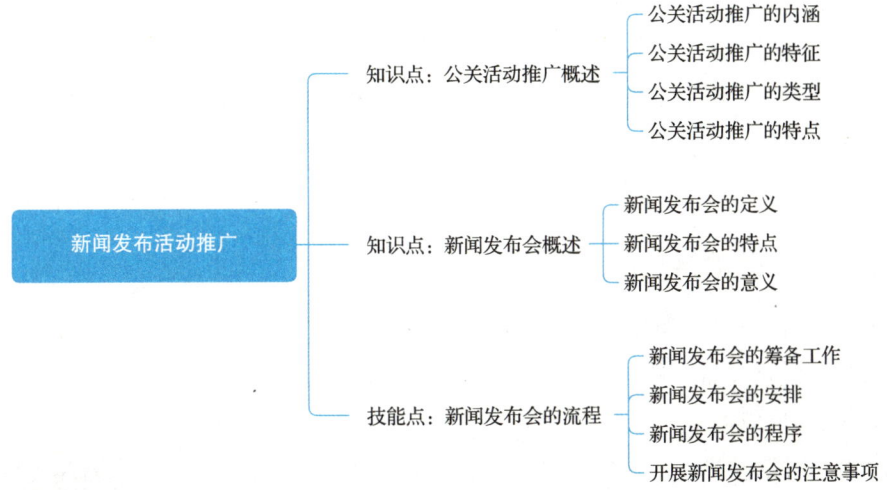

```
                          ┌─ 知识点：公关活动推广概述 ─┬─ 公关活动推广的内涵
                          │                            ├─ 公关活动推广的特征
                          │                            ├─ 公关活动推广的类型
                          │                            └─ 公关活动推广的特点
                          │
新闻发布活动推广 ─────────┼─ 知识点：新闻发布会概述 ─┬─ 新闻发布会的定义
                          │                            ├─ 新闻发布会的特点
                          │                            └─ 新闻发布会的意义
                          │
                          └─ 技能点：新闻发布会的流程 ─┬─ 新闻发布会的筹备工作
                                                       ├─ 新闻发布会的安排
                                                       ├─ 新闻发布会的程序
                                                       └─ 开展新闻发布会的注意事项
```

【微视频】品牌新闻发布活动

知识与技能导航

一、知识点：公关活动推广概述

当一个社会组织自觉认识到自身的公共关系状态存在问题，它就会根据自身需要采取措施打造良好的公共关系状态，这种为树立社会组织良好形象、打造良好的公共关系状态而采取的各种推广方式和手段（如庆典、展览、开放参观、联谊活动、赞助活动等）都是公关活动推广。

（一）公关活动推广的内涵

公关活动推广是社会组织围绕某个公共关系主题的有效传播，有计划、有步骤地组织目标公众参与的集体活动，是社会组织为了某一明确目的、围绕某一特定主题而精心策划的公关专题活动。公关专题活动是社会组织与公众进行沟通、塑造品牌形象的有效途径。因此，国内外许多社会组织经常采用公关专题活动的形式来扩大品牌的影响，提高品牌的声誉。

（二）公关活动推广的特征

公关活动推广的特征如下。

（1）必须有一个明确的活动主题。

（2）必须经过精心策划才能实现。

（3）通常与某种类型的公众进行重点沟通。

（4）必须是针对某个明确的问题而开展的，即具有极强的针对性。

公关活动推广对于改善社会组织的公共关系状态和树立品牌形象有着极为重要的意义，因为它能使组织集中地、有重点地树立和完善自身的形象，扩大自身的社会影响。另外，公关活动推广施加影响的对象并非所有公众，而是以其中某一部分公众为重点的。

（三）公关活动推广的类型

（1）按公关活动推广的规模可分为小型公关活动、大型公关活动、系列公关活动。

（2）按公关活动推广的性质可分为公益性活动、社会工作活动、专业性活动、商业性活动、综合性活动。

（3）按公关活动推广的内容可分为庆典活动、会议活动、展示活动、新闻传播活动、竞赛活动。

公关活动推广的分类方法没有固定模式，也不仅仅限于以上几种。但是公关人员参考上述分类方法可以掌握不同类型公关活动推广的策划侧重点，如庆典型活动侧重喜庆的构思，会议活动侧重会议环境和会议内容，展示活动侧重视觉传播效果，新闻传播活动侧重新闻的新、奇、特、真，等等。

（四）公关活动推广的特点

要想成功地策划并实施各种公关活动推广并非易事，因为它有以下三大特点。

1. 吸引力大

社会组织进行各种公关活动推广，目的是让公众了解、认知组织或企业产品，达到扩大社会影响的目的。因此，公关活动策划必须抓住公众心理，吸引公众积极参与，比如使公关活动推广具有趣味性、让公众自由表现、分享给参与者一定的知识、经验、乐趣或实惠等。

2. 创新力强

每一次公关活动推广都应新颖别致、富有特色、大胆创新、力戒平淡。

公关活动推广的创新主要表现在创意上新、形式上新、内容上新、方法上新。

3. 影响力强

一般情况下，公关活动推广的影响力越强，说明其办得越成功，如果没有什么影响，则说明它是失败的。

二、知识点：新闻发布会概述

（一）新闻发布会的定义

新闻发布会也称记者招待会，是政府、社团、企业或个人将有关的新闻记者邀请在一起，宣布有关消息或介绍情况，让记者就此提问，由专人回答问题的一种特殊会议。新闻发布会是为了集中发布信息而举行的传播活动。对于一个社会组织而言，利用新闻发布会向公众传播信息具有传播面广、传播速度快、传播效果好等特点。

新闻发布会是社会组织与新闻界建立和保持联系的一种比较正规的形式。任何社会组织（如政府、企业、社会团体等）都可以举行新闻发布会。社会组织举办的新闻发布会一般由组织负责人或公关部门负责人直接向新闻界发布有关本组织的重要信息，然后通过新闻界将消息传递给公众。新闻发布会是公关人员用来广泛宣传某一消息的最好工具之一。

（二）新闻发布会的特点

第一，通过新闻发布会发布消息，形式比较正规、隆重，规格较高，易于引起社会广泛的关注。

第二，在新闻发布会上，记者可以根据自己感兴趣的方面进行提问，能更好地发掘消息，充分地采访该组织，同时，该组织也可以更深入地了解新闻界。这种形式下的双向沟通无论是在深度上还是在广度上都较其他形式更优越。

第三，新闻发布会往往占据记者和组织者较多的时间，经费支出也较多，因此，成本较高。

第四，新闻发布会对组织发言人和主持人的要求很高，组织发言人和主持人需要十分敏感，善于应对，反应迅速等。

（三）新闻发布会的意义

新闻发布会是运用信息、传递信息、扩散信息的有效手段。社会组织可以想尽办法利用机会与新闻界建立联系，通过制造新闻来展示组织的美好形象。

三、技能点：新闻发布会的流程

（一）新闻发布会的筹备工作

新闻发布会的筹备工作包括以下内容。

1. 确定会议主题

确定会议主题应该注意以下几点。

（1）组织应从新闻传播和公众角度出发，而不是从自身角度出发确定会议主题。

（2）考虑该会议主题是否非常重要？是否具有新闻价值？是否会对公众产生重大影响？此时召开新闻发布会是否适宜？

一般来讲，新闻发布会的主题可以归纳为以下四种类型。

（1）宣传组织的整体形象。

（2）宣传组织形象并宣传某项产品。

（3）宣传某项活动、某种技术、某种新观念。

（4）说明突发事件、平息舆论风波。

新闻发布会的主题应清晰明了，切忌含糊不清，体现会议主题的标语口号应准确精练，以便于记者报道。

2. 选择新闻媒介，落实邀请范围

一个成功的组织应该有自己的个性，一个成功的新闻发布会也应该有目的地选择新闻媒介和与会记者。

在选择新闻媒介和与会记者时应考虑以下几个因素：一是新闻发布会的规模；二是预算；三是本次新闻发布会将要影响的区域；四是对信息传播内容和速度的具体要求。

3. 选择会议主持人和组织发言人

会议主持人一般由组织的公关部门负责人担任。会议主持人应该具有庄重的仪表、高雅得体的举止、高超的语言表达力、善于活跃气氛和随机应变的能力、驾驭会议发展趋势的能力及丰富的主持经验。

新闻发布会的组织发言人原则上应安排给组织的主要负责人。

如果新闻发布会是为了公布某项新成果、新产品、新技术或公布重大突发事件，那么组织发言人除了可以是领导，还可以是分管这方面工作的部门负责人。

不论是领导还是部门负责人担任新闻发布会的组织发言人，都应做到掌握情况、对答如流、头脑灵活、思维敏捷，最好还要宽容、随和、豁达、幽默。

4. 准备宣传资料

新闻发布会的宣传资料主要包括主要发言稿和报道材料。在新闻发布会开始之前要充分准备好宣传资料。

主要发言稿是新闻发布会的中心内容，应具备实事求是、资料全面、严谨深刻、生动具体等特点。主要发言稿不仅要由专人负责起草，还要通过本组织有关领导人审阅，最后交给组织发言人发布。

对于公关人员来说，准备宣传资料时要注意以下三点。

（1）要认真、全面地收集有关资料，写出准确生动的发言稿。

（2）要围绕主题，准备好宣传辅助材料，包括文字、图片、实物、模型等。这些材料应尽量全面、翔实、具体、形象，以便在会议上充分展示、分发或播放，以增强发言效果。

（3）提前准备好报道材料，包括新闻通讯稿、相关背景素材等，事先散发给记者，作为采访报道的参考。

5. 选择会议地点和举办时间

（1）选择会议地点。会议地点应交通方便、安静，且不受外界的干扰；具备必要的照明、视听、通信设备，为记者提供便利。新闻发布会不宜在办公室里举行，切忌临时改变会议地点。

（2）选择举办时间。应尽量避免节假日、重大社会活动或其他重大新闻发布的日子，以免记者无法前往。会议时间不宜过长，一般控制在一个小时以内。

6. 选择记者的邀请范围

选择记者的邀请范围应从以下几个方面着手。

（1）邀请的覆盖面要广，照顾好各方面的记者，比如报纸、杂志、电台、电视台的记者；对所有记者一视同仁。

（2）提前3～5天将请柬或邀请函送到记者手中，以便让其充分准备。

（3）在临近会期的前一两天，应电话联系以落实记者的出席情况。

（4）在邀请中不要向对方允诺或暗示发布会上不能公开的消息。

7. 组织参观和宴请的准备

在新闻发布会前后，可配合会议主题组织记者进行参观活动，请他们做进一步深入采访。有关参观事宜应在会前就安排好，派专人接待、介绍情况。会后，如有必要可邀请记者共进工作餐，进行非正式交谈，互相沟通，融洽与新闻界的关系。

8. 制定会议预算

应根据会议的规格、规模制定会议预算，并留有余地，以备急用。

（二）新闻发布会的安排

1. 人员安排

主持人、发言人、翻译人员、接待人员、摄影人员、录音人员、记录人员、展示人员、突发事件处理人员、保安人员。

2. 相关资料及物品

与会人士及媒体邀请卡、函；发言稿、自传；资料袋、夹；会议背景资料及图片；新闻稿；会议流程表；与会人士背景资料；公司简介、组织图、说明书、简报资料；展示产品或模型；纪念品；续表；等等。

3. 场地布置及现场相关设备

主桌及记者席排列方式（如上课型、T型等）、席次；接待桌、讲台、白板；麦克风、同步翻译设备、扩音设备、录音设备、录音带；投影仪、幻灯机；录像机、放映机、银幕、录像带；灯光、音响、电源；照相机、底片；签名簿、签字笔、名片；茶水、糕点（依情形准备，如自助餐、点心）。

（三）新闻发布会的程序

举行新闻发布会的一般程序如下。

（1）选择会址。

（2）确定日期并发出邀请。

（3）具体落实到会记者的人数。

（4）准备分发到会者的资料、图文和文具。

（5）安排好签到并分发资料与礼品，注意安排好嘉宾，以扩大影响力。

（6）议程紧凑、详细的新闻发布。

（7）应有自己的摄影记者并拍摄会场情景，以备宣传或纪念使用。

（8）招待。

（9）接送。

（10）对照签到簿了解记者发稿情况。对未发稿的记者，可了解其未发稿的原因。

（11）对因故未能参加的记者，可向他们提供有关背景资料、会议记录材料、图片和报道提纲等，以供他们报道。

（12）整理有关文档资料并存档，以备用、备查。

（四）开展新闻发布会的注意事项

1. 开展新闻发布会前的注意事项

（1）邀请记者参加新闻发布会，应该把正式的请柬提前送到他们手中。

（2）准备好交通工具，安排专人负责接送，并且做好服务接待工作，使记者感受到热烈、诚恳、友好、亲切的气氛。

（3）布置会场，准备视听辅助工具。

（4）在会前或会后，可以请记者们参观实物展览、图片展览或进行现场参观，并且允许记者在参观时自由采访、拍摄照片等。

（5）新闻发布会的会场内要准备一些纸张和笔，以方便记者记录。另外，还要准备好签名簿、留言簿，会前请记者签名，会后请记者挥毫题字或书写留言。

（6）新闻发布会的会场内应保持灯光柔和、空气新鲜、温度适中。会场内应摆放舒适的座椅，要安静而无噪声。为了避免干扰，会场内不放置电话。大型新闻发布会应选用长方形桌子，组织发言人与记者面对面而坐，就像教学课堂一样突出庄重、严肃的特点。小型新闻发布会最好选用圆形桌子，大家围圈而坐，显得气氛和谐、主宾平等。

（7）策划纪念品。为了感谢记者光临，为了更好地与记者交朋友，可以向记者赠送纪念品。

2. 开展新闻发布会中的注意事项

（1）会议主持人要充分发挥组织者的作用。会议主持人的责任在于促成会议顺利、圆满地进行，因此他的言谈要庄重、有涵养、有幽默感，要尊重别人的提问和发言，要控制会场气氛，把握主题范围，维持会场秩序，掌握会议时间和进程。

（2）遇到回答不了的问题时，应采取灵活的办法给予回答。可以告诉记者如何得到圆满的答案，不可简单地说"无可奉告""不知道"等，以免引起记者的不满或反感。

（3）对不愿公布或需要保密的信息，应婉转地向记者解释原因。

（4）不要随便打断记者的提问和发言，也不可采取各种动作、表情和语言对记者表示不满，应表现出较高的涵养，平静地予以纠正，切忌急躁地反驳。

（5）发布的信息必须准确无误。如果发现错误，应及时更正。

（6）应安排足够的接待人员。

（7）时间安排方面，新闻发布会必须按时举行，没有极特殊的情况，不能随意提前或拖延。

3. 开展新闻发布会后的注意事项

开展新闻发布会后的注意事项如下。

（1）整理会议记录材料，保存资料。

（2）收集与会者的反映，了解他们对本组织的看法。

（3）总结经验和不足。

（4）收集记者刊发的报道，进行归类分析，检查是否达到预期目标。

（5）收集并分析记者所发稿内容的倾向性，做到胸中有数，以便日后更好地合作。

（6）对于失误和不利的报道，应设法补救。

品牌策划与推广

（7）对未能参加的新闻媒体，应提供可供报道的素材，以便选用。

【案例赏析】 华为举办秋季全场景新品发布会

技能训练

株洲千金瑰秘酒业股份有限公司（简称"千金饮公司"）现研发了一款新产品——千金饮五果酒，请你帮助千金饮公司在湖南地区进行新产品新闻发布会推广活动，并撰写千金饮五果酒新闻发布会推广活动方案，制作PPT并进行汇报展示。

技能训练考核评分表

	评分项目	分值	得分
素质目标	传播推广意识、操作技能等完成情况	20	
知识与技能目标	1. 新产品新闻发布会活动推广内容和方法的掌握及运用情况	15	
	2. 千金饮五果酒新闻发布会推广活动方案科学、可行，PPT制作美观、结构合理等	30	
	3. 汇报展示中同学们的仪表仪态、口头表达等表现情况	20	
	4. 小组分工明确、团结协作等完成情况	15	
	总分	100	

知识检测

1. 简述公关活动推广的特征。
2. 简述新闻发布会的特点。
3. 概述新闻发布会的流程。

任务二　庆典活动推广

知识目标

• 掌握庆典活动的概念、特点、类型等。

能力目标

• 能对企业各类庆典活动进行策划与实施。

项目六　品牌公关活动推广

思维导图

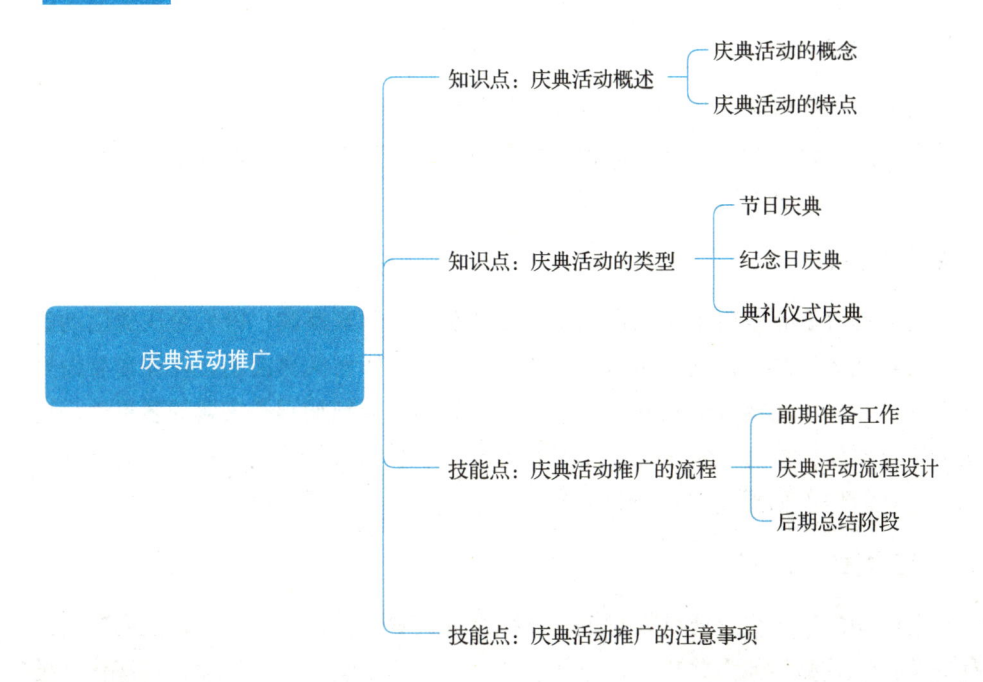

```
庆典活动推广
├── 知识点：庆典活动概述
│   ├── 庆典活动的概念
│   └── 庆典活动的特点
├── 知识点：庆典活动的类型
│   ├── 节日庆典
│   ├── 纪念日庆典
│   └── 典礼仪式庆典
├── 技能点：庆典活动推广的流程
│   ├── 前期准备工作
│   ├── 庆典活动流程设计
│   └── 后期总结阶段
└── 技能点：庆典活动推广的注意事项
```

【微视频】品牌推广庆典活动

知识与技能导航

一、知识点：庆典活动概述

企业为了向社会和公众展现品牌实力，较好地向社会各界展现自身的领导和组织能力、社交水平、文化素养等，利用法定节日、企业自身纪念日等开展庆典活动，邀请知名人士和记者参加庆典活动，进一步扩大企业品牌在业界的影响力，提高其知名度与美誉度，树立良好品牌形象。

（一）庆典活动的概念

庆典活动指社会组织在重大节日、社会重大事件发生时或者在组织自身具有重要意义的时间举办的各种仪式、庆祝会和纪念活动等的公关专题活动。企业通过庆典活动可以进一步联络公众、广交朋友、增进友谊、扩大影响，具体可引起大三效应。

（1）引力效应：指企业通过庆典活动吸引公众的注意力。

（2）实力效应：指企业通过庆典活动展示组织强大的实力，以提升公众对组织的信任感。

（3）合力效应：企业开展庆典活动能够增强组织内部职工、股东的向心力和凝聚力。

（二）庆典活动的特点

1. 隆重性

庆典活动往往热闹非凡，气氛热烈，通常礼炮齐鸣，彩条飞舞，精彩节目此起彼伏，或气势磅礴、雷霆万钧，或气韵优雅、深厚博大。庆典瞬间启动的爆发力也很强，这也是庆典活动长久不衰的魅力所在。

2. 不可逆性

庆典活动大都有政府工作人员或企业领导及其他贵宾参加，他们是庆典活动的重要参加者。参加者的层次级别显示出庆典的不同规格。针对庆典活动，往往需要做好大量的前期准备工作，包括邀请领导与贵宾，他们的参与无疑加强了庆典的隆重性。这就要求庆典一定要保证能够顺利进行，要充分考虑每一个细节与影响因素，庆典活动是一次性的，是不能修正和更改的，因此庆典活动在程序上具有不可逆性。

3. 纪念性

庆典活动的纪念性主要是指对企业以往人物、事物的怀念和追忆，人们在遇到重大事件或节日时总要与他人共享，铭记某事件对社会的影响。庆典活动具有深化、推广、延展的意义，可以吸引公众的注意力、增强记忆度。

4. 传播性

庆典活动形象生动，十分直观，庆典现场为组织或企业提供了双向交流的机会。一般在庆典前期先由媒体发布信息，提前告知，起到汇聚关注的作用。庆典进行中，庆典现场往往成为媒体追踪、报道的对象，经过媒体对信息的组织加工后再次将信息报道出去。因此，庆典活动具有传播性，具有极强的吸引力和辐射作用。

5. 艺术性

在策划与设计庆典活动时，需要运用各种艺术原理和手法，以生动的艺术形象来展现企业的特征、服务和观念等，树立良好的企业形象，并以此引起公众的注意，加深企业在公众心目中的良好印象。

6. 高投入性

庆典活动往往要投入大量的人力、物力和财力。基于高投入性的特点，如果企业不是特别需要，一般不会组织大型庆典活动。

二、知识点：庆典活动的类型

常见的庆典活动有法定节日庆典，如五一国际劳动节庆祝活动、十一国庆节庆祝活动等；组织的节日庆典，如八一建军节庆祝活动等；特别性的"日、周、月、年"的庆典活动,如清华大学一百周年校庆、2001年7月13日北京申奥成功大型系列庆祝活动等；企业为了扩大形象宣传,在奠基、开业、周年等时机举行的典礼仪式；企业利用人们喜闻乐见的节日举行的别开生面的公共关系活动；等等。

（一）节日庆典

节日庆典是为盛大节日或共同喜事举行的表达快乐或纪念的庆祝活动。节日又有官方节日和民间传统节日之分。我国常见的法定节日有元旦、春节、清明节、劳动节、端午节、中秋节、国庆节等；民间传统节日有元宵节、七夕、中元节、重阳节、腊八节等。还有些地方会根据自身文化传统、风俗习惯、土特产等举办一些具有地方特色的节庆活动,如北京地坛庙会、湖南龙舟节、山东潍坊风筝节等。

节日庆典是公关部门特别是酒店、宾馆等接待服务单位开展公共关系活动的绝好时机。所以,每年的6月1日前,大小品牌都会在儿童商品上绞尽脑汁；中秋节前,会爆发一轮又一轮的月饼"大战"；五一和十一长假前夕,旅游胜地与饭店会大张旗鼓地宣传和推广其优质的特色服务。这些活动一般是组织在创造机会为自己做宣传,通俗地说,就是没有机会则创造机会、有机会则充分利用机会,自己搭台,大家唱戏,这充分体现了公关活动推广的主动性。

（二）纪念日庆典

纪念日庆典是组织利用社会上或本行业、本组织的具有纪念意义的日期开展的品牌推广活动。可供组织举办纪念日庆典的日期和时间有很多,如历史上的重要事件发生纪念日、本行业重大事件纪念日、社会名流和著名人士的诞辰或逝世纪念日等。组织的周年纪念日、逢五逢十的纪念日及取得重大成就的纪念日更是举办纪念日庆典的极好时机。通过举办这样的活动可以传播组织的经营理念、经营哲学和价值观念,使社会公众了解、熟悉进而支持本组织。因此,举办纪念日庆典实际上也是在做一次极好的公关广告。

（三）典礼仪式庆典

典礼仪式庆典包括各种典礼和仪式活动,如开幕典礼、开业典礼、项目竣工典礼、毕业典礼、颁奖典礼、就职仪式、授勋仪式、签字仪式、捐赠仪式等。在实际工作中,典礼仪式庆典的形式多样,并无统一的模式。有的仪式非常简单,如某个企业办公楼的开工典礼,放一挂鞭炮、企业老总喊一声"开工",仪式便宣告结束；有的仪式非常隆重、庄严,如英国国王登基、国外皇室婚礼及葬礼等。

庆典活动既是组织面向社会和公众展现自身的机会,也是对自身的领导和组织能力、社交水平及文化素养的检验。因此,在举办庆典活动时,公关人员应做到准备充分,热情接待,头脑冷静,指挥有序。

三、技能点：庆典活动推广的流程

（一）前期准备工作

庆典活动的前期准备工作如下。

（1）成立庆典筹委会。用于专门策划并落实庆典工作。

（2）确定庆典活动主题。围绕主题进行精心策划，如提炼宣传口号、写出活动方案等。

（3）进行宣传铺垫。确定宣传内容，制作并发放海报、宣传品，适当做广告、送请柬等。

（4）拟定出席庆典活动的宾客名单。一般包括政府代表、社区代表、知名人士、社团代表、同行代表、员工代表、公众代表和新闻界人士。要提前将请柬送到宾客手中。

（5）拟定庆典程序。一般有签到、宣布庆典开始、宣布来宾名单、致贺词、致答词、剪彩等。

（6）事先确定致贺词人名单、致答词人名单，并为本单位负责人撰写答词。贺词、答词都应言简意赅，起到沟通感情、增进友谊的目的。

（7）确定关键仪式人员。剪彩、揭牌、挂牌等仪式，除本单位负责人外，还应有德高望重的知名人士共同参加。

（8）安排各项接待事宜。应事先确定签到、接待、剪彩（或揭牌）、放鞭炮、摄影、录像、扩音等有关工作的礼仪服务人员，这些人员应在庆典前到达指定岗位。

（9）安排必要的余兴节目和堂会。可以在庆典中安排如锣鼓、鞭炮礼花、舞狮耍龙、乐队伴奏、民间舞蹈、歌舞节目等，还可以邀请来宾为本组织题词，以便留下永久纪念。

（二）庆典活动流程设计

庆典活动流程设计如下。

（1）签到迎宾。

（2）主持人开场白，介绍庆典情况及到场嘉宾等。

（3）升国旗唱国歌。

（4）鸣鞭炮、敲锣鼓，放彩带、飞鸽、气球等。

（5）剪彩、揭牌、授奖、签字等。

（6）致辞。宾主分别致贺词和致答词。

（7）安排助兴节目。

（8）礼成，合影留念等。

（9）庆典结束后，可组织来宾参观本组织有纪念性的展馆、殿堂及建筑设施、陈列的商品等，增加宣传组织、传播信息的机会。

（10）通过座谈、留言等活动形式广泛征求意见，并综合整理，总结经验。

（11）适当安排并宴请来宾。
（12）清理、整理现场。
一般的庆典活动推广的流程大致如此，当然，企业应根据自身实际情况进行策划与设计。

（三）后期总结阶段

（1）评估庆典活动目标达成情况，包括统计媒体报道次数及影响力，统计庆典活动影响人群及覆盖率，统计产品的销量及市场占有率等。
（2）收集、整理各项资料并归档。
（3）总结经验与教训，为下一次庆典活动成功开展提供借鉴。

四、技能点：庆典活动推广的注意事项

庆典活动推广既是组织面向社会和公众展现自身的机会，也是对自身的领导和组织能力、社交水平及文化素养的检验。因此，举办庆典活动时，公关人员应做到准备充分，接待热情，头脑冷静，指挥有序。一般说来，庆典活动推广应注意以下事项。

（1）邀请嘉宾时要注意：精心选择嘉宾并发出邀请，邀请与组织有关的政府领导、行政上级、知名人士、社区公众代表、同行组织代表、组织内部员工和记者等参加时，务必提前发出邀请，特别是应亲自上门邀请重要来宾。
（2）在安排庆典活动程序时要注意：要合理安排庆典活动的程序，包括主持人宣布活动开始、剪彩和参观、重要来宾致辞或讲话、交流的机会（如座谈、宴请）等。
（3）在接待嘉宾时要注意：庆典活动开始前应做好一切接待准备工作，包括接待和服务人员的安排、活动开始前有关人员应各就各位。
（4）在安排物资准备和后勤、保安等时要注意：检查庆典活动的现场音响设备、音像设备、文具、电源等是否完好，检查彩绸带、鞭炮、锣鼓等特殊设备是否准备妥当，赠送的礼品应与活动有关或带有企业标识。
（5）在活动实施过程时要注意：要成立临时工作小组或庆典活动临时指挥部和临时秘书处，负责活动实施过程中的指挥与决策及辅助决策、综合协调、沟通信息。
（6）在确定活动目标时要注意：要确定向社会宣传相关信息，要扩大知名度、提高美誉度、树立良好的企业形象等。
（7）在活动开展时间上要注意：要选择合适的时间段，充分考虑天气预报、营业场所的建设情况、主要嘉宾和领导能够参加的时间等因素。
（8）在确定活动场地时要注意：尽量选择在企业经营所在地、目标公众所在地租用大型会议场所，并考虑场地是否够用、场内空间与场外空间的比例是否合适。
（9）在活动现场装饰方面要注意：装饰要得体，要使用彩带、气球、标语等烘托喜庆与热烈气氛，可为来宾尤其是贵宾铺设红色地毯。

品牌策划与推广

（10）在安全保障方面要注意：在庆祝活动中，无论是在家中还是在户外，都要注意安全，避免使用易燃易爆物品，确保电线电器安全，防止火灾等意外事故的发生。

通过综合考虑上述各注意事项，可以确保庆典活动推广的顺利进行并取得成功。

【案例赏析】世纪列车——北京大学百年校庆活动

技能训练

"花西子"品牌诞生于中国杭州，是一个以"东方彩妆，以花养妆"为理念的彩妆品牌。"花西子"品牌针对东方女性的肤质特点与妆容需求，以花卉精华与中草药提取物为核心成分，运用现代彩妆研发制造工艺，打造健康、养肤、适合东方女性使用的彩妆产品。2022年，入选艾媒金榜（iiMedia Ranking）发布的《2022年中国国产粉底液品牌排行榜Top15》。为了向社会各界展示其良好的品牌形象，提高"花西子"品牌的知名度和美誉度，"花西子"品牌拟决定开展五周年庆典活动。请你帮助"花西子"品牌策划五周年庆典活动，并撰写"'花西子'品牌五周年庆典公关活动策划方案"，制作PPT并进行汇报展示。

技能训练考核评分表

	评分项目	分值	得分
素质目标	传播推广意识、操作技能等完成情况	20	
知识与技能目标	1.品牌庆典活动推广内容和方法的掌握及运用情况	15	
	2.庆典活动策划方案科学、可行，PPT制作美观、结构合理等	30	
	3.汇报展示中同学们的仪表仪态、口头表达等表现情况	20	
	4.小组分工明确、团结协作等完成情况	15	
总分		100	

知识检测

一、名词解释

庆典活动

二、简答题

1. 庆典活动的基本类型有哪些？
2. 庆典活动推广应注意哪些事项？

任务三 赞助活动推广

知识目标
- 掌握赞助活动的概念、作用、类型等。

能力目标
- 能根据企业实际情况与需要策划和开展赞助活动。

思维导图

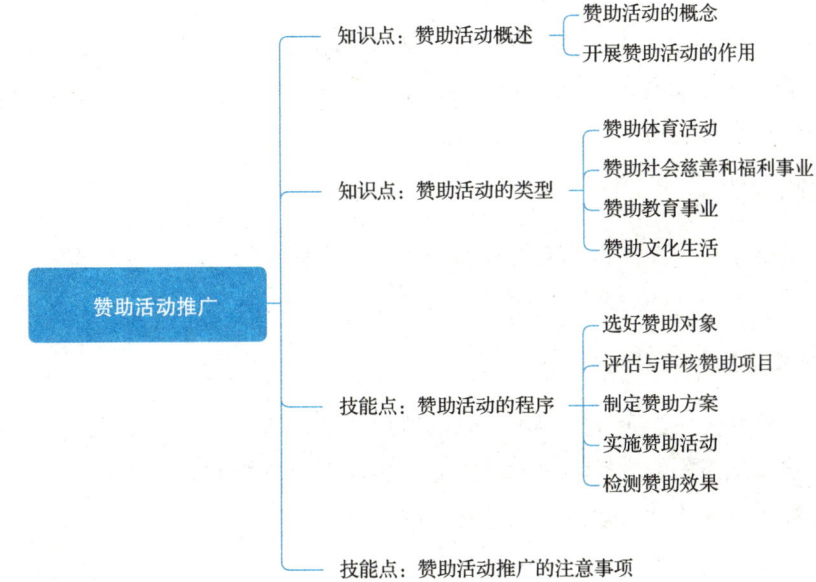

```
                    ┌─ 知识点：赞助活动概述 ─┬─ 赞助活动的概念
                    │                      └─ 开展赞助活动的作用
                    │
                    │                      ┌─ 赞助体育活动
                    ├─ 知识点：赞助活动的类型 ─┼─ 赞助社会慈善和福利事业
                    │                      ├─ 赞助教育事业
                    │                      └─ 赞助文化生活
   赞助活动推广 ─────┤
                    │                      ┌─ 选好赞助对象
                    │                      ├─ 评估与审核赞助项目
                    ├─ 技能点：赞助活动的程序 ─┼─ 制定赞助方案
                    │                      ├─ 实施赞助活动
                    │                      └─ 检测赞助效果
                    │
                    └─ 技能点：赞助活动推广的注意事项
```

【微视频】品牌赞助活动推广

知识与技能导航

一、知识点：赞助活动概述

（一）赞助活动的概念

赞助活动是指组织通过无偿地提供资金或物质对各种社会公益事业做出贡献，以提高社会声誉，树立良好社会形象的公关专题活动。赞助活动是推广企业品牌最常见、最重要的形式之一，它既可以为社会公益事业的顺利进行提供保障，同时又可以为各类企业品牌的不断发展创造和谐的社会环境。因此，越来越多的营利性组织纷纷以自己收益的一部分回馈社会公益事业，以表示它们乐于承担一定的社会责任和义务。

（二）开展赞助活动的作用

开展赞助活动的作用有以下几点。

1. 为企业赢得良好声誉

企业通过对某些社会福利事业、社会慈善事业、社会公益活动进行赞助，可以在公众心目中留下关心社会、致力于公益事业的美好印象，会受到社会舆论的好评，从而为企业赢得良好声誉。

2. 提升企业的社会影响力

企业在对公益事业尤其是对体育比赛、文娱活动的赞助过程中，其名称和产品的商标等都会频繁出现在新闻媒体的广泛报道之中，进而形成广告攻势，会使本企业的知名度大大提高，社会影响力也会进一步提升。

3. 赢得公众的好感

开展赞助活动首先能使企业赢得与赞助项目直接相关的组织与公众的好感，同时也能使企业赢得其他公众的好感，从而产生口碑效应。

4. 提高企业的社会效益

开展赞助活动之后，企业赢得了公众的普遍好感，知名度与美誉度提高了，整体形象也好了。这些虽然不能直接转化为经济效益，却为企业的生存、发展创造了良好的外部环境，提高了企业的社会效益。

二、知识点：赞助活动的类型

赞助活动主要有以下几种类型。

（一）赞助体育活动

由于体育活动是媒体热衷报道的对象，而且拥有众多的观众，对公众的吸引力大，因此，组织常常赞助体育活动，以提高对公众施加影响力的广度和深度。赞助体育活动常见的形式有：赞助体育训练经费或物品、赞助体育竞赛活动、设立体育竞赛奖励项目等。

（二）赞助社会慈善和福利事业

为各种需要社会救助的人（如孤寡老人、残疾病人、福利院儿童等）提供物质、经费帮助，开展服务活动，以及济贫、捐助灾民，既是组织向社会表明履行社会义务的重要手段之一，又是组织改善与社区关系、政府关系的重要途径之一。

（三）赞助教育事业

教育是立国之本，发展教育事业是一个国家的基本战略方针。组织自觉地赞助教育事业，比如捐资建立图书馆与实验室，设立某项奖学金制度、资助贫困学生、捐资希望工程等，既可以促进学校教育事业的发展，又可以为组织树立一种关心教育事业的良好形象。

（四）赞助文化生活

文化生活是公众社会生活的主要内容之一。组织积极赞助文化生活不仅可以增进组织与公众的深厚感情，而且可以提高组织的文化品位和知名度。赞助文化生活的方式主要有：赞助拍摄与组织有关的影视片、资助文艺演出队伍、赞助文化演出活动等。

组织还可以赞助科研学术活动、各种竞赛奖励活动、环保事业、其他赞助活动，比如制作宣传用品、旅游地图、日历等。

三、技能点：赞助活动的程序

一般情况下，赞助活动能够在公众中形成良好的口碑。但是，在这里要提醒公关人员注意，赞助活动的公关效果不一定与赞助金额成正比，其中的奥妙就在于如何做到巧妙地赞助。

（一）选好赞助对象

首先，要考虑赞助活动能否很自然地使公众将其与本组织联想在一起，能否对本组织产生有利的影响。

其次，要考虑赞助活动的社会影响，如媒体报道的可能性、报道频率和报道的广泛性，受益人是谁，受影响的公众的分布情况，影响的持久程度，活动本身能否引起人们的注意，能否产生"轰动效应"等。

第三，要考虑本组织在活动中与公众见面和直接沟通的机会有多少，还要考虑赞助费用的多少和赞助的形式。

第四，应考察赞助活动对本单位的产品销售有无赞助价值。如果发现值得赞助，便可着手落实赞助。

（二）评估与审核赞助项目

这一步主要是针对具体的赞助项目进行的，对每一项具体的赞助项目，赞助机构都应进行分析研究。首先对赞助项目进行总体评估，检查是否符合赞助方向，对赞助效果进行质和量的评估。审核则是结合计划进行的，组织每进行一次具体的赞助活动，都应有组织的高层领导或赞助委员会对其提案和计划逐项地进行审核评定，确定其可行性、具体的赞助方式、金额和时机。

（三）制定赞助方案

组织要在赞助研究的基础上制定赞助方案。赞助方案是赞助研究的具体化，因此赞助方案的内容应该具体、翔实。对赞助的目的、对象、形式、费用预算、具体实施方案等都应有所计划，并控制范围，防止赞助规模超出组织的承受能力，尤其是要设计好赞助活动流程。

一般来说，赞助活动流程如图 6-2 所示。

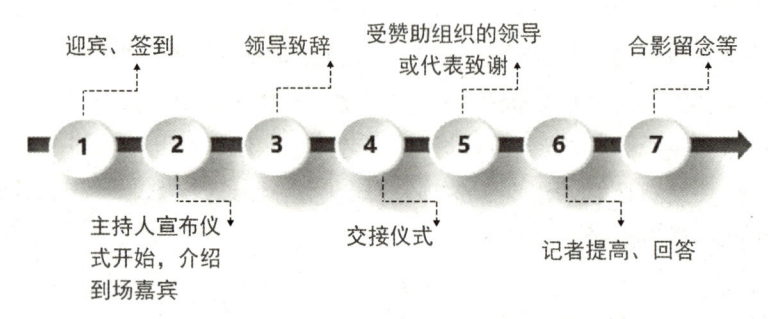

1. 主持人宣布仪式开始，介绍到场嘉宾
2. 迎宾、签到
3. 领导致辞
4. 交接仪式
5. 受赞助组织的领导或代表致谢
6. 记者提高、回答
7. 合影留念等

图 6-2　赞助活动流程

一般来说，赞助活动流程设计大致如此，企业可以根据自身的实际情况和需要对上述流程进行调整。

（四）实施赞助活动

组织要派出专门的公关人员去实施赞助活动。在实施过程中，公关人员要充分利用有效的公共关系技巧尽可能扩大赞助活动的社会影响；同时，应采用广告和新闻传播等手段辅助赞助活动，使赞助活动的效益达到最佳，争取赞助成功。

（五）检测赞助效果

赞助活动结束后，组织应该对照计划检测赞助效果。赞助效果应由组织自身和专家共同评测，尽可能做到符合客观实际。检测过程包括检查、收集各个方面对此次赞助的看法、评论，分析赞助活动是否达到预定目的，还有哪些不足，对于活动不理想的地方应该找出原因，并把这些写成总结报告并存档，为以后的赞助活动提供参考。

四、技能点：赞助活动推广的注意事项

作为一种投资行为和宣传方式，组织的赞助活动具有较强的政策性与技巧性，在推广时必须注意以下具体事项。

（1）赞助活动必须着眼于社会效益，以获得公众的普遍好感。一般来说，组织要优先赞助社会慈善事业、福利事业、公共市政建设和文化教育活动。

（2）赞助活动必须符合法律和规范。这一点主要有两个方面的含义。第一，赞助的对象要合法，组织要认真研究和确认被赞助的组织、个人或社会活动本身是否具有良好

的社会声誉,是否具有积极广泛的社会影响,以保证赞助活动取得良好的社会效益。否则就会使公众产生"助纣为虐"的感觉,不仅不利于实现赞助活动的目的,反而可能损害组织形象。第二,赞助的方式要合法,即严格遵守政策和法律。违背政策和法律,利用赞助活动搞不正之风也会破坏组织的形象。

(3)赞助活动应当量力而行,不能凭一时冲动感情用事。赞助经费必须在组织能够承受的范围之内。每年列出赞助总额预算,在预算范围内进行赞助。

(4)学会品鉴赞助对象。目前,社会上拉赞助的人或组织非常多,鱼目混珠,企业应加以仔细品鉴。对于各种明显不能满足企业要求的拉赞助者,企业应当坦率而诚恳地解释组织的有关政策,不应屈服于威胁或利诱。必要时可以诉诸社会舆论和法律,以保障组织的合法权益。

(5)要注意留存一部分机动款项,作为遇到临时、重大活动时的备用款。

赞助活动属于信誉投资,通过为公益事业捐款捐物等形式培养公众与企业的良好感情。常见的赞助活动除了前文介绍的几种,还有赞助科研学术活动、赞助各种竞赛奖励活动、宣传品制作赞助等。

【案例赏析】海尔全力赞助深圳佳兆业

技能训练

湖南省戴永红商业连锁有限公司始创于2017年,经过多年的发展,现已成为一家集连锁服务、仓储物流和农产品加工于一体的民营企业。该企业是湖南化工职业技术学院校企合作企业,现为帮助2021年级贫困学子,将于××××年9月10日教师节举行"戴永红情系贫困学子"赞助活动。请帮助该企业设计策划赞助活动,并撰写××××年"戴永红情系贫困学子"赞助活动策划方案,制作PPT并进行汇报展示。

技能训练考核评分表

	评分项目	分值	得分
素质目标	传播推广意识、品牌意识、形象意识等完成情况	20	
知识与技能目标	1. 赞助活动内容和技巧的掌握及运用情况	15	
	2. 赞助活动策划方案科学、可行,PPT制作美观、结构合理等	30	
	3. 汇报展示中同学们的仪表仪态、口头表达等表现情况	20	
	4. 小组分工明确、团结协作等完成情况	15	
总分		100	

品牌策划与推广

知识检测

一、多项选择题

1. 赞助活动有（　　）的意义与作用。
   A. 为企业赢得良好声誉　　　　　B. 提升企业的社会影响力
   C. 赢得公众的好感　　　　　　　D. 提高企业的社会效益
2. 赞助活动的类型有（　　）。
   A. 赞助体育活动　　　　　　　　B. 赞助社会慈善和福利事业
   C. 赞助教育事业　　　　　　　　D. 赞助文化生活
   E. 赞助科研学术活动　　　　　　F. 赞助各种竞赛奖励活动

二、简答题

1. 赞助活动推广应注意哪些事项？
2. 简述开展赞助活动的程序？

任务四　展览活动推广

知识目标

- 掌握展览活动的概念、特点、类型等。

能力目标

- 能根据企业实际情况与需要策划、开展展览活动。

思维导图

展览活动推广
- 知识点：展览活动概述
- 知识点：展览活动的类型
- 技能点：展览活动推广的策划要求
  - 展览活动前期策划
  - 展览活动实施策划
  - 展览活动后期总结
- 技能点：展览活动推广的注意事项

> 知识与技能导航

一、知识点：展览活动概述

展览活动也叫展览会（Traditional Exhibition），是一种综合运用各种媒体、媒介推广产品、宣传组织形象和建立良好公共关系的大型公关专题活动，具有如下突出特点。

（1）生动直观，能给公众留下深刻印象。

（2）具有一定的知识性和趣味性，能广泛吸引公众参加。

（3）便于新闻媒体采访报道。

（4）在展览会展地能充分与公众进行双向交流。

二、知识点：展览活动的类型

展览活动是由一个或者若干个单位举办，具有相应资格的若干位经营者参加，在固定场所和一定期限内用展销的形式，以现货或者订货的方式销售商品的集中交易活动。我们根据不同标准对其进行分类。

（1）根据展出的商品种类，可分为单一商品展览会和混合商品展览会。

（2）根据展览会的性质，可分为贸易展览会和宣传展览会。

（3）根据举办的地点，可分为室内展览会、露天展览会、流动展览会。

（4）根据展览会的规模，可分为大型展览会和小型展览会。

（5）根据展出时间，可分为长期展览会或固定形式展览会（如故宫博物院）、定期更换部分内容的展览会（如武汉展览会）、一次性展览会。

（6）根据展览会的内容，可分为以下几种形式：

① 专业展览会，如汽车、服装、家具展览会等；

② 购买周展览会，利用各大商店的橱窗、柜台进行展览，时间为一个星期；

③ 内部展览会，就是在组织所在地或租借场地举办以其发展历史为主题的展览会；

④ 国外展览会，即政府或社会组织在国外举办的商品展销会或国际性商品展览会。

三、技能点：展览活动推广的策划要求

（一）展览活动前期策划

展览活动前期策划的内容如下。

（1）确定主题、创意、卖点、形式（如大型展览会、小型展览会或专业展览会等）。

（2）预计商家数量、类型、活动内容、制定展览会流程。

（3）拟定展览会时间、地点。

（4）预估场地费用如场地租赁费、搭建管理费、保险费、场地保证金、水电费等。

（5）确定参展商参展费用，将活动信息告知论坛部、运营部、技术部等协助部门，设定参展商类别及参展商数量，确定场地、标展数量等。

（6）设计宣传、发布信息。

（7）物品准备，包括奖品、办公用品、文件（展览会流程、人员安排表、订单统计表、商家名录、报名表、物品清单、通讯录，等等），人员准备等。

（二）展览活动实施策划

展览活动实施策划的内容如下。

（1）现场协调，包括负责商家各项事宜，调解违规行为，跟进当天活动效果，估算商家人流量、订单量、成交比、商家利润等数据。

（2）签到引领。

（3）开展活动、发放奖励。

（4）现场咨询及秩序控制。

（5）赞助商协商控制。

（6）后勤保障协调。

（7）现场报道协调。

（8）活动结束清场。

（9）订单跟踪。

（三）展览活动后期总结

展览活动后期总结内容如下。

（1）订单信息统计。

（2）资料收集、整理归纳。

（3）总结分析、撰写报告。

（4）后期宣传。

（5）业绩汇总、资料归档。

四、技能点：展览活动推广的注意事项

展览活动是综合性的、多维的、立体式的传播活动。为了办好展览活动，企业需要精心组织，有关部门需要密切配合并准备必要的展览费用。公关部门责无旁贷地担负着组织者的角色，需要注意以下几个事项。

（1）确定展览活动的主题和目的。

（2）培训讲解及示范操作人员。培训内容包括：各项目、内容的专业基础知识；公关接待和公关礼仪方面的基本知识；各自的职责、各种可能发生的突发性事件的处理原

则和基本程序。

（3）成立专门对外发布新闻的机构。在展览活动期间，新闻发布室应自始至终开放，随时收集参观者及展览活动的有关信息，并与媒体保持密切联系。

（4）展览活动结束后，公关人员应注意收集媒体对展览活动的有关报道，总结经验教训，留档保存，作为下次举办展览活动的参考依据。

技能训练

为某服装企业产品策划展览活动

训练目的：要求学生了解并掌握展览活动的程序及相关技巧。

训练背景：某服装企业推出了一系列冬季新品，想举办一次服装展览活动，请帮助该企业策划展览活动，设计展览会开幕仪式活动流程，并模拟展览会开幕仪式。

训练要求：

（1）分小组进行，分别商讨展览活动策划方案。

（2）每组推荐两名代表上台分别介绍策划方案，演示 PPT。

（3）每组抽一名同学组成评分团，分别给各小组评分。

（4）最后由指导老师进行点评和总结。

技能训练考核评分表

	评分项目	分值	得分
素质目标	传播推广意识、形象意识等完成情况	20	
知识与技能目标	1. 展览活动内容和方法的掌握及运用情况	15	
	2. 展览活动策划方案科学、可行，PPT 制作美观、结构合理等	30	
	3. 汇报展示中同学们的仪表仪态、口头表达等表现情况	20	
	4. 小组分工明确、团结协作等完成情况	15	
	总分	100	

知识检测

一、单项选择题

1. （   ）的目的是大做广告推广，促进产品销售。

　　A. 贸易展览会　　　B. 宣传展览会　　　C. 室内展览会　　　D. 露天展览会

品牌策划与推广

2. 按展出的商品种类分，有单一商品展览会和（　　）。
　　A. 大型展览会　　B. 混合商品展览会　　C. 小型展览会　　D. 宣传展览会

二、简答题

一些企业在举办展览会时展销的产品大都是积压品、处理品，你如何看待这一现象？

任务五　开放参观活动推广

知识目标

- 掌握开放参观活动的概念、目的、作用等。

能力目标

- 能根据企业实际情况与需要策划、开展开放参观活动。

思维导图

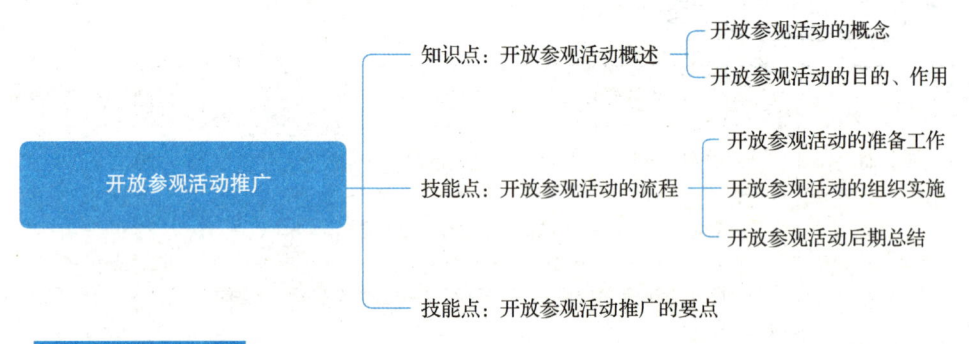

```
                        ┌─ 知识点：开放参观活动概述 ─┬─ 开放参观活动的概念
                        │                            └─ 开放参观活动的目的、作用
                        │                            ┌─ 开放参观活动的准备工作
开放参观活动推广 ───────┼─ 技能点：开放参观活动的流程 ─┼─ 开放参观活动的组织实施
                        │                            └─ 开放参观活动后期总结
                        └─ 技能点：开放参观活动推广的要点
```

知识与技能导航

一、知识点：开放参观活动概述

（一）开放参观活动的概念

开放参观活动是指企业为了让公众更好地了解自己或消除对本企业的某些误解，组织和邀请有关公众来本企业参观的一种专题活动。开放参观活动有时会收到意想不到的效果。

开放参观活动既要考虑参观者的代表性，又要重视特定的目标公众，同时也要考虑企业的承受能力。如果参观者像潮水般涌来，企业就可能疲于奔命和应付，因此企业要仔细选择和确定参观对象。开放参观活动的对象如下。

（1）目标公众，包括客户、经销商、消费者、原材料供应者、生产协作者、运输部门等。

（2）一般公众，包括社会团体、学校、文化单位、社会各界代表、职工家属、社区居民等。

（3）股东公众，包括股东、证券商、证券专家和从业人员、证券主管部门等。

（4）党政部门，包括各级党政部门、主管部门、上级部门等。

（5）其他相关部门，包括银行、金融机构、保险公司、新闻媒体、司法部门、环保部门等。

（6）社会名流，包括专家学者、明星、新闻人物等。

（7）国外投资者、外国客商、观光者、新闻人物。

（8）各类慈善组织和社会福利团体。

要使开放参观活动取得良好的公关效果，必须做好周密的组织工作。

（二）开放参观活动的目的、作用

开放参观活动的目的是提升企业的透明度，提高企业品牌的知名度，争取公众的理解和支持，表明企业是有利于社会和公众的，消除人们对企业的某些误解和疑虑，从而改善企业与社会的关系。

企业既要认识公众、了解公众、研究公众，同时也要让公众认识企业、了解企业的各项工作。如果只允许公众透过玻璃参观企业，让公众服从企业，而不去了解公众，不允许公众向企业提出建议，那么企业最终会失去公众，被社会淘汰。企业只有对外开放，才能充分与公众沟通，赢得公众的心。

开放参观活动的作用如下。

（1）提高企业的透明度。

（2）增加企业的"人情味"。

（3）为企业与公众直接沟通提供机会。

（4）形成一种压力，促进企业总体素质的提高。

（5）消除公众对企业的误解或疑虑。

二、技能点：开放参观活动的流程

（一）开放参观活动的准备工作

开放参观活动的准备工作如下。

（1）确定主题。任何一次的开放参观活动都应当确定一个主题，即确定想通过此次活动达到什么效果、目的，给观众留下什么印象。常见的主题有五个方面。

① 强调企业的优良技术水平及条件。

②展示企业的优良工作环境。

③展示企业的成就及对社会的贡献。

④展示企业的精神风貌。

⑤展示企业的现代化管理水平及优势。

(2) 选择开放时机。企业是不定期开放还是定期开放，要告示公众。定期开放的时间最好安排在特殊的日子里，如企业周年纪念日、工厂开工日、各种节日等。不定期开放应尽量避免在恶劣天气中进行。

(3) 制定参观活动方案，安排参观的路线与内容。

(4) 指定组织者。

(5) 做好宣传工作。

(二) 开放参观活动的组织实施

开放参观活动既是一种很好的公关活动，也是一项很繁杂的工作。在组织开放参观活动时，企业需要做好以下工作。

1. 开放参观活动的人员安排

从产生开放参观活动的构想起一直到活动结束，都应有高层主管人员参与其中。组织大型的开放参观活动最好成立一个专门的活动筹备委员会。委员会成员应包括企业领导、公关人员、行政和人事部门人员等。还要根据参观的不同目的选择不同的人参加，如果参观的目的是强调服务或产品，还要请销售部门人员参加。

2. 发放宣传材料

要想使开放参观活动获得成功，重要的是做好各种宣传工作，组织应准备一份简单易懂的说明书或宣传材料，发放给参观者。

3. 规划参观路线

组织要提前规划好参观路线，防止参观者越过参观所限范围，出现不必要的麻烦和事故。有些企业的主管人员往往担心开放参观活动会使某些秘密技术或某些制造过程的细节泄露，其实，只要参观路线规划得当、向导熟练，就可以防止这些事件发生。

4. 做好接待服务工作

组织应热情周到地做好接待工作，如安排合适的休息场所和备好茶水饮料；需要招待用餐的，也要事先做好安排；如果参观者中有儿童，更要特别小心，组织要准备点心、休息场所、必要的盥洗设备等，也可以送一些玩具；如果重要单位、人物来参观，那么企业主要负责人要亲自做好接待服务工作。

(1) 先给参观者放映介绍企业情况的幻灯片、录像片和电影资料等，分发说明书、宣传小册子，并请企业负责人讲话，帮助参观者了解企业的概况。

（2）引导并陪同参观者沿预定的参观路线参观，同时进行必要的解说，回答参观者的提问。

（3）时间较长的参观，要安排适当的休息环节。

（4）参观结束后，可与参观者座谈，最后分发纪念品。

（5）在参观过程中，如果参观者提出特殊要求，工作人员要先与有关管理人员或负责人商讨后再答复，以免妨碍正常工作或发生意外。

（三）开放参观活动后期总结

开放参观活动结束后，组织可视情况举行代表座谈会，以征求意见及建议，并向参观者致函道谢。

三、技能点：开放参观活动推广的要点

开放参观活动看似简单，实际上还是很繁杂的，组织得好与不好，差别、效果都是不同的。因此，企业的公关活动策划人员要认真做好各项开放参观活动的组织管理工作。具体而言，开放参观活动推广的要点主要包括以下几点。

（1）明确开放参观活动的目的和主题。任何开放参观活动都应有一个明确的主题，即这次开放参观活动要达到什么目的，要给参观者留下什么印象，比如联想的开放参观活动就是要给公众留下"世界的联想、科技的联想、创新的联想"的深刻印记，让人们更深入地了解"世界失去联想，将会怎样"的广告真谛。常见的主题有：企业拥有优良的工作环境，企业是社区的理想一员，企业具有持续不断的科技创新能力，企业是社会公益事业的积极倡导者、实践者等。

（2）确定邀请对象。开放参观活动的对象主要包括员工家属、逆意公众、新闻媒体、其他公众，如社区居民、学生等。

（3）确定参观时间。除政府要员的参观时间不能由企业安排外，其他公众的参观时间都可以由企业决定。开放参观活动既可以常年进行，也可以定期进行，比如公众只要提前一个星期即可约定参观联想、可口可乐、北京现代等企业的具体时间。开放参观活动也可以安排在一些特殊的日子，如企业的周年纪念日，逢年过节或大型工程开工日等。开放参观活动的安排还要考虑季节、气候、地理位置等因素的影响。北京现代等企业坐落于北京顺义区，距离城区较远，需要大型交通工具。参观时间应尽量避开公共节假日。

（4）做好接待工作。

【拓展阅读】了解农业发展！宝山区开展"政府开放日"参观活动

品牌策划与推广

【案例赏析】蒙牛工厂开放日

技能训练

唐人神集团是我国专注于生猪全产业链经营的农业产业化国家重点龙头企业。自成立以来，唐人神集团以"致力农家富裕、打造绿色食品、创造美好生活"为使命，培育了"骆驼""唐人神"和"美神"等多个品牌，打造了"生猪育种、饲料营养、健康养殖、生猪屠宰、肉品加工、品牌连锁、小凤唐餐饮"的生猪全产业链核心竞争力，在全国二十几个省份建立了一百多家子公司。创业几十年以来，唐人神集团深耕全产业链经营模式，构建了"生物饲料、健康养殖、品牌肉品、新兴板块、资本发展"五大产业，销售收入持续稳定增长。2011年，唐人神在深交所上市，是中国制造业500强、价值品牌500强，中国饲料和肉类行业前十强，2020年营收185亿元。当前，唐人神集团为了提升企业的透明度和知名度，争取公众的理解和支持，消除人们对肉制品的某些误解和疑虑，拟决定在3·15消费者权益日到来之际开展开放参观活动，请你帮助唐人神集团策划此次开放参观活动，并撰写唐人神集团开放参观活动策划方案，制作PPT并进行汇报展示。

技能训练考核评分表

	评分项目	分值	得分
素质目标	传播推广意识、品牌意识等完成情况	20	
知识与技能目标	1. 开放参观活动内容和技巧的掌握及运用情况	15	
	2. 开放参观活动策划方案科学、可行，PPT制作美观、结构合理等	30	
	3. 汇报展示中同学们的仪表仪态、口头表达等表现情况	20	
	4. 小组分工明确、团结协作等完成情况	15	
	总分	100	

知识检测

1. 开放参观活动的主要目的有哪些？
2. 开放参观活动推广的要点有哪些？

素质培养案例

案例材料：

中国国际自行车展览会延期举办

中国国际自行车展览会曾通过官方公众号发布了"关于2022年中国国际自行车展览会延期举办的通知"，通知全文如下。

尊敬的参展商、广大业界同人：

当前上海及全国多地爆发新一轮新冠肺炎疫情，防控形势严峻复杂。按照国家对新冠肺炎疫情防控的总体部署及上海当地防控的总体要求，切实保障广大参展商及行业同人的健康安全和参展观展效果，组委会研究决定：原定于2022年5月6日至5月9日在上海新国际博览中心举办的第31届中国国际自行车展览会将延期举办。为此，谨向大家深表歉意，希望得到您的理解与支持！同时，我们将密切关注新冠肺炎疫情变化情况，与有关部门进行沟通协商，另择良时举办本届中国展。

感谢大家一直以来对中国展的大力支持与帮助！让我们一起携手同行，共克时艰，成功举办一个更加美轮美奂的中国展！

中国国际自行车展览会组委会
2022 年 3 月 30 日

案例评析：

1. 展览活动是一种十分直观、形象生动的复印型传播方式的公关活动。展览活动生动直观，能给公众留下深刻印象；具有一定知识性和趣味性，能广泛吸引公众参加，能吸引媒体的注意力，是企业经常开展的公关活动。

2. 展览活动需要精心组织，开展展览活动要遵循国家方针、政策，要制定应急预案以防止特殊和紧急情况，要办理消防安全审批手续等。

案例感悟：

举行展览活动一定要遵守国家法律法规、方针政策等。品牌推广专员要有遵纪守法的意识。企业要积极开展展览活动，向公众塑造和展现企业良好的品牌形象。

项目七

品牌新媒体推广

案例导入

国货之光势不可当，鸿星尔克花样营销

鸿星尔克这一品牌相信大家都不陌生，多年前它更是凭借一句魔性广告语"鸿星尔克——TO BE No.1"成功"出圈"被大家熟知。

随着时代的发展，新媒体逐渐成为媒体主流，传统电视媒体的影响力逐渐降低，现在重新提起"鸿星尔克——TO BE No.1"这句熟悉的魔性广告语反而有种恍然隔世的感觉，就像鸿星尔克逐渐淡出大家视野一般。就在大家以为鸿星尔克可能像其他没落品牌一样逐渐淹没在众多品牌中的时候，鸿星尔克针对2021年河南郑州"7·20"特大暴雨灾害低调捐款价值5000万元物资！

就这样，鸿星尔克因为这一善举再次出现在了公众视野之中，这个善举感动了无数网友，在鸿星尔克微博下面的留言也是这样子的："感觉你都要倒闭了还捐这么多""买点营销吧，我都替你着急，怕你倒闭""破防了"等。感觉就像是一个自己家都快揭不开锅的人硬是挤出了一份粮食去帮助别人，事后很低调也没有大肆宣传一样。就是这种行为让不少网友很感动，纷纷跑去鸿星尔克的官方微博下表示支持，没想到居然连个会员也不是。

鸿星尔克的负责人说"宣传资源留给更需要关注的灾区"。既然"正主"不上心宣传，那千万名网友就帮他宣传。一时间，关于鸿星尔克的热搜冲上了微博热搜，官博互动从之前的冷冷清清到成为"顶流"。鸿星尔克的直播间甚至被网友挤爆，主播一直在倡导大家"理性消费"，却挡不住大家"野性消费"的热情。最终，一场直播单场观看数达到两百多万余次，获赞数达到两千多万个，销售额达到上百万元，冲上当日淘宝热搜主播榜第一。抖音的数据则更惊人，截至7月24日傍晚，鸿星尔克的抖音直播间在53小时内累计观看数达到1.48亿次，总销售额超过1亿元，总销量超过61万单。鸿星尔克的线下门店都被顾客挤爆了，顾客连模特身上的衣服都买走了。

鸿星尔克不仅在国内爆火，还登上了亚马逊新品榜第一！不仅如此，该榜单上第二和第四的名次也被鸿星尔克包揽。据了解，鸿星尔克在2017年的时候在海外就已经有一千多个销售点了，在全球的上百个国家拥有商标专有权。就在2021年"双11"期间，鸿星尔克受到海外消费者的热捧，销售额同比增长超过700%，极大限度地带动了福建运动产业的发展，出海销售额同比增长近50%。

鸿星尔克让大众看到了在流量中崛起的国货之光，也让海外消费者了解到中国品牌的实力。越来越多的中国品牌正在走向世界。

【思考】

问题1：新媒体背景下有哪些品牌推广方式？

问题2：品牌应该如何借助新媒体推广？

项目导学

学习任务	品牌新媒体推广	教学模式	任务驱动教学法
建议学时	6	教学地点	多媒体教室
项目描述	一个家电品牌公司想通过新媒体推广其新上市的产品，作为公司的营销人员，小李需要了解同行是如何通过新媒体推广产品的			
项目解读	任务一　品牌新媒体推广概述			
	任务二　品牌新媒体推广技巧			
学习目标	知识目标	了解新媒体的概念及特征； 熟知新媒体对品牌的意义； 掌握新媒体在品牌推广中的重要性； 掌握通过图文、短视频、直播等方式进行品牌推广的技巧		
	能力目标	能根据企业具体的营销目标选择合适的新媒体推广方式； 能选择合适的新媒体平台开展图文推广、短视频推广和直播推广		
	素质目标	培养团队合作精神，能够小组协调分工，共同完成任务； 具备法律意识，熟悉相关的法律法规及平台管理规范，规避敏感词； 树立正确的价值观，创作积极向上的品牌推广内容		

项目实施

任务一　品牌新媒体推广概述

知识目标

- 了解新媒体的概念及特征。
- 熟知新媒体对品牌的意义及新媒体在品牌推广中的应用价值。

品牌策划与推广

能力目标

- 掌握新产品网络推广的思路和方法。

思维导图

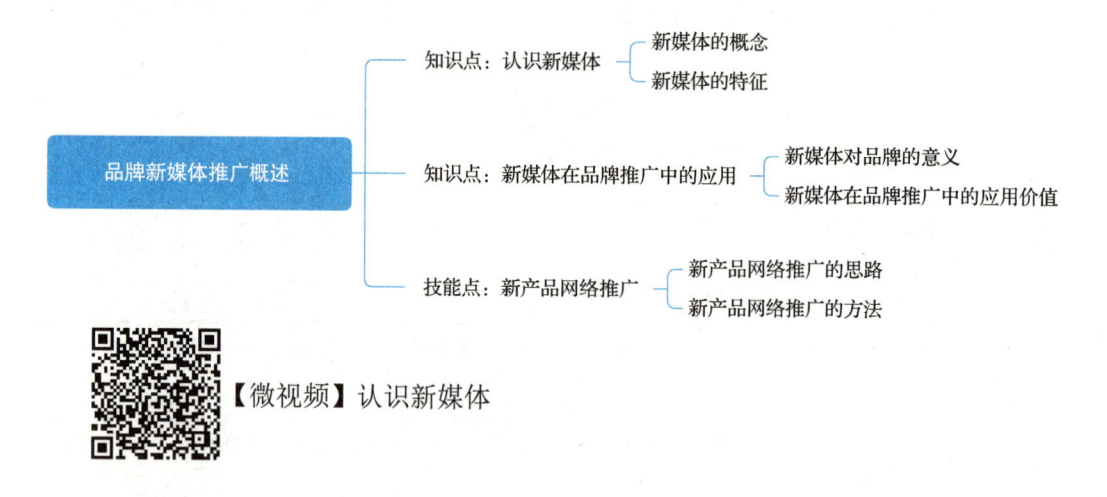

品牌新媒体推广概述
- 知识点：认识新媒体
  - 新媒体的概念
  - 新媒体的特征
- 知识点：新媒体在品牌推广中的应用
  - 新媒体对品牌的意义
  - 新媒体在品牌推广中的应用价值
- 技能点：新产品网络推广
  - 新产品网络推广的思路
  - 新产品网络推广的方法

【微视频】认识新媒体

知识与技能导航

一、知识点：认识新媒体

新媒体的快速发展不仅使人们的视线由传统媒体转向了新媒体，更改变了人们获取和传播信息的方式和习惯，对人们的生产、生活产生了深刻影响。同时，这也让不少品牌看到了蕴藏在其中的推广机会。传统媒体投放大户开始调整以前的营销推广策略和预算分配，纷纷转战新媒体，尝试和探索品牌新媒体推广模式。

（一）新媒体的概念

"新媒体"这个词的定义可以追溯至20世纪中叶，于1967年由美国哥伦比亚广播电视网技术研究所所长高尔德马克率先提出。之后，美国传播政策总统特别委员会主席罗斯托在向时任美国总统尼克松提交的报告中再次提及此概念。"新媒体"一词就这样在美国传播开来，并很快扩展到全球。

美国《连线》杂志将新媒体定义为"人对人的传播"，这个定义突破了传统媒体对传播者和受众两个角色进行严格划分的标准。在新媒体环境下，没有所谓的"听众""观众""读者""作者"，每个人既可以是接收者，也可以是传播者，信息的传播不再是单向的。可以说，《连线》杂志揭示了新媒体的互动性特征。

新媒体是一个发展的概念。科技不断进步，人们的需求也在不断变化，新媒体不会特指当前任何一个平台。在不同的时间段，新媒体的内涵有所不同。在互联网普及初期，新媒体以互联网为媒介、以网络新媒体为主流。随着人工智能、物联网、虚拟现实等新技术、新手段的不断涌现，我们又处于"万物皆媒"的新媒体时代，新媒体的内涵已经发生了较大变化。

综合以上观点，新媒体是指基于互联网技术等信息传播技术，以互动性为核心，以平台化为特色，以人性化为导向，能够传播多元复合信息的大众传播媒体。其与传统媒体的最大区别是，人人都可以是内容的生产者，也可以是内容的传播者。

（二）新媒体的特征

报纸是基于印刷术而出现的纸质媒体，广播是基于无线电传播技术而出现的声音媒体，电视是在通信和卫星传播技术基础上出现的视频媒体，新媒体则是在网络技术和智能终端基础上出现的一种新兴媒体。

每一种新媒体的出现都依赖于新的媒体技术，每一种新媒体都会表现出其所基于的媒体技术的特性。新媒体被形象地称为"第五媒体"，同报纸、杂志、广播、电视等传统媒体相比具有自己独特的传播特性。新媒体的特征主要表现为以下五个方面。

1. 传播主体多元化

传统媒体时代，报纸、广播、电视等大众传播媒介被受众使用的机会变少了，可能性降低了，通常是接收者单向地接收信息，传统媒体以传播者的形态自居。然而新媒体的出现打破了这种局面，人们不但可以在社交网络上获取各种信息，如微博用户可以通过关注社会热点等了解时下的热门话题，而且还可以在社交网络上发表自己的观点、想法，分享自己的感悟。人们不只是接收者，还是传播者。这使得传播者可以是传统媒体，也可以是普通人，传播主体变得更加多元化。

2. 及时互动和共享信息

伴随着新的媒体技术的推陈出新，人们获取和传播信息变得更加便利。一方面，人们可以用智能手机或平板电脑等智能终端在微博、微信等社交平台上快速获取各种信息，提高自己对社会环境的认知；另一方面，人们还可以通过新兴的社交网络直接对新闻发表个人观点，参与事件的讨论，行使公民的言论自由权利，而不再是传统媒体环境下单向信息的接收者，这是新媒体最大的特色。

3. 即时、实时、全时传播

新媒体以网络技术、数字技术及移动通信技术为依托，通过社交网络将亿万用户连接起来，使信息获取和传播得更加快速、便捷。人们可以通过新媒体随时随地获取信息，了解社会热点。同时，移动社交应用（如微博、微信、短视频平台等）更是可以支持人们将分享的内容第一时间发布出去，让信息直达受众，打破了传统媒体在时间上的限制，真正实现了麦克卢汉预言的"地球村"。

品牌策划与推广

4. 个性化信息服务

在传统媒体环境下，受众往往是匿名的、广泛的群体，传统媒体对受众进行单向的"同质化传播"，其传播的内容试图涵盖所有受众，受众的个人需求并未得到有效满足。然而，在新媒体时代，信息内容多样化使得受众的细分化趋势加强，受众的地位与个性日益凸显。新媒体能够为不同的受众群体提供多样化的内容，受众可以自主选择内容和服务。与此同时，网络市场上的公司、服务商也开始进一步对受众进行细分，向不同属性的群体提供不同的个性化产品或服务，为受众异质化传播提供了可能，提高了传播的专业性、精准度和有效性。在受众主导传播的局面下，受众有更大的选择权、更高的自由度。新媒体更加注重个性化信息服务，有利于满足受众的需求。

5. 海量信息及内容碎片化

新媒体的出现不仅扩大了传播主体，还刺激了海量信息的产生。每个人都可以使用各式各样的社交网络分享内容，信息的表现在形式上也更加丰富多样。新媒体能够集文字、图片、音频、视频等多种表现形式于一体，带给人们更加震撼的视听享受。

内容碎片化也可以称为"微内容"，它们并非整块的内容，而是被零碎地堆砌在一起，没有得到有效的整合。在新媒体时代，网络应用大致经历了由BBS（Bulletin Board System，网络论坛）到博客、QQ空间，然后到人人网，再到微博、微信的转变。受到社交网络演变的影响，人们在网络上发布的内容逐渐变得简短，呈现碎片化的特点，进而产生信息缺乏深度、逻辑性等问题，影响着新媒体时代受众阅读习惯的养成。内容碎片化折射出现代人生活的压力及其导致的媒介内容的浅薄化、娱乐化问题。传播主体的多元化、传播权利的全民化，使新媒体平台中各种各样的信息趋于海量化，呈现碎片化内容爆炸的状态。

二、知识点：新媒体在品牌推广中的应用

（一）新媒体对品牌的意义

社会的发展从"互联网+"向"万物+"转变，连接、开放、共享与智能化的互联网应用得到普及，数字化知识和信息成为企业关键生产要素，信息通信技术的有效使用成为企业提升效率和优化生产方式的重要推动力。新媒体作为重要的品牌运营管理工具，推动着品牌数字化、网络化、智能化的转型升级和快速发展。新媒体对品牌而言有以下四个方面的意义。

1. 新媒体推动产品和服务的创新

新媒体成为产品和服务的新要素，与企业各类创新资源互动协作，加速推动企业核心竞争力的形成。例如，为车联网、可穿戴设备、智能家居、扫码支付、自助点餐、远程教育等提供全新的消费体验，改变消费者生活方式，提高人们的生活品质。行业边界

日渐模糊，跨界融合态势更加明显。企业契合物联网的特点，围绕消费者体验不断迭代升级产品和服务，并形成全新的品牌价值体系。

例如，中影华腾（北京）影视文化有限公司组织了名为"五维记忆"的中国非遗创意秀，作品中包含了几十种非遗艺术元素，并邀请非遗项目的代表性传承人参与表演。作品将非遗艺术与传统舞台艺术、当代数字艺术融合，应用裸眼 3D 鸿鹄、VR 成像互动、气味传感、7.1 声场立体真声等数字技术，突破镜框式舞台局限，以 360 度沉浸式体验为主要特色，可以充分调动观众的视觉、听觉、触觉、嗅觉和运动觉等感官，让观众沉浸在声与光中无间隔地感受演出并参与互动。"五维记忆"中国非遗创意秀如图 7-1 所示。

图 7-1　"五维记忆"中国非遗创意秀

2. 新媒体拓宽品牌销售渠道

许多传统企业在深耕传统渠道的同时运用新媒体开拓拼购、社交电商等渠道，破解时空的消费限制，扩大消费人群的覆盖范围和市场空间。企业基于平台提供的信息服务内容完善和丰富线上销售方式，建立新的消费场景。例如，线下搭建以数字化、信息化、个性化为主要特征的新零售门店，改变传统门店有限商品容纳的空间、有限位置客流、有限服务能力的现状，运用新媒体，以虚拟商品陈列、自主收银、电子扫码支付、LBS 导购等方式将有限门店变成无限门店，重构消费者购物体验，营造虚拟空间感，增强消费过程的温度感、科技感、动态感，激发受众的情感共鸣和分享动力。

2018 年，阿里巴巴与星巴克达成新零售全面战略合作，星巴克依托阿里巴巴的新零售基础设施和数据技术打造新零售智慧门店。星巴克新零售智慧门店基于天猫新零售方案横向打通星巴克和阿里巴巴生态系统的多个数字化消费者运营平台，实现全域消费场景下会员注册、权益兑换和服务场景的互联互通，突破零售消费生活的时间和空间限制，为消费者提供一店式、个性化的升级体验。星巴克新零售智慧门店与星巴克星享俱乐部会员系统打通，消费者既可以在淘宝、天猫、支付宝、饿了么、盒马、口碑等阿里巴巴新零售生态里下单，也可以在星巴克自有 App 里下单，既能享受到跨平台的一站式服务，又能享受到"千人千面"的个性化定制体验。

3. 新媒体驱动品牌商业模式升级

企业发展的关键是处理好供给与需求、企业与企业、人与人、人与物、物与物之间的关系。企业通过新媒体连接各种商业渠道，促进企业内的人、物（如机器、设备、产品）、

品牌策划与推广

服务及企业间、企业与用户间互联互通、线上线下融合、资源与要素协作，构建高创新、高价值、高盈利的全新商业运作模式。结合企业内部的企业资源计划、运营及新媒体系统的大数据，在后台进行精细化管理，不断优化生产要素配置，提升企业的核心竞争力和品牌价值。

例如，"凯叔讲故事"是中国儿童内容领域的知名品牌，致力于打造"快乐、成长、穿越"的极致儿童内容。"凯叔讲故事"创始人凯叔是中央电视台前主持人、影视角色配音名家，曾为近千部知名电视剧和电影角色配音，2014年4月创办"凯叔讲故事"，旗下设置微信公众号和凯叔讲故事 App，微信公众号专注于育儿内容的原创和分享，包括与家长共享儿童心理、带娃妙招、亲子关系等内容。凯叔讲故事 App 如图 7-2 所示。

4. 新媒体转变品牌经营理念

过去的整个品牌运营管理过程经历了多个环节、多方参与，品牌与消费者之间的距离太远。现在，新媒体为企业全方位赋能，优化生产、组织和运营方式，拉近品牌与消费者的距离。企业通过新媒体不断收集、整理消费者数据，以用户为中心，把创新重点放在"如何吸引更多的消费者使用并留住他们"和"如何让现有消费者更频繁地去使用"这两个问题上，通过有效渠道吸引新用户，激发用户活跃度，鼓励用户与企业共创品牌。在新媒体环境下，企业创造的新概念、新业态通过科学系统的策略转化成消费新动能，给品牌创造了巨大的成长空间。

图 7-2　凯叔讲故事 App

传统品牌的分销模式是"工厂—总经销—分销商—商城超市—消费者"。主打"竹纤维本色纸巾"的品牌竹妃采用"O2O + F2C + 会员制"的运营模式，从工厂直接到消费者，省去了中间所有环节。购买竹妃纸巾的消费者向新的消费者推荐竹妃纸巾便可获得公司的推广回报，消费者升级为消费商并参与产品利润的分配。如图 7-3 所示。

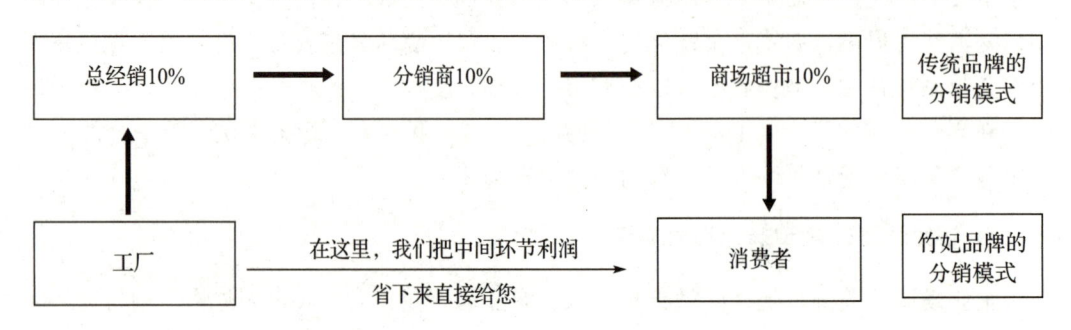

图 7-3　传统品牌和竹妃品牌的分销模式

（二）新媒体在品牌推广中的应用价值

在新媒体时代，曾经非常清晰的媒体边界变得模糊，多种力量进入新媒体行业，带来结构性震荡，产生了全新的新媒体产业版图。新媒体不仅打破了传媒业和通信业的界限，也打破了有线网、无线网、通信网、电视网的界限，新媒体兼容、融合了各种技术形态，改变了传播方式及整个媒体行业的结构。对于品牌主来说，随着社会经济环境的改变，消费者的观念、行为和趋势都发生了变化。传统品牌推广聚焦于用户端，通过广告推广品牌，实现销售转换和盈利。新媒体为品牌持续积累品牌资产，将内容生产、数据分析技术、AI 技术、物联网技术融为一体，为升级推广系统提供了充分的条件。品牌主可建立自媒体平台推广渠道，连接至新媒体开放平台。日常运营品牌推广的内容也可以与各类新媒体平台、渠道、服务组织机构和个人直接对接，实现品牌推广商务合作，充分利用其"流量池"优势，根据品牌定制化内容形成具有社交属性的场景，扩大品牌影响力。总之，新媒体使品牌与消费者之间产生多方位触点，全面提升了品牌推广的深度和广度。

新媒体在品牌推广中的应用价值主要体现在以下五个方面。

1. 新媒体推动传统品牌推广模式升级

在传统媒体时代，品牌主通过电视、报纸、广播、户外媒介传播品牌信息，形成自上而下的传播体系。由于媒介数量少，受众对品牌信息的获取度高，企业支付一定金额的推广费用后便可较快达到提高知名度的目的。在新媒体时代，各种平台、机构、组织数量激增，每秒钟内各媒介都能生成海量的信息，消费者获取信息的渠道纷繁复杂，信息接触行为呈现碎片化、浅层次、个性化的特点。品牌主在选择推广信息的平台、渠道及信息的创意内容、形式、手段时，均应遵循基本传播原理和商业运营规律，企业要以开放、前沿的思维创新推广模式，依靠优质内容吸引用户，在内容中注入社交活力，激活用户需求，提升品牌影响力。同时，品牌主应充分运用一切具有用户规模、网络链接的载体作为推广渠道，如共享单车、共享充电器等，将信息有效传给消费者。咨询公司、技术公司及互联网公司依托资本、技术和专业领域的实力为品牌主提供全域媒体整合推广服务，加速推广模式的升级换代。

2. 新媒体深化品牌推广策略

由于新媒体的平台、渠道、形式、手段的多样化，品牌主可以针对某一新媒体平台、平台上某一内容生产的组织或个人制定一套完整的品牌推广策略。对于具有其他功能和属性定位的平台、渠道及内容生产方，品牌主也可以通过商业合作以特定的形式和手段进行深度推广，提升品牌价值。

对于新媒体产业中的组织机构来说，内容和平台成为其生存与发展的重要影响因素。新媒体平台通过优质的硬件、软件体系将用户聚集在平台上，以逻辑性、创新性和价值性内容生成的产品运营模式和商业模式让用户对平台产生较强的依赖性，让用户与用户在平台上形成链接，并将用户转化为生产者，平台方便拥有了内容领域和商业领域的多

品牌策划与推广

重话语权,能够通过平台把握信息价值的分发话语权。作为内容分发地,平台决定内容的流向与流量,影响着自身的商业营利能力和所处的行业生态,为品牌主提供开放、定制化的推广策略,创造巨大的信息价值,推动品牌主商业变现。

3. 新媒体创新品牌推广内容形式

新媒体可以将文字、音频、画面、视频、多维度感官信息汇为一体,将技术、数据与创意结合。内容成为品牌推广的重中之重。广告即内容,内容即广告,内容成为打通各类新媒体渠道、吸引消费者注意力的载体,也是品牌主获取消费者心智资源的重要抓手。新媒体内容平台集合多方面信息资源,为品牌主生成即时的、无限的品牌创意内容,塑造品牌个性,说好品牌故事。

4. 新媒体丰富品牌推广渠道

新媒体与受众之间随时进行信息、观点、情感的交流、交锋、交融。从简单交互到深度参与,出现了微博、微信、短视频平台等几乎全部由用户提供内容的新媒体平台,新媒体与用户日益成为信息传播共同体、价值判断共同体、情感传递共同体。用户的数量、停留时长、参与程度代表新媒体对受众的聚拢吸附能力、社会动员能力和行为塑造能力,流量成为衡量新媒体平台传播力、引导力、影响力、公信力的一个关键指标。流量平台成为消费者接触品牌信息的渠道,社交属性增强,并帮助品牌主将线上与线下渠道打通,重新构建新渠道,形成品牌与消费者互动沟通的更多触点,实现"人(消费者)、货(产品或服务)、场(场景)"的结合。运用各种渠道上存留的消费者大数据进行精准用户画像,通过智能分发,可以让品牌主的信息高效地触达消费者,达到激发消费者兴趣、增进品牌认知、触发购买的多重目的。

5. 新媒体优化品牌推广效果测评方式

过去品牌推广中的广告投放通过中间商购买媒介资源,投放成本高、投放精准度不够。当下,品牌主在推广前通过大数据智能化分析评估各新媒体平台、渠道上的信息价值,进行精准投放。品牌主与消费者之间双向选择,广告推广信息不再是骚扰,而是有价值的信息。充分利用新媒体大数据,使用定向标签,精准定位潜在兴趣消费群,精准锁定品牌高价值人群。通过第三方和平台数据可以全链路查看广告的详尽转化数据,实现品效协同。推广后,智能系统生成多维度数据报表,为数据统计、策略优化调整及产品研发提供可靠依据,让品牌主每一分钱预算都体现出价值。持续性的数据积累既有利于提升新媒体在广告资源方面的综合交易能力,也能不断地为品牌主提供更加优化的推广方案。

三、技能点:新产品网络推广

在新产品推出阶段,产品的品牌知名度还不高,市场前期销售网络不完善,与客户的诚信需要逐步建立。正所谓"凡事预则立,不预则废"。我们在掌握产品网络推广的常用方法后，还需要根据新产品的特点做一个比较完善的新产品网络推广方案。下面以保健产品为例，看看如何进行新产品网络推广。

（一）新产品网络推广的思路

推广保健产品的目标客户群体是患有心脑血管疾病的中老年用户。如何引导目标客户群体去理解我们的新产品网络推广呢？一般我们需要进行三次搜索来引导客户选择产品。

（1）第一次搜索：产品推广切入点。客户根据自身需求进行第一次搜索，进行切身相关的疾病病理知识、疾病治疗方法、疾病日常饮食、疾病治疗药物等关键词的搜索。这时候就要根据推广产品特点做一个切入点的推广。通过各种网络平台结合客户的各种关键词的搜索结果发布企业的产品相关信息，让客户可以产生去理解我们的新产品的兴趣，从而促进客户对产品进行第二次搜索。

（2）第二次搜索：产品科普知识覆盖。新产品网络推广的是治疗心脑血管疾病的保健品。但是有很多客户并不清楚保健品作用于心脑血管疾病的治疗原理，而且网络上的相关资料不是很完善。对于一款新的产品，客户一般会进行第二次搜索，搜索该产品的治疗原理、是否科学可行。所以，我们还需要在网络上对产品科普知识进行覆盖，让客户在搜索产品的治疗原理时可以获得准确的信息。

（3）第三次搜索：产品口碑气氛营造。相信很多产品都有很多的同行业的竞争产品。客户在选择产品的时候往往更加在意产品的质量和其他客户对该产品的评价。在接触产品的时候，相信客户会进行第三次搜索，搜索产品是否值得信赖、产品是否有效果，等等。所以，企业要在网络上进行一次产品口碑气氛营造，让客户对企业的产品有信心。当然，宣传的产品必须是真真实实的好产品，是可以帮助到客户的产品。如果产品不好的话，产品口碑最终还是会烂掉的！

（二）新产品网络推广的方法

（1）百度平台推广。做国内的新产品网络推广首先推荐百度平台，百度给予自家产品的关键词的排名都挺高的，像百度百科、百度贴吧、百度文库、百度视频等产品。当然，如今百度的产品管理越来越严格，很多产品都需要经过人工审核和词条过滤，所以，做百度推广还要懂得技巧。

（2）博客/论坛推广。第三方博客，比如新浪微博、广点通、新浪扶翼、智汇推等的权重都是非常高的，收录效果非常好。企业需要建立几个人工维护的博客进行科普知识和产品口碑的宣传推广，还可以适当地使用群发软件发布产品信息来推广。做论坛推广，主要是针对产品在相关性较高的安康医药论坛与贴吧进行科普知识和产品口碑的宣传推广。

（3）软文推广。软文可以快速地使客户对产品产生信赖，并且能以文字和口头形式迅速传播产品口碑。如今有很多人认为做软文营销就是把文章写好并发布到各个相关的论坛和贴吧。其实，软文营销已经形成了一个产业，很多网上与线下媒体的合作和软文写手的逐年增多表明软文营销队伍正在逐渐壮大。

品牌策划与推广

【案例赏析】如何在新媒体营销领域成就自身

【微视频】品牌短视频推广平台

技能训练

以小组为单位收集身边某一熟悉的国货品牌开展新媒体推广的成功案例,并讨论分析、总结概括出该品牌是如何借助新媒体推广品牌的?有哪些吸引人们注意力的具体措施?推广效果如何?分组进行讨论并将讨论成果做成PPT进行展示。

技能训练考核评分表

	评分项目	分值	得分
素质目标	推广意识、品牌意识、法治意识等完成情况	20	
知识与技能目标	1. 新媒体推广内容和技巧的掌握及运用情况	15	
	2. PPT制作美观、结构合理等,对某品牌新媒体推广的具体措施分析有理有据,且有自己的观点	30	
	3. 汇报展示中同学们的仪表仪态、口头表达等表现情况	20	
	4. 小组分工明确、团结协作等完成情况	15	
	总分	100	

知识检测

一、单项选择题

1. 新媒体是指区别于报纸、杂志、广播、电视等传统媒体之外的媒体,这个概念是一个(   )的概念。

　　A. 时间　　　　B. 相对　　　　C. 变化　　　　D. 发展

2. 传统媒体是一种(   )传播。

　　A. 单向　　　　B. 双向　　　　C. 货币　　　　D. 服务

3. 新媒体的本质在于:人人都可以是内容的生产者,也可以是内容的(   )。

　　A. 观赏者　　　B. 传播者　　　C. 制造者　　　D. 复制

二、简答题

1. 什么是新媒体?
2. 新媒体对品牌推广有什么意义?

任务二　品牌新媒体推广技巧

知识目标

- 掌握图文推广的构思、内容编辑及步骤。
- 掌握短视频推广的技巧。
- 掌握直播推广的流程和技巧。

能力目标

- 能根据目标用户群体策划优质的图文内容。
- 能根据品牌推广目的与要求选择合适的短视频推广方式进行推广。
- 能根据新媒体平台特性开展直播推广。

思维导图

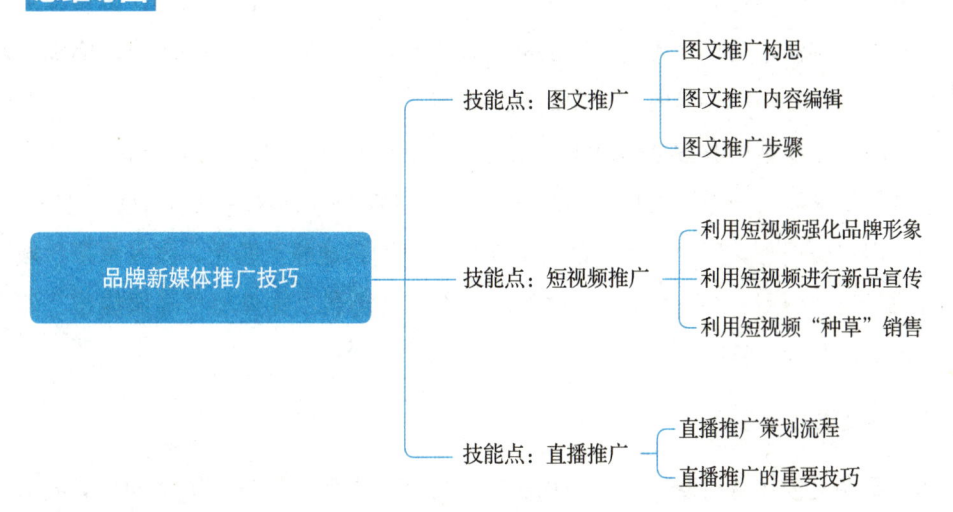

```
                    ┌─ 技能点：图文推广 ─┬─ 图文推广构思
                    │                   ├─ 图文推广内容编辑
                    │                   └─ 图文推广步骤
                    │
品牌新媒体推广技巧 ──┼─ 技能点：短视频推广 ─┬─ 利用短视频强化品牌形象
                    │                     ├─ 利用短视频进行新品宣传
                    │                     └─ 利用短视频"种草"销售
                    │
                    └─ 技能点：直播推广 ─┬─ 直播推广策划流程
                                        └─ 直播推广的重要技巧
```

知识与技能导航

一、技能点：图文推广

（一）图文推广构思

1. 明确推广目的

明确推广目的是图文推广的第一步。通常来说，图文推广主要有销售转化、品牌宣传、活动推广、用户服务、内容传播等目的。基于不同的推广目的，图文主要分为产品

品牌策划与推广

销售类图文、品牌宣传类图文、活动推广类图文。

产品销售类图文的核心目标是达成销售。这类图文通常要刺激目标用户产生消费需求，建立信任感，最终付诸购买行动。

品牌宣传类图文的核心目标是塑造品牌。这类图文通常要体现企业的品牌形象与企业文化内涵，所以图文要符合品牌格调，能引起目标用户的情感共鸣，加深目标用户对品牌的印象。

活动推广类图文的核心目标是吸引和留存目标用户。这类图文往往形式多样，交互性强，可适当运用语音、视频、表情包、问答等方式激发目标用户兴趣，提高用户留存率。

2. 分析目标用户

图文推广的目标用户不同，推广的内容和方法也会有所不同。正确的目标用户定位与分析能够让图文推广更加精准，更深入人心。

分析目标用户常用的方法是构建用户画像。通过用户画像，图文创作者可以清楚地了解目标用户群体、用户行为、用户的共同需求等。优秀的图文能将用户的痛点与共鸣点纳入内容创作之中，写出用户心中的真实需求。

构建用户画像常用的数据信息主要来自网站后台数据、实地调研分析、权威行业报告、第三方新媒体数据分析工具（如百度指数、百度搜索风云榜、西瓜数据、新榜等）。通过分析用户数据确定用户基本信息（如年龄、性别、地域、职业、收入水平、教育程度等），提炼出目标用户群体标签，进而补充细节与场景，完善用户画像描述，使目标用户分析更加科学、精准。

3. 图文选题策划

选题是图文创作者对图文内容的构思。进行图文选题策划时，图文创作者要考虑用户是否会产生共鸣，用户是否能够感受到图文传达的信息和情绪。通常来说，图文选题策划可以从以下三个角度切入。

（1）与目标用户关联度高的选题。不同的目标用户的关注点是不同的。例如，职场年轻人的关注点主要有进修、升职、理财等；母婴群体的关注点主要有辅食、早教、喂养等。选择与目标用户关联度高的选题往往能够引起用户的关注。所以，运用马斯洛需要层次论可以洞察不同目标群体的关注点。马斯洛需要层次论将人的需求从低到高依次分为五个层次。只有当一个人满足了较低的需要之后，才能出现比较高级的需要，如图7-4所示。

图 7-4 马斯洛需求层次论

依照马斯洛需要层次论进行选题能够更好地了解目标用户的需求，找准引爆点。例如，某职场领域自媒体策划了两个选题，一个是教你如何写出阅读量为 10 万的文章，另一个是教你如何在下班后通过写作赚到 10 万元。前者属于情感需要和自尊需要，后者属于安全需要，该公众号的用户是职场年轻人，安全需要大于情感需要和自尊需要。所以，后一个选题要比前一个更受欢迎。

（2）与近期社会热点关联度高的选题。除了要洞察目标用户的需求，我们还要关注社会热点，特别是那些低门槛、高共鸣、新观点、反常态的社会热点很容易引发用户情绪共鸣。例如，目前"95后""00后"青睐的流行文化（如"汉服文化"等）都可以成为热点选题。但是在借势社会热点的同时，我们还要注意深挖话题，实现用户信息增量，凸显品牌特征。

（3）与日常生活关联度高的选题。人们更关注和自身生活关联度高的事情，也更乐于阅读、讨论和传播。在自媒体时代，人人都是自媒体，用户生成内容应运而生，用户成为内容生产的合作者。比如某微信公众号经常发起话题讨论活动，从用户身上挖掘大量素材并整理成文，阅读量非常可观，更容易引发用户共鸣。

4. 图文素材收集

一个好的图文选题策划只是进行优质图文推广的第一步，接下来还需要积累相当多的图文素材。图文素材可以协助我们确定图文选题的角度和观点。

素材是图文的血肉，有了丰富的素材，图文内容才能给用户提供"价值感"。素材往往是生动具体的、有故事性的，但素材并不等同于故事。素材种类并不设限，能够丰富图文内容的都可以作为素材，比如独特新颖的观点、金句、段子或者书摘等。

图文创作者需要具有足够敏感的素材收集意识和广泛的素材收集渠道。一般来说，素材来源于自身经历、身边人经历、用户反馈、流量平台、专家或权威人物、引起广泛讨论的节目或影视剧、书籍等。

用户反馈是很好的素材来源。素材来自用户，反映的是用户本身的痛点，从中挖掘出的选题成为爆款的可能性很高。图文创作者可以多关注好奇心日报、新榜、知乎等用户意见聚集的平台，从中了解用户的真实想法；也可以多关注文章评论区、感人的故事或精辟的语句；还可以通过某个话题引导用户分析，将其直接整理成文或者专门做用户调研。

图文素材收集本质上就是"从量变到质变"的过程。图文创作者要对生活时刻保持敏感和兴奋感，发现并收集有新意的、有趣的或有话题的素材，养成随手记录素材的习惯，整理出一个自己的素材库，最好根据类型或主题分类素材，方便需要的时候快速查询。

5. 图文内容设计

有了好的选题和足够的素材，下一步就是图文内容设计。图文内容设计实际上是基于图文选题撰写一份图文内容设计大纲，为之后的正式写作理清思路，明确观点。

（1）图文内容设计的步骤如下。

① 基于选题和素材进行思维发散，把所有可写的观点罗列出来。

② 整理出这些观点之间的逻辑关系，进行适当的增减和修改。

③ 确定引领全文的核心观点，之后的子观点和案例都是为核心观点服务的。

④ 整理出完整的大纲（开头引入、中间子观点/案例、收尾），并进行相应描述。

（2）撰写图文内容设计大纲。优质的图文内容要求核心观点明确、整体逻辑清晰、素材指向观点。在图文内容设计上，特别要注意整体逻辑清晰。撰写图文内容设计大纲的目的是让用户更容易看懂，降低用户的阅读负担。

图文内容设计大纲通常采用金字塔结构，金字塔结构符合人们获取信息的原理。常见的金字塔结构有两种，如图7-5所示。

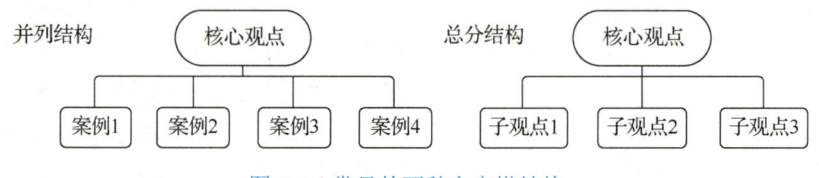

图7-5　常见的两种金字塔结构

一是并列结构，一篇文章有一个核心观点，开头引出核心观点，中间正文通过多个案例来支持核心观点，结尾总结升华。并列结构在情感故事类、热点类图文中比较常见。

二是总分结构，一篇文章有一个核心观点和多个子观点，一般在开头引出核心观点，通过多个子观点（3～4个）来支撑核心观点。总分结构在偏议论说服类的干货文、热点文、情感文中比较常见。例如，小米推出某款新品手机，核心观点是"性能怪兽"，通过3个子观点"骁龙835""5.15护眼屏""后置双摄"进行论证，每个子观点都有充足的素材支撑，图文创作者在此基础上进行细节补充，就可以写出一篇产品类图文了，如图7-6所示。

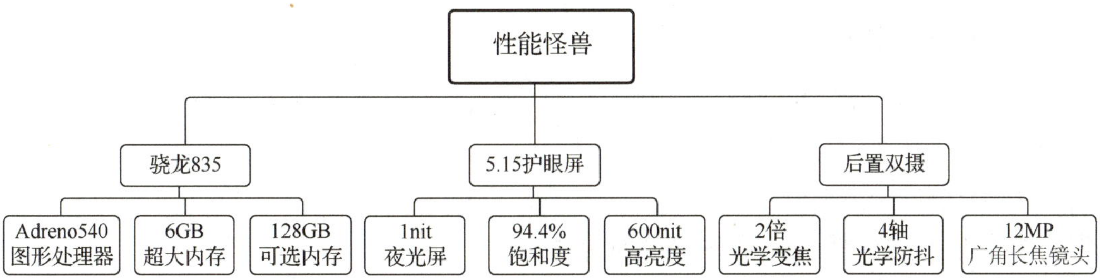

```
                        性能怪兽
          ┌───────────────┼───────────────┐
        骁龙835         5.15护眼屏        后置双摄
       ┌───┬───┐      ┌───┬───┐      ┌───┬───┐
   Adreno540 6GB 128GB  1nit 94.4% 600nit  2倍  4轴  12MP
   图形处理器 超大内存 可选内存 夜光屏 饱和度 高亮度 光学变焦 光学防抖 广角长焦镜头
```

图7-6　总分结构内容设计案例

（二）图文推广内容编辑

1. 拟定标题

好的标题可以在海量内容池里快速吸引用户注意力，引导用户点击阅读，并且利于筛选精准用户，提高图文内容的转化率。好的标题可以让同样内容的阅读量提升大约10倍，还可以满足用户第一眼的阅读需求。实际上，80%的用户只看标题，不看内容。标题是基于文章内容的总结提炼，即使用户没有阅读正文也能够根据标题快速知晓作者要表达的信息。拟定标题其实就是提炼文章精髓并与用户需求匹配的过程。

如何拟定一个好的标题呢？下面介绍五种拟定标题的通用技巧。

（1）与己相关。研究表明，人们更容易关注与己相关的内容。拟定标题应考虑用户身份，加入年龄、行业、地域、生活态度、消费文化等身份标签，呈现对用户有用的、有价值的内容并与用户相关，吸引用户注意力，比如标题《北京，有2000万人假装在生活》《北方人吃饺子图鉴》等。

（2）制造对比。对比即把两种或两种以上事物进行对照比较，使目标用户感受更加强烈。标题可以通过对比制造"冲突感"，特别是那些非常规的、超出人们认知的信息可以激发用户的阅读欲望，比如标题《他是快手"最没用网红"，却治好了300万人的焦虑》《停更"两微一抖"》等。

（3）引发用户好奇。标题中含有引发用户好奇的内容，可以有效吸引用户的注意力。例如，标题《多厉害，才可以在简历上写精通Excel？》《抖音粉丝7000万，papitube做对了什么？》（papitube为一家公司的名称）等。

（4）启动情感。标题要善于启动情感，引发用户情感共鸣。例如，标题《谢谢你爱我》等。

（5）关键词借势。大多数人会对知名人物、权威头衔、热点人物或事件等感兴趣，图文创作者可以借助这些关键词的势能提高标题的吸引力。例如，标题《爱因斯坦：什么是最好的教育》等。

需要注意的是，拟定标题还有一个重要原则就是要真实、准确，不要做"标题党"。"标题党"为博眼球往往断章取义、歪曲甚至捏造事实等，标题与正文内容不符，会严重削弱用户信任。

品牌策划与推广

2. 图文开头设计

如果说标题决定了用户是否会点开文章,那么图文开头决定了用户是否愿意继续往下阅读。图文开头具有承上启下的作用,一方面与标题呼应,另一方面引导用户往下阅读。移动互联网的出现改变了用户的阅读习惯,用户从以前的每行阅读发展到现在的每屏阅读。所以,能让用户读完前两屏的文章就是成功的。

一个成功的图文开头具有五个特点:符合用户预期、开门见山、与己相关、引发用户好奇、简明有力。基于这五个特点,下面介绍四种常见的图文开头设计技巧。

(1) 场景式开头。场景式开头是指开头描述场景,这个场景是大部分目标用户熟悉的,能引起用户情感共鸣,能直戳用户痛点或者打动人心。场景式开头能让用户产生代入感,提高开头吸引力。例如,奥美公司经典文案《我害怕阅读的人》的开头:"我害怕阅读的人。一跟他们谈话,我就像一个透明的人,苍白的脑袋无法隐藏。"

(2) 金句式开头。金句式开头是指开头对文章的核心观点进行高度概括,展现文章的重要性和价值,让用户觉得文章值得阅读。例如,文章《周润发:人活到极致,一定是素与简》的开头:"人活着有三个层次:第一个层次,活着。第二个层次,体面地活着。第三个层次,明白地活着。周润发活到了第三个层次。"

(3) 冲突式开头。通过制造反差,激发用户的猎奇心理,也是一个好的开头方法。例如,文章《我见过情商最低的行为,就是不停地讲道理》的开头:"最近,我对'情商'这个词有了新的理解——高情商的人,原来最不讲道理。"标题是"我见过情商最低的行为,就是不停地讲道理",文章开头却说"高情商的人,原来最不讲道理。"通过对比反差来激发用户的好奇心理,达到吸引用户注意力的目的。

(4) 故事式开头。开头讲故事的好处是让用户有代入感,阅读压力小,很容易就能读下去。例如,文章《职场里最值钱的,是你的时间》开头:"今天在办公室,一名实习编辑离职了,临走时和我说价值观不同。"

3. 图文正文设计

用户点开一篇图文可能是因为精彩的标题和图文开头,不过真正为用户创造价值、吸引用户的是图文正文。下面解读图文正文设计。

(1) 结构框架。正文撰写是重头戏,而重中之重则是结构框架。有效的结构框架是一篇图文的写作方向和重点大纲,可以让逻辑表达更加清晰,使用户更加信服和准确接收作者想要表达的内容。通常来说,新媒体图文常用的结构框架如下。

① 故事类图文结构:故事类图文常用"冲突、行动、结局"或"起承转合"的结构,将故事起因、经过、高潮、结果详细展现出来,增强内容张力,吸引用户阅读。

② 论述类图文结构:论述类图文常用金字塔结构,围绕观点进行"阐述、分析、解决、总结",构成总分结构,逻辑思路清晰明了,便于用户阅读和理解。

③ 营销类图文结构:营销类图文中也有比较固定的结构框架。例如,销售类图文开头设计用户熟悉的场景,提出用户痛点;正文层层递进,赢得用户信任;结尾设计价

格锚点或重复卖点，引导用户转化。品牌类图文具有重情感、利传播、有格调等特点，通常是让品牌人格化，或者借助节假日氛围突出品牌情感，或者借助社会热点吸引用户注意力，加深用户对品牌的认知。

（2）语言表达。正文撰写除了要注意结构框架，还需要注意语言表达。语言表达是正文的血肉，流畅恰当的语言表达能提升正文感染力，给用户带来良好的阅读体验。通常来说，图文创作者可以通过给正文做加法提高信息总量，给正文做减法使文章更加简洁，符合碎片化阅读场景。给正文做加减法的具体做法如下。

① 补充不该省略的信息：写作时，图文创作者要站在用户的角度去思考表达的信息是否方便用户理解。当表达的信息涉及陌生概念时，需要补上概念解释；需要补充背景信息时，要及时补充。

② 适当增加论点、案例：论证一个观点最好展开 3～5 个论点。增加论点维度不仅可以丰富文章信息，深化文章内容，还可以提升观点的可信度。论据最好使用两个以上的案例、评论性文字和数据组合，以丰富内容，用户也易于理解。

③ 聚焦主题、优化表达：重复的内容很容易导致用户产生厌烦情绪。例如，在写作时应该尽量避免相近的观点、同质的案例、用不同的措辞表达同样的意思，也要果断删除与主题无关的信息，通过精简，有时候可以把一篇 3000 字的文章删减到 1500 字。

4. 图文结尾设计

心理学上有个"峰终定律"，是指人们对体验的记忆产生于高峰时和结束时的感受。用户阅读图文的感受也是如此，一方面受到阅读过程中高峰体验的影响，另一方面受到结尾体验的影响。

图文写作的核心目标之一是通过内容引导用户做出作者期待的行为，而结尾就是用户行为的触发器。例如，对于一篇销售类图文来说，成功的结尾能够提高用户购买转化率；对于一篇情感类图文来说，成功的结尾能够触动用户情感，引发共鸣，并引导用户留言、点赞、分享、打赏等；对于一篇干货类图文来说，成功的结尾交付给用户更多价值，加深用户印象，引导用户关注、收藏。

通常来说，写好一个结尾有很多种方法。下面介绍四种常见的图文结尾设计。

（1）升华情绪式结尾。升华情绪式结尾通常会提炼一两个金句用来深化主旨、升华情绪，激发用户情绪共鸣。金句放在结尾的好处是用户可以直接复制转发，操作简单。

例如，文章《努力工作，就是年轻时最好的生活》的结尾："后来，我终于不再考虑这种问题了。因为，我从内心深处渴望更好的生活，渴望更不一样的视野和更强大的生存能力。所以，我心甘情愿选择：在精力最旺盛的青春里努力工作。"

（2）引发讨论式结尾。引发讨论式结尾通过制造话题引发讨论，促使用户思考。结尾为用户提供话题进行讨论就是为用户提供社交工具，更利于传播。

例如，文章《朋友圈 3 分钟治愈短片：余生不长，谢谢你来过》的结尾："2020 年，不论它是好是坏，都是你我共同经历的人生。2021 年，你会选择怎样的人生？2021 年，请回答。"

（3）观点总结式结尾。观点总结式结尾通过总结观念、梳理重点及深化主题再次强调文章价值，增强用户阅读的回报感、获得感，加深用户的印象，引导用户下一步行为。

例如，文章《任何成长，都离不开痛苦而持久的自律》的结尾："自律的人一生可以完成其他人几辈子都做不到的事情，他们的生活高效、轻松、时刻充满自信和掌控感，别人眼里的苦行僧拥有的却是人生终极的自由。"

（4）引用式结尾。引用名人名言做结尾更有说服力，用户更愿意相信，而且当你说不清楚一件事的时候，可以用名人名言背书，让用户从中受到启发。

例如，文章《未来十年，我们所认为的能力将荡然无存》的结尾："在结束之际，我还是想跟大家分享汤因比的这段话。他说，一个文明怎么能够延续几百年、上千年？对一次挑战做出了成功应战的具有创造性的少数人，必须经过一种精神上的重生，方能使自己有资格应对下一次、再下一次的挑战！希望我们一起能够经受时代和技术给我们带来的挑战！"

5. 图文诊断与修改

著名作家茅盾曾说，练习写作的秘诀是不怕修改。好的内容都是改出来的。图文初稿完成后，还需要反复修改，提高成稿效果。

修改图文初稿的原则是从整体到局部再到细节，逐字逐句，通篇打磨。如果要在不同的平台分发，还需要按照不同平台要求对结构、素材、标题、段落、语句等方面酌情进行调整，要注意遵守平台内容管理规范。此外，在互联网智能时代，图文创作者可以借助智能写作工具（如百度大脑智能创作平台）辅助图文写作、诊断内容问题和修改。

应该注意的是，在排版完成即将正式推送之前要仔细检查。细节决定成败，细节彰显态度。所以，要确保图文内容不出现低级错误，推送前的检查十分重要。下面列出一份图文推送前的检查清单，方便对照检查，如表 7-1 所示。

表 7-1　图文推送前的检查清单

序号	检查内容	检查结果
1	全文是否有错别字、病句	
2	是否精简了每一句话，删除了不必要的表述	
3	标题表达是否有误，是否符合正文内容	
4	封面图的预览效果是否理想	
5	排版是否协调、统一（字号、行距、空行、对齐）	
6	图片的版权及水印是否有误	
7	二维码是否可识别	
8	文章摘要是否合理	

（三）图文推广步骤

在信息大爆炸的时代，海量内容争抢用户，导致用户的时间越来越碎片化，获取用户关注也变得不容易。所以，完成图文推送并不意味着结束，还要积极运用营销策略进行图文推广，从而获取流量、沉淀用户，最终达到图文推广的目的。

1. 策划推广关键词

在新媒体时代，用户阅读习惯和信息获取渠道发生了巨大改变。通常来说，用户可以被动接收平台推荐信息，如接收微信公众号推送文章，也可以主动搜索，如在百度、微信等平台搜索需要的信息。

这里的推广关键词是指在图文推广中能够满足目标用户搜索需求的词。当用户搜索时输入的词与关键词足够相关，就会"触发"关键词，相关图文内容就会展现在用户面前。例如，某微信公众号图文选择"雅思英语"作为关键词，当用户在微信里搜索"雅思""雅思英语"时，搜索结果列表里就会展现相关图文内容。

因此，策划推广关键词，一方面便于平台上的机器算法识别和根据推广关键词将内容推荐给相关用户，增加图文曝光；另一方面便于用户在搜索引擎中快速查找，成为精准用户。策划推广关键词可分为关键词罗列、关键词选择、关键词布局三大步骤。

（1）关键词罗列是指把与图文内容相关的、能想到的关键词都罗列出来。关键词要语义明确，多用语义明确的实体词，也就是有实际意义的名词和动词，以便于机器算法识别和搜索。以今日头条平台为例，两个图文标题《老板如何设计工资体系，才能有效激励员工？这个模板非常实用》《启航中队的学生致敬最美"逆行者"》，前一个标题中机器算法可识别的词有"老板""工资""激励""员工""模板"，机器算法根据判断将图文推送给关注职场领域的用户，用户精准，推荐量和阅读量都很高。后一个标题中机器算法只能识别"学生"这一个词，"启航""中队""致敬"可用于多个领域，指代不明，机器算法无法做出准确判断，也就无法将其推送给精准用户，即使机器算法推荐量很高，阅读量也并不理想。

（2）关键词选择是指在选择关键词时可多参考近期热点事件。图文创作者借助自媒体平台自带的热词推荐、热点榜单或者第三方数据工具（如百度指数、微信指数等），了解用户关注的热点，结合热点确定热点关键词。如果标题中涵盖一到两个热点关键词，该标题就会被机器算法判断为热门标签，能够获得更高的推荐量。

（3）关键词布局是指将关键词合理布局在图文内容之中，特别是标题和开头。机器算法识别图文内容，对于关键词的判定原则是：高频词。机器算法会根据在文中多次出现的固定词汇提取标签，划分内容类别。例如，新媒体写作类图文，如果文中出现"新媒体""写作""新手""爆文"等高频词，机器算法容易识别和判断，就会将该图文推送给对新媒体写作感兴趣的用户。标题和开头是机器算法首先识别的部分，所以在标题和开头中尽量使用精准的关键词，有利于机器算法判断标签种类。

品牌策划与推广

2. 运营用户评论

互动是图文内容的延伸。优质的图文内容不仅能吸引用户阅读,还会烘托参与感,吸引用户评论。很多新媒体账号非常看重用户评论,将用户评论看作图文推广不可或缺的一个重要组成部分。运营良好的用户评论可以有效提升用户活跃度,获得用户的真实感受,与用户建立"情感桥梁",增强用户黏性,为之后的推广与转化做好用户沉淀。

新榜数据显示,在新榜排行榜上排名前500的微信公众号中,47%的评论发生在推文后1个小时内,而评论后超过半数会在10分钟内被回复。对于大部分自媒体账号来说,在推送图文后通常要回复用户评论,有时候这项工作是由专人负责的。如果单篇图文留言不多,基本做到一一回复;如果留言过多,会精选一部分有观点、有故事、具有可看性的留言进行回复。

用户评论区常见的回复方法主要有置顶评论引发讨论。图文创作者留言引导评论方向,解答用户实际问题,有的还会组织故事有奖征集、常规有奖互动、评论区打卡等活动。适当的引导和奖励有助于提高用户评论的积极性。

优质的用户评论可以成为绝佳的选题来源。例如,某情感类微信公众号认为留言是选题灵感来源,他们会把70%的时间花在回复留言上。公众号后台每天能收到近万条留言消息,他们的回复率在95%以上。基于用户评论,该公众号策划了一个新栏目"见字如面",每周从留言中挑选一封用户来信,写一封专属回信,与用户一起分享生活故事,如图7-7所示。新栏目一推出就非常受欢迎,用户积极在评论区分享自己的故事,这不仅使用户的活跃度大大提升,也成功为该账号带来了数量可观的新粉丝。

3. 推广数据分析

推广数据分析可以帮助品牌推广者了解用户的真实需求,并不断优化图文内容。

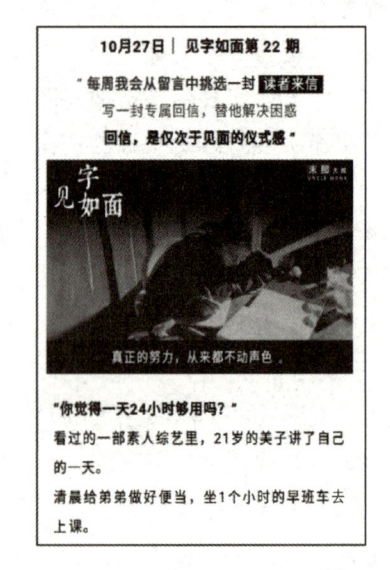

图7-7 基于用户评论而策划的新栏目

(1)推广数据分析的思路。不同的新媒体平台的关注点不同,根据不同的推广目的,品牌推广者需要挖掘与分析不同的数据指标。图文推广所需的数据分析指标如表7-2所示。

表7-2 图文推广所需的数据分析指标

推广目的	需要分析的数据指标
销售转化	阅读完成量、页面浏览量、用户访问时长、用户浏览页面数、转化率等
品牌传播	微博粉丝数、微信用户数、今日头条粉丝数、百度百家号粉丝数等
活动推广	用户评价数量、主动转发的用户数、主动打赏的用户数、留言频次高的用户数等

（2）推广数据分析的内容。

① 图文分析。图文分析是指对新媒体内容平台的发布情况进行数据统计，包括阅读量、转发量、推荐量、点赞量等。通过分析单篇图文和全部图文的数据详情，运营者得出用户的真实阅读需求，可以有针对性地对标题、内容、推广等方面进行优化。

② 基础的数据分析指标。基础的数据分析指标包括打开率、分享率、点赞率、留言率、转化率等。

③ 高级的数据分析指标。高级的数据分析指标（以 7／30／60 天为节点统计）包括平均打开率、平均分享率、最大阅读量、最高打开率、平均转化率等。

④ 用户分析。用户分析即对用户增长数据和用户属性进行分析，了解账号粉丝增长趋势与原因，熟悉用户偏好与行为，帮助品牌推广者更好地定位目标用户群体。

⑤ 用户增长数据分析指标。用户增长数据分析指标包括新增关注人数、取消关注人数、净增人数、累计关注人数等。

⑥ 用户属性数据分析指标。用户属性数据分析指标包括性别、语言、城市分布等。

（3）数据分析的工具。

① 平台自带的数据分析工具。新媒体平台一般自带数据统计功能，如表 7-3 所示。利用平台自带的数据统计功能，品牌推广者可以直观地看到用户增长、后台互动等数据。

表 7-3　新媒体平台自带的数据统计功能

平台	自带的数据统计功能
微信公众号	用户分析、图文分析、菜单分析、消息分析、接口分析、网页分析
今日头条	内容分析、粉丝分析、粉丝画像、热词分析、收益分析
百家号	内容分析、百家号指数、粉丝分析、热词分析、信用分值
大鱼号	内容分析、视频分析、用户分析、大鱼号星级

② 第三方数据分析工具。第三方数据分析工具是指非官方平台自带的、需要官方平台授权后才可以使用的数据分析工具。虽然微博、微信等平台已经具有统计功能，但是对于精细化数据，如单篇图文转发效果、用户评论管理、推广数据跟踪等，依然需要借助第三方数据分析工具。常见的第三方数据分析工具有新榜数据、西瓜数据、清博大数据、新媒体管家、壹伴等。

③ 行业大数据分析工具。分析行业大数据有助于判断新媒体内容、活动、推广是否要和网络热点结合。常见的行业大数据分析工具有百度指数、新浪微指数、微信指数、头条指数、搜狗指数等。目前百度、腾讯等大型互联网公司已经将大量数据开放，用户可以直接登录相关网站查看大数据。

【案例赏析】"步履不停"品牌文案分析

品牌策划与推广

二、技能点：短视频推广

短视频是指在新媒体平台上播放，适合移动观看，时长从几秒到几分钟不等，高频推送的视频。短视频内容融合了技能分享、幽默搞笑、时尚潮流、社会热点、街头采访、公益教育和广告创意等主题。

对于消费者来说，生活化、场景化、真实化的短视频更容易被接受，更容易刺激消费者产生消费行为。对于企业来说，具有原生、互动、场景化、创意空间大等优势的短视频能够帮助企业触达目标消费者，成为企业重要的推广手段和内容形式，实现品牌、用户、内容、转化四大价值落地。企业入驻短视频平台应持续打造"短而精致，简而生动，小而美好"的短视频内容，充分挖掘创作者及专业机构的内容生产能力，提高短视频的生产力，激发用户积极开展社交互动，形成与消费者长期沟通的推广阵地，有效提升品牌形象。

借助短视频对品牌进行推广有以下几种技巧。

（一）利用短视频强化品牌形象

强化品牌形象是为了让品牌和产品抢占用户内心，与用户产生良性关联，从而引导用户产生购买行为，给品牌和产品带来溢价空间，以获得长久的持续性利润。

过去打造一个品牌形象要靠不断地宣传，如今仍是这样，但是有所变化的是宣传的平台和媒介。今天的短视频平台迅速占领了营销市场的巨大份额，利用短视频强化品牌形象已经成了很多品牌的不二之选。

2018年至2022年是短视频高速发展期，众多新锐品牌利用短视频进行大力营销。近几年，抖音、快手、小红书等短视频平台上涌现出一个又一个"爆款"品牌和产品，如零食品牌王小卤、王饱饱，美妆品牌花西子、完美日记，咖啡品牌三顿半等，他们利用短视频不断强化品牌形象，使品牌和产品的知名度不断上升。

强化品牌形象需要进行长期性、持续性的营销。通过总结多个品牌案例可以发现，企业利用短视频强化品牌形象的营销策略有以下几点。

1. 品类创新、传递产品的视觉化特色

与电商平台及图文营销更强调产品的性能、质量等特点相比，利用短视频进行营销的品牌和产品要想被用户记住，必须赋予品牌与产品一定的符号和意义，同时要在产品的外观设计、视觉传达、标签等方面有特色，要在品类方面有创新，为用户创造新的消费需求。

以花西子为例，作为国产美妆品牌，花西子提出了"东方彩妆，以花养妆"的品牌理念，并以东方古典元素来设计产品及其包装，从而与其他美妆品牌实现差异化。同时，花西子的短视频也多以古典视觉场景展开，"花"作为其超级符号，成为贯穿品牌理念和产品细节的一大特色，能够让用户对品牌形成一定的视觉记忆点。花西子的产品形象设计如图7-8所示。

图 7-8 花西子的产品形象设计

2. 全方位打造"爆款"产品

根据二八法则，20%的产品会带来80%的销量，当用户对品牌并不熟悉时，以一个有特色的主打产品来打开市场便很有必要。

抖音、快手、小红书等短视频平台上每年都会涌现各种热卖的"爆款"产品，随着产品的火爆，其背后的品牌也慢慢进入用户视野，被用户接受。产品的销量也会直接影响抖音店铺的评分及流量，影响平台对店铺的信任。所以当一个产品有"热卖"趋势时，品牌应该尽可能地投入更多营销资源，从短视频、直播、平台广告等各方面入手，全方位打造"爆款"产品。

3. 强化品类 SEO

早期的搜索引擎一般指以百度、搜狗、360等为代表的网页搜索，如今，电商平台、短视频平台、图文平台等平台内部都嵌入了搜索功能，用户的搜索行为不单纯只在百度、微信和淘宝中发生，抖音、快手、小红书等短视频平台也成为搜索行为发生的重要平台。

以抖音为例，数据显示，抖音每月有超过200亿的搜索量，约为百度搜索量的近1/6，这样巨大的搜索量无疑是企业用来满足用户需求的机遇。企业做好抖音的品类SEO（Search Engine Optimization，搜索引擎优化），能够提高品牌及产品的曝光度，增加获得流量的机会，提升销售转化的可能。

4. 做好短视频平台店铺运营

早期的短视频平台多与淘宝、京东等电商平台合作实现"带货"，但是随着入驻短

品牌策划与推广

视频平台的企业越来越多，短视频平台的电商功能越来越完善，抖音、快手等短视频平台逐渐搭建了自身的电商体系。

随着抖音小店的上线，抖音已经形成了自己的电商闭环。对于企业账号来说，企业搭建自己的抖音店铺并做好店铺运营已经是必要动作，尤其是在直播营销的大趋势下，好的短视频平台店铺运营能够支撑起企业多个账号、多个直播间的良好运转。

短视频平台店铺运营涉及店铺装修、产品质量、售后服务、引流及用户维护等多个方面，需要企业以充沛的精力和重视程度来一步步细化和落实。

（二）利用短视频进行新品宣传

当企业和品牌有新品上市需要开展宣传时，短视频无疑是重要的宣传工具。利用短视频进行新品宣传不仅仅是因为当前趋势下短视频平台具有高流量，更是因为产品的外观、设计、理念等更适合以短视频的形式传递给用户。企业品牌在新品上市前后开展集中、大规模的短视频营销，能够使新品快速触达用户，被用户知晓，从而刺激用户的消费需求。

与利用短视频"种草"销售、在线获客、引流直播不同，新品上市需要在特定时间段快速、集中地开展宣传。利用短视频进行新品宣传的营销策略如下。

1. 多平台集中营销

根据 AIDMA 法则［含 Attention（注意）、Interest（兴趣）、Desire（消费欲望）、Memory（记忆）、Action（行动）］，要想促成用户购买，第一步应该是吸引用户的注意力，并在此基础上使用户产生兴趣。

对于用户来说，新品意味着陌生、不熟悉及一定程度的不确定性，所以当有新品上市需要开展宣传营销时，品牌的首要目标是尽可能地扩大宣传面，将新品的相关信息传递给用户，吸引用户注意力，其次才是销售。当新品在一定范围内被用户熟知进而打开市场之后，后续的销售便水到渠成。

品牌要想扩大新品的宣传面，就要在新品上市的特定日期内展开多平台、多形式的集中营销，对用户形成"无孔不入"式的触达，尽可能覆盖更多的用户。要做到这些，品牌在前期就要考虑寻求不同平台的广告曝光位、话题扩散、与达人合作、提高平台热度等。

品牌开展短视频新品宣传营销的平台包括但不限于微博、抖音、快手、小红书、哔哩哔哩、视频号、今日头条、淘宝、京东等，其形式包括但不限于平台开屏广告、信息流广告、达人推荐、新品发布会广告等。其中，平台开屏广告是很多新品上市的首选营销形式，在多个平台集中投放开屏广告能够使不同平台的用户在当天多次接收新品信息，强化记忆。

当然，品牌可根据新品的特点和营销预算重点发力，选择多个平台进行推广。

2. 形成特定营销话题，吸引用户参与

新品的宣传不应该是品牌对产品信息的单方面传播，而应该是能吸引用户互动和参

与二次创作，激励用户自发传播和扩散，从而形成病毒式传播，实现更好的营销效果。品牌吸引用户参与二次创作需要策划一个有传播性的、符合用户认知的、能够促使用户创作和分享的营销话题，这需要品牌在早期设计产品和营销策划时就要考虑到产品理念与传播口号，将产品特色与营销话题结合。

很多企业和品牌的新品上市宣传伴随着对该产品理念的传播，其产品性能、特色、质量等往往渗透在几句简单的理念（即产品的标语）中，同时标语也赋予了产品一定的符号化意义。

例如，小米发布的小米 Civi 手机，其标语是"天生好看"，对应着小米这款新品手机的精美外形及高质量的拍照功能。小米赋予这款手机的理念是"中国青年天生好看"。这句看似简单的理念给了用户很大的发挥空间，小米激励用户以"×× 天生好看"为主题拍摄短视频并给予用户奖励，如"我的家乡天生好看""我的校园天生好看"等，由此带动用户积极参与。

3. 联合达人发起测评和"种草"

平台开屏广告及品牌官方账号发布的短视频广告、新品发布会广告等营销形式有着覆盖面较广、用户辐射面较大的优势，但是一定程度上也存在着营销性相对较强、用户接受度相对较低等不足，需要品牌辅以一些营销性相对较弱的、更加亲近用户的营销形式。例如，发动平台达人参与新品测评，发布关于新品体验的开箱短视频、"种草"短视频等来满足用户的好奇心，进一步增强用户的信任感。

品牌也应该以符合品牌定位、符合新品特点与理念的标准来筛选达人。例如，科技类产品最好选择科技博主而不是普通的网红，美妆类产品最好选择美妆博主。

（三）利用短视频"种草"销售

利用短视频强化品牌形象强调的是品牌在较长时间内的系统化、持续性营销，目的是抢占品类市场；利用短视频进行新品宣传强调的是新品在短时间内迅速被用户熟知，目的是打开市场、提高销量。利用短视频"种草"销售强调的则是直接带动销量，提高产品的市场占有率，适合一些产品知名度相对不高，希望通过短视频"种草"销售来提高销量的品牌。

利用短视频"种草"销售，品牌可以采取以下营销策略。

1. 以特色产品打开市场

不难发现，在抖音、快手、小红书、微博等平台被用户追捧且销量较高的产品一般具备以下特点。

（1）产品性价比高。性价比高即产品价格实惠、质量好，能够获得用户的一致好评，用户愿意自发分享"种草"，通过口碑传播来使销量自然上升。

（2）产品包装有特色。在短视频的影响下，"颜值经济"崛起，这不仅体现在女性美妆产品和服饰穿搭的需求增长上，也体现在用户的审美提升上。用户在选择产品时，

品牌策划与推广

产品的包装是否好看可能也是决定其是否购买的一个重要因素。特别是以短视频为重要营销阵地的品牌产品，包装能否给用户留下记忆点、能否吸引用户注意力，是产品初期能否打开市场的关键。

（3）产品品类细分，强调差异化。消费场景的丰富带来了更加多样化的产品需求，用户更加追求个性化产品，于是品类细分和差异化定位的产品有了一定市场。以饮料品牌元气森林为例，其成立的时间不长，却因为"零糖、零脂、零卡"的差异化定位而迅速被用户接受，成为近几年饮料界的新宠。

（4）产品符合年轻人的喜好。各个短视频平台和内容平台的主要用户群体还是年轻人，而年轻人追求潮、酷，追求个性，追求产品背后的价值观、风格、标签等。所以符合年轻人喜好的产品更容易在短视频平台和内容平台上被"种草"和传播。

总之，具备性价比高、包装有特色、品类细分且强调差异化、符合年轻人的喜好等特点的产品适合作为品牌的"王牌"产品或者重点战略性产品，品牌可以在短视频平台和内容平台上对其进行重点营销，用来提升品牌知名度及用户对品牌的好感度，从而逐渐延伸品类，带动品牌其他产品的销量。

2. 发动 KOC 和 KOL "种草"

KOC（Key Opinion Consumer，关键意见消费者），指能够影响用户的决策，使用户产生追随购买行为的人，对应着内容平台的达人、网红、垂类博主、UP主等。"种草"作为一种产品推荐方式，分享真实体验、激发他人购买是其主要特点。"种草"被广泛应用于营销推广中，因为弱化了营销属性，所以更容易将内容场景和消费场景结合，带动销售。与品牌以开屏广告或信息流广告、品牌官方账号发布营销短视频广告等方式相比，由达人和博主们基于真实体验分享产品的方式更有"种草"氛围，也更容易赢得用户的信任。

品牌发起"种草"要选择合适的平台和合适的达人。其中，小红书的"种草"氛围浓厚，微博和抖音也比较适合"种草"销售。在达人的选择上，品牌应该首要考虑平台 KOC 和 KOL（Key Opinion Leader，关键意见领袖）。

相比于 KOL，KOC 的粉丝数量相对较少，但优势是内容更垂直，用户更细分和精准，对应的"种草"转化率更高。用户对 KOC 推荐的产品更容易产生信任，而对品牌方来说，与 KOC 合作的成本相对较低。

除了 KOC 的推荐，KOL 的产品背书也同样重要。KOL 的粉丝数量更多，覆盖的群体相对更广泛，影响力也更大，找到合适的垂类 KOL 对产品进行推荐能够提升产品在用户心中的级别和分量，增强用户对产品的信任感。

例如，三顿半咖啡早期就致力于在微博、小红书等平台挖掘极具"种草"潜力的 KOC 和 KOL，通过图文和视频等多种形式来展现趣味、健康和正能量的生活状态。三顿半咖啡依靠中腰部 KOL 和尾部 KOC 的影响力来连接用户，由点到面地影响用户决策，增强用户转化和复购的可能性。

3. 多样化"种草"形式

"种草"不仅仅是指内容创作者对产品的推荐，在对产品进行"种草"销售时，内容创作者可以从以下几个方面进行构思。

（1）探秘主题。内容创作者从对新产品或者网红产品进行揭秘的角度来分析和研究一款产品的制作过程、成分、参数、使用效果等，从侧面说明产品质量，增强用户信任。但是需要注意的是，这类视频应该以事实为基础，不能夸大宣传。

（2）开箱主题。开箱主题可以调动用户的好奇心，满足用户的视觉"体验感"。尤其是对于外包装设计比较有特色的产品或者新上市的产品来说，开箱主题能够吸引很多用户的关注，激发意向用户购买。

（3）测评主题。测评主题突出测试，测试过程中能体现产品的实际使用感受和使用前后对比，一定程度上是测评者代替用户使用。所以此类视频更有真实感和代入感，能够减少用户疑虑，转化潜在用户。同时，很多测评主题的内容创作者会在一期视频中测试多个产品，如何权衡不同品牌产品，做到"不黑不吹"，需要内容创作者谨慎思考。

（4）搭配主题。同款产品的多种搭配主题能够丰富产品的使用场景，增加产品的用途，从侧面提升产品在用户心目中的价值。搭配可以是服饰穿搭和美妆产品的搭配，也可以是其他产品的生活场景搭配。例如，咖啡搭配运动形成健康自律的生活场景，咖啡搭配水果形成精致、文艺的美食场景，咖啡搭配职场与工作形成暗示咖啡提神功效的实用型场景。

（5）Vlog 主题。Vlog 强调记录生活，多以自然、随性的风格呈现。这类视频更有生活气息。将产品与 Vlog 主题视频结合，能够实现潜移默化且自然地"种草"。

（6）知识合集主题。知识合集主题如"选手机时哪些参数最重要""选防晒霜这些指标必须看"等。这类视频多有一定的科学性和说服力，内容多是分析和提炼不同产品的参数和功效之后的结果。很多用户并不了解某些产品的实际成分和科技元素，但是观看知识合集主题视频后能够增强自身对产品的了解，促进决策。

【案例赏析】欧莱雅品牌抖音达人营销案例

三、技能点：直播推广

"互联网+"的时代环境促使企业的营销模式不断发生变化，网络直播因有着更年轻的用户、更立体的视觉感官、更快的实时互动和更鲜明的话题性等优势，正逐渐成为企业品牌推广、带动销售的新切入点。

（一）直播推广策划流程

在直播推广的过程中，用户直接接触到的对象是主播，所以，很多用户可能认为直

品牌策划与推广

播推广只需要进行一场直播。其实不然，整个直播推广过程需要周密的策划，直播只是其中的一环。直播推广策划流程包括明确直播推广目标、策划直播脚本、编辑直播推广文案、做好直播推广宣传等。

1. 明确直播推广目标

明确直播推广目标有助于制定推广方案、明确直播目的及评估推广效果。直播推广目标的设定十分考验营销者的方案策划能力和方案执行能力，直播推广什么、目标用户是谁、完成目标需要多长时间、目标的具体数值为多少等都需要明确。

（1）确定直播推广内容。直播推广内容指推广对象、主播或企业（品牌）的知名度、文案、直播传递的生活态度等附加价值的总和。

① 推广对象。推广对象是直播内容的重头戏，一般来说，产品、品牌等都是比较常见的推广对象。在确定推广对象时，营销者应确保产品、品牌等优质且正面，减少直播推广可能产生的负面影响。比如一些直播"带货"团队为保证营销产品的质量专门成立了质检小组，对备选产品的资质、功能等进行检查，并进行试用。

② 主播或企业（品牌）的知名度。在直播推广中，要想增强推广效果，营销者可以利用主播或企业（品牌）的知名度来提高直播热度，吸引更多的用户参与。知名主播特别是头部主播拥有极强的号召力，选择这类主播有利于使新产品（内容）迅速打开市场。企业（品牌）的知名度则能使推广效果更持久，因此，营销者要注重提高企业（品牌）的知名度，或与某知名企业进行联名合作等，以增强直播推广的影响力。

③ 文案。优秀且与内容风格相互呼应的文案可以在宣传时吸引一定的流量。

④ 直播传递的生活态度。直播传递的生活态度等信息可以在一定程度上刺激用户，获得用户的认可。同时，生活态度也是直播风格的一种体现，明确生活态度是对直播风格定调，而直播风格定调也是设计和开展直播后续活动的基础。例如，某卖女鞋的主播在直播的过程中总是展现乐观的生活态度，让观看直播的用户深受感染，因此产生了很多忠实的用户，也让该主播的销售成绩高于同公司的其他主播。

（2）找准目标用户。营销的目的是留住用户，满足用户的利益诉求。因此，营销者在确定直播推广内容之后需要立刻找准目标用户，即直播推广的"买方"。目标用户市场、年龄阶层、经济消费能力、直播观看时间段、利益诉求、潜在需求等内容都得明确。

① 目标用户市场。愿意观看直播的用户便是直播推广的目标用户市场，精准定位愿意为推广对象付费的用户能让直播推广效果更好。例如，某主播直播间以低价、品类全著称，追求低价的用户和各品类的购买用户汇集在一起，组成了庞大的目标用户市场。

② 年龄阶层。年龄阶层的内容包括目标用户的大致年龄段和占比，明确年龄阶层有助于进行有针对性的推广。例如，完美日记在直播推广的时候经过筛选，将目标用户的年龄阶层定位在18～28岁，进行了有针对性的营销，取得了很好的效果。

③ 经济消费能力。各年龄段的目标用户的经济消费能力影响着用户愿意为直播投入的时间、精力和金钱，一般来说，经济消费能力强的用户愿意为直播投入的时间、精

力相对较少，投入的金钱则相对较多。

④ 直播观看时间段。直播观看时间段的选择非常重要，它影响着观看直播的人数，与直播推广效果有着直接的联系。

⑤ 利益诉求。目标用户观看直播一般带有目的性，期望通过观看直播得到收获，如快乐的心情、高性价比的产品等。

⑥ 潜在需求。目标用户除了有明确的利益诉求，还有未曾挖掘或被发现的潜在需求，如某主播在直播时详细地介绍了不同肤质的用户选择护肤品的方法，某用户通过该介绍确定了自己的肤质，同时对相应的产品产生了需求，该需求就是用户自身未曾挖掘的潜在需求。

（3）明确直播推广目标完成时间。直播推广目标完成时间的确定一方面是为了方便编制预算，另一方面也是为了提高效率，督促相关负责人尽量在有限的时间里完成直播推广目标。直播推广目标完成时间需要根据直播推广内容的多少、参与项目人员的数量等来确定。

（4）目标数字化。将直播推广目标设定为具体的数字、可量化的指标有利于推动直播推广的进度和对直播推广效果的衡量，同时也有利于判断营销者的直播推广能力。例如，某企业预计通过一次直播达到600万元的销售额，那么，这600万元便是此次直播推广需要达到的目标，若未达到600万元则未完成目标，这也表明营销者的能力存在一定的不足。

2. 策划直播脚本

策划直播脚本是营销者必做的事情，其不仅能够方便营销者理顺直播推广思路，明确直播推广的实施流程，还能够为接下来的直播推广提供方向。下面将按照前期准备、中期推进、后期执行三个阶段来介绍策划直播脚本的方法。

（1）前期准备。策划直播脚本的前期准备工作主要包括制定直播推广目标、明确直播形式、直播文本和宣传文本侧重点、分配人员、确定时间节点、估计预算等。好的开始就成功了一半，前期准备工作如果策划得当且推进顺利，整场直播便成功了一半，因此，营销者在脚本中要对前期准备工作做好规划。

① 制定直播推广目标。直播推广目标一般为短期目标，如直播当天达到多少销售额、直播后能上一次微博热搜等。

② 明确直播形式。直播形式包括自主直播（个人或品牌方等安排人员专门为此次营销推广的产品开展直播）、邀请明星进行专场直播、将产品（内容）带入某直播间占位等。

③ 明确直播文本和宣传文本的侧重点。直播文本和宣传文本的侧重点不一样，直播文本强调直播的内容，具体表现为主播的话术；宣传文本强调个人、企业或品牌的形式，如斗鱼直播在宣传中写的"集美貌与才华于一身的女子，Papi酱，7月11日21：00，直播首秀"。

品牌策划与推广

④ 分配人员。营销者需提前根据直播的具体环节对参与项目的人员进行分组及职能规划,以确保直播可以在规定的时间内完成。人员具体可分为文案编辑组、外联组、道具组、摄制组等,且应确保每个点、每条线、每一方面都有对接的负责人。

⑤ 确定时间节点。直播推广整体流程及其中的每一个环节、每一组内容的时间节点都应在直播脚本中明确,以便实时调整直播速度。

⑥ 估计预算。在直播脚本中,营销者应针对直播推广整体环节对总成本及各环节的具体成本进行估算,得出大致的预算,以便财务人员提前准备并在推广过程中适时收紧或者放宽。

例如,某零食品牌公司为进一步推广该公司的主打产品——柠檬泡椒无骨凤爪(25元/份),准备借助××主播的名气,进入该主播直播间进行宣传,且最多可提供1.5万份的现货。该公司营销者在直播脚本中对前期推广工作的策划如下。

直播推广目标:至少卖出1万份某品牌柠檬泡椒无骨凤爪。

直播形式:进入××直播间占位。

宣传文本重点:品牌介绍,产品特性介绍,包括酸辣可口、清爽不腻,用到的柠檬为新鲜优质柠檬,手工制作、现做现发,无骨、方便食用;直播间链接+直播优惠力度,包括抽一人送出无骨凤爪系列大礼包一份、满50元减20元等。

分配人员:品牌宣传人员为A和B,产品链接管理人员为C,无直播参与人员。

时间节点:当月15日到18日与××直播间工作人员讨论优惠形式和力度,最迟当月20日晚上进行直播。

预算估计:坑位费5万元;佣金最高为销售额的30%,约11.25万元;总计约16.25万元。

(2)中期推进。中期推进工作主要集中在宣传上,营销者应在直播脚本上明确这一时期的宣传任务、宣传与引流形式,以便使直播推广宣传工作顺利开展。

① 宣传任务。宣传任务与直播推广目标相关,因此,营销者需要思考要吸引多少用户观看直播或制造什么样的社会效应才能达到直播推广目标。宣传过程中可能会因情况变动无法达成宣传效果,也可能超出预期效果,因此,策划人员应对可能出现的情况做出预判,并在直播脚本中提出相应的解决方案。

② 宣传与引流形式。营销者应在直播脚本中提出适合此次直播宣传推广与引流的具体形式、方法,包括网络广告投放、短视频和直播间发布预告、张贴海报等形式,以求实现理想的直播推广效果。一方面,营销者可以利用个人、企业或品牌的官方微博账号、微信公众号发布相关预告信息,号召粉丝参与直播,企业微博官方账号发布直播预告;另一方面,营销者可以与具有影响力的账号或专业的运营团队合作,联合发布直播预热信息,实现引流。此外,营销者还可以借助直播间的力量让主播提前将信息传播给用户,比如发布预告,一般可以提前一天或几天。

(3)后期执行。后期执行包括直播软硬件设备的明确、直播场地的选取、直播道具的准备、直播设备的筹备等,这主要关乎个人、企业或品牌的自主直播、邀请艺人或主播进行的专场直播等的效果。如果涉及上述情况或首次进行直播，营销者可以在直播脚本中对其进行大致规划或者寻求外包公司的帮助。

① 直播场地。直播场地一般分为室内场地和室外场地，营销者可根据直播活动的主题及需求进行选择，如直播的主题为健身运动器材，应以室内场地为主。

② 直播道具。直播过程中需要用到的产品、产品展示台、宣传海报、道具、奖品实物等应提前准备好。

③ 直播设备。直播设备分为手机、计算机、摄像机等，营销者应在脚本中明确所需的直播设备及数量、型号等，也可以选择与专业的摄影团队合作。

例如，某珠宝品牌预计开展一场直播，通过展现历代经典系列珠宝来推出新系列珠宝——若生。直播地点为该品牌珠宝收藏馆，采用"主持人＋'若生'系列珠宝代言人"的直播形式。该品牌推广者在直播脚本中对后期执行工作的策划如下。

直播场地：品牌珠宝收藏馆。

直播道具：珠宝（已在陈列柜）、珠宝展示桌（以便拿出后单独放置）、一张实体宣传海报、两张椅子、一张红毯。

直播设备：木心摄影公司负责。

3. 编辑直播推广文案

直播推广文案实质上就是直播营销广告，比如企业或品牌在各大新媒体平台上发布的直播营销的各种内容。如何通过直播推广文案使直播效果最优化、让更多的用户知道并参与直播，是营销者需要重视的问题。

（1）针对直播设计直播推广文案。直播推广文案是引导用户进入直播间的主要途径，也是用户了解直播详情的重要途径。因此，营销者在编辑直播推广文案时要有针对性。

① 主题要有针对性。不同的直播内容有不同的主题，直播推广文案的主题应为直播内容服务。为让主题具有针对性，营销者可以根据直播主体、目的、重要人物等来设计直播推广文案的主题，争取用最精练、直白的语言传递最多的信息，让用户通过主题明白直播的内容。

② 内容要有针对性。内容是直播推广文案的核心，也是最能体现文案特别之处的地方，因此，营销者在编辑文案的内容时应针对此次直播内容进行设计。为让正文内容具有针对性，营销者可以在直播推广文案中展现此次直播的特点、形式、嘉宾阵容等。

（2）直播推广文案的编辑技巧。直播推广文案仅有针对性还不够，还需要有亮点，能够吸引用户来观看直播。下面介绍几种常见的、受欢迎的直播推广文案的编辑技巧。

① 借势。营销者可以在直播推广文案中进行借势宣传，借助名人的名气来为直播造势，这种方法常见于品牌或知名主播的直播推广文案中。对于影响力不够的个人、企业或品牌，营销者可以在直播推广文案中插入与名人或热点事件相关的话题来提高影响力，如在文案中通过增添"XX同款"等语言来借势。

② 抽奖。抽奖是营销者在编辑直播推广文案时常用的技巧，适用于任何个人、企

品牌策划与推广

业或品牌，但需要注意的是，营销者要确保文案中的抽奖信息有足够吸引力，或能够满足大部分目标用户的需求。

③ 直播价值包装。把用户能够获得的价值或利益告知用户远比直接呈现内容取得的营销效果要好。因此，营销者可以在直播推广文案中对直播价值进行包装，让用户提前看到观看直播能够获得的利益，如"观看直播赠送同款食谱"等。一般来说，价值越大，用户观看直播的积极性越高，对直播的兴趣越浓厚。

④ 突出亮点。亮点本身就是直播的一大吸引力，因此，营销者可以在直播推广文案中直接点明亮点，精准地吸引目标用户。这一技巧适合有一定粉丝基础的营销者，如果粉丝基础不足，也可配合抽奖活动使用该技巧。但是需要注意的是，亮点成了推广文案的重心，因此，亮点一定要突出且有足够的吸引力。

4. 做好直播推广宣传

直播推广宣传简而言之就是直播预热，没有预热的直播吸引不了多少用户，几乎注定是一次失败的直播推广。直播预热不仅可以增强直播的声势、提前为直播引流，还可以提高个人、企业或品牌影响力。

（1）直播预热方式。直播预热方式有很多种，具体形式和效果不一。下面介绍几种常见的直播预热方式。

① 在个人简介中发布直播预告。营销者可在开播前提前将直播预告发布到个人简介中，包括直播时间、直播主题等，以便用户通过个人简介得知直播信息。个人简介中的直播预告通常以文字的形式出现，且篇幅较短，如"5月8日，13点直播，好物狂欢购"。这种预告方式适合有一定粉丝基础的个人。

② 发布直播预告短视频。发布直播预告短视频是营销者常用的预热方式，营销者通过短视频的形式告知用户直播时间、直播主题和直播内容。针对已经成为粉丝的用户，营销者可以直接发布纯直播预告短视频，简明扼要地传达直播的相关信息。如果要吸引新用户，营销者可以在直播预告短视频中告知福利、设置悬念。如果要形成连锁营销效应，营销者可在每一次直播前后发布上次直播、本次直播中有趣的视频片段。

③ 站外直播预热。站外直播预热可以在微博、微信、抖音、小红书等第三方平台上进行，通过第三方平台进行直播预热能够进一步扩大营销的范围，提高影响力，如在抖音发布直播预热文案。

（2）直播预热策略。直播预热还需要搭配一定的策略，以实现更佳的营销效果。下面介绍四种常见的直播预热策略。

① 发放直播专享福利。在直播预告中提前告知用户在直播中会发放专享福利，以吸引更多的用户观看直播。例如，在直播预告中告知用户赠品的礼品数量、折扣的力度、福利的类型和获得条件等。

② 限时营销。限时营销规定了用户能够享受福利的时间段，使用户产生一种紧迫感，从而刺激用户尽快采取购买行动。在直播预告中提前告知享受福利的时间段可以引起用

户对直播的重视。限时营销主要有两种方式：一种是只在一段固定的时间内给出相应的福利，时常会配合直播平台的活动实施；另一种是倒计时方式，普遍用于直播过程中，规定的时间较短，一般为几秒或十几秒，如在直播过程中，主播倒数 10 个数来发放福利，营造紧迫感，让用户跟随主播的快节奏采取购买行动，增加销售额。

③ 限量营销。限量营销限制了用户可享受的福利数量、观看内容等，人为地制造紧迫感，如限制能享受福利的人数、产品数量等，提升福利的珍贵程度。在直播预告中将这些信息透露出来，不仅可以衬托产品（内容）的稀有性和受欢迎程度，还能够让用户更加积极地参与直播，用户一旦在直播中获得福利就会产生一种满足感和自豪感，进而会关注下一场直播。

④ 直播 PK。直播 PK 指不同直播间的主播约定在同一时间进行连线挑战的一种增流方式。在直播预告中，将直播 PK 的信息告知双方的粉丝，不仅可以提升直播的趣味，还可以壮大声势。

前三种直播预热策略在直播"带货"营销中很常见，且效果显著，最后一种直播预热策略常见于泛娱乐化的直播活动中。

（二）直播推广的重要技巧

在确定直播推广策划流程后，营销者还需要运用相应的技巧来推进直播活动的实施。从打造个人 IP 到开展直播推广，再到吸引和维护粉丝、构建直播间场景，通过直播推广技巧的一步步叠加，最终实现推广效果的最优化。

1. 打造个人 IP

打造个人 IP 是直播推广中常用的技巧，有利于树立个人、企业或品牌的独立形象并彰显特色。个人 IP 代表个人、企业或品牌的形象、特点，其在市场上的影响力也体现了个人、企业或品牌的流量与商业价值，如格力公司董事长董明珠既代表着本人的形象和特点，也代表着格力的形象，影响着格力的市场价值。在直播推广中，打造个人 IP 能够降低直播推广的成本、更容易获得用户的信任、获得更多的话语权。打造个人 IP 需要注意以下两个方面的内容。

（1）塑造个人形象。对于直播推广而言，打造个人 IP 的主力很多时候指的是主播。主播个人 IP 由主播的标签构成，包括个人形象、直播风格、价值体系和内容，通过这些方面来塑造主播的个人形象，让用户知道"我是谁"。

① 个人形象。主播的个人着装要得体，符合个人气质和直播主题，要与其他主播或嘉宾有区别。例如，B 站弹奏古筝的博主墨韵 Moyun 在直播时会穿汉服、戴面纱，这样既优化了视觉效果，又营造出了古风的氛围。此外，主播的妆容要干净，以淡妆为宜。

② 直播风格。主播可以根据自己的性格、爱好、习惯确定直播风格，如性格活泼开朗的主播可将直播风格定为活泼型，点评犀利的主播可将直播风格定为犀利型。确定直播风格有利于用户快速识别，吸引趣味相投的用户，也有利于主播和用户之间的交流。

品牌策划与推广

主播在直播的过程中要将直播风格放大，让用户一看到这类直播风格就想到自己。

③ 价值体系。价值体系即由主播的价值观构造的体系，树立一套属于自己的、正确的价值体系有利于主播个人IP的塑造。用户有自身的价值观，因此，在直播推广的过程中，主播可以根据用户的定位不断输出符合用户价值追求的信息，从而形成一套完整的体系，让用户在认同主播价值观的同时逐渐融入主播构建的价值体系之中。例如，李某某构建了"理性消费"价值体系，李某某会在直播的过程中建议观众不要盲目追求奢侈消费等，这种符合主流的价值体系为其树立了正面的个人形象。

④ 内容。内容是指主播在专业领域提供给用户的价值，比如产品的用途、美食攻略、风土人情展示等。这些内容可以帮助主播树立在专业领域方面的权威，是塑造个人形象非常重要的一部分。受欢迎的内容常常是用户感兴趣，但又触及用户知识盲区的内容，因此，主播要对专业领域的知识非常熟悉。主播可以根据用户的兴趣点传递贴合个人形象的原创直播内容，如拥有丰富的户外旅游知识的主播可以分享户外旅游的小技巧、值得浏览的景点等。

（2）提升个人IP的吸引力。用户普遍乐意接受他人的善意、相信专业人士，因此，营销者在打造个人IP的过程中可以针对这两种心态采取相应的方法，以提升个人IP的吸引力。

① 分享、创造价值。俗话说，给他人方便就是给自己方便，打造个人IP也是一样的。用户如果能够通过主播持续获得价值，就更容易对主播产生信任。因此，主播可以在微博、B站、小红书等短视频平台上无偿分享一些实用的技巧、方法、见解等，为用户创造价值，以此来提升个人IP的吸引力。用这种方法赢得的粉丝对主播的信任度较高。美食、美妆等领域的直播营销经常使用这种方法。

② 提升知名度。知名度得到提升能够加深用户对个人IP的印象、增强用户的认同感。因此，营销者可以通过与知名媒体合作、大IP带小IP等方式较快地提升个人IP的知名度，从而达到提升个人IP吸引力的目的。

2. 开展直播推广

任何直播都需要进行推广，这是直播营销中非常重要的一步。好的直播推广不仅可以为直播引流，还能扩大个人、企业或品牌的影响力，提高其商业价值。营销者配合以下技巧，直播推广将会开展得更顺利。

（1）合作"增流"。营销者只靠自己进行推广则效果有限，可以通过与其他人（如网络红人、艺人或头部主播）合作的方式"增流"。

① 与其他主播互动。营销者可以与其他主播进行合作、账号互推，在将自己的粉丝引导过去的同时获得合作主播方粉丝的关注。这样一来，借助多人的影响力能够将直播进一步推广出去。

② 邀请领导参与直播。政府领导、企业领导参与直播本身就是很大的看点，特别是有知名度的领导，同时，领导也为直播内容背书。这样不仅能够提高直播的影响力，

还能够拉近与用户之间的距离、增强用户的信任感。

（2）付费推广。付费推广也是常用的直播推广方式，不同平台的付费推广路径不同，营销者可按需选择。

① 淘宝。淘宝直播中的付费推广路径为超级推荐，以用户单击次数计费。在手机淘宝中找到"超级推荐"，选择其中的"直播推广"功能，即可将直播间推荐到"猜你喜欢""淘宝直播"等资源位，前者适合新主播引流，后者适合有粉丝基础的个人、企业或品牌增流。

② 抖音。抖音直播中的付费推广路径为"DOU＋投放"，页面中有不同的选项。直播前投放可选择页面中的"DOU＋上热门"，直播中投放可选择"DOU＋直播上热门"。

③ 快手。快手直播中的推广路径为通过小火苗进入"期望观看人数""每位观众推广费"设置页面，以人数计费。"期望观看人数"只是代表主播的期望值，非实际观看人数。快手直播推广采用网络广告每次单击的成本（Cost Per Click，CPC）的方式竞价，每位观众的推广费为1快币（0.1元），但CPC竞价的起拍价为2快币（0.2元），出价越高，观众进入直播间的速度越快，结算时以最终进入直播间的人数为准。

3. 吸引和维护粉丝

直播推广就是为了吸引粉丝、获得流量，以实现最终的推广目的。吸引到粉丝之后，营销者还要对粉丝进行维护，将其转化为忠实粉丝并成为支撑个人、企业或品牌前进的动力。

（1）吸引粉丝。吸引粉丝最重要的便是取得粉丝的信任，只有产生了信任，粉丝才会积极参与直播的后续活动，促进营销目标的达成。在获取粉丝信任的同时，主播还要注重提升自身魅力和拓宽推广渠道。

① 获取粉丝信任。为获取粉丝信任，主播要坚持以下三个原则。

- 诚实守信。营销者和主播在直播推广的过程中传递的信息应该真实有效，不具有欺骗性，且承诺粉丝的事情应尽力完成。
- 准时。主播应在规定的时间直播，如宣传推广信息中的直播时间为下午1点，直播便应当在下午1点开播，若有特殊情况需更改时间，应提前告知粉丝。
- 坚持。粉丝需要时间去积累，因此，主播只有坚持直播才有可能吸引更多的粉丝。

② 提升自身魅力。提升自身魅力可从两个方面进行：一是打造差异化；二是提升自身地位。不论是人格魅力的差异化还是内容的差异化，只要用户认识到主播的独特性，主播就可以对用户产生吸引力。有地位、代表性和影响力的个人、企业或品牌本身就是一种信任的象征，会让用户对其产生天然的好感。主播通过建立个人品牌、与行业大咖合作、参加著名电视台的节目或举办活动等方式都可以提升自身地位。

③ 多平台推广。多平台推广有利于增加曝光量，加深用户对主播的印象，比如可同时在抖音、微博、微信等平台联合推广。

营销者可将这三个原则与前面提到的营销方式、推广方式配合使用，增粉效果更佳。

品牌策划与推广

（2）维护粉丝。拥有粉丝之后，主播如果不能好好巩固粉丝对自身的信任，则会导致粉丝流失。粉丝流失的常见原因有吸引力缺乏、情感疲倦、付出不对等、沟通无效等。因此，主播不妨从粉丝流失的原因入手采取具有针对性的措施来对粉丝进行维护。

① 吸引力缺乏。个人、企业或品牌可能会因为直播亮点不足、内容价值不高等导致直播缺乏吸引力。因此，主播如果发现了吸引力缺乏的问题，便需要更换亮点或内容（可将市场受欢迎的方面与个人、企业或品牌的定位结合），或者深入挖掘亮点中的某个独特的小点并将其放大。例如，某美食主播以自发性知觉经络反应（Autonomous Sensory Meridian Response，ASMR）吃播为直播特点，虽然刚开始时吸引了不少粉丝，但是做ASMR吃播的主播有很多，且该主播的吃播内容与其他主播差别不大，因此，过了一段时间，他的粉丝流失了许多。为此，该主播决定更换内容，将探索当地有特色的美食店、穿插店老板或店内吃客的故事作为亮点，并凭此取得了成功。

② 情感疲倦。粉丝熟悉个人或企业与粉丝沟通的方式，以及直播风格、类型后，可能会产生情感疲倦，从而流失。因此，主播需要通过一些方式激活粉丝对他们的新鲜感，如在特殊节日给予粉丝福利、举办粉丝见面会等。此外，主播也可以通过在直播过程中设置具有特色的、具有创意的环节给粉丝带来新鲜感，吸引粉丝持续关注。例如，有些主播会邀请其他主播、知名人士共同直播，或者让自己的朋友、亲人、宠物等出镜。

③ 付出不对等。有来有往，双方的关系才能够很好地维持下去。若一味地让粉丝付出或粉丝感觉自己的付出大于个人、企业或品牌的付出，则容易使粉丝心灰意冷。主播可以通过经常在微博或微信等平台与粉丝互动、无偿分享信息、让粉丝参与直播推广策划、粉丝管理粉丝等方式避免出现付出不对等的情况。例如，某知名主播在直播间称他们花费了20多万元将30款防晒商品送到检测机构检测，且将拍摄的检测视频无偿展现给粉丝，此举赢得了众多粉丝的称赞，让粉丝感到被重视，进一步巩固了粉丝对其的信任。

④ 沟通无效。在与粉丝沟通的过程中，如果粉丝提出的问题得不到解决或未得到重视，则可能出现沟通无效的情况，长此以往，粉丝容易流失。因此，主播一方面要积极处理粉丝的各类投诉，包括在粉丝群、社交媒体平台的留言页面中出现的问题，以防事件扩大而产生不良的社会影响；另一方面，问题的处理进度和结果要及时反馈给粉丝，以体现对粉丝的重视，提高粉丝的忠诚度。

4. 构建直播间场景

在直播时，用户一眼就能看到直播间场景，从而产生对直播间的第一印象。直播间场景的好坏影响着用户观看直播的体验，关系着直播推广的效果。因此，构建一个舒适、整洁的直播间场景尤其重要。

（1）布置直播间背景。直播间背景的布置基于直播内容。长期在室内进行直播的个人或企业的直播场地较为固定，因此，直播间背景的变化不大，背景墙的布置、桌上物品的摆放等都相对固定。以室外直播为主的个人或企业，直播间背景随直播内容经常变化，在布置直播间背景时要根据直播场地而定。

室内直播的背景墙风格通常偏简洁，以浅色、纯色为主，以便凸显主播或主题。例如，在零食节直播活动中，某主播直播间的背景墙设置为零食车的形式，负责品尝零食的员工也换上围裙、戴上头巾，装扮成街上卖食物的老板，与零食节的主题进行了很好的匹配。布置时也可选取与主播风格或形象贴切的背景颜色，如主播形象偏甜美可爱，可选择淡粉色。背景墙分为两种，一种是实体背景墙，另一种是虚拟背景墙。布置实体背景墙时可直接利用墙面本身的颜色或在墙上粘贴背景画，也可以重新搭建背景墙。布置虚拟背景墙时需准备蓝幕或绿幕（一般采用绿幕）作为直播的背景，通过计算机技术将绿幕替换成想要的背景。除此之外，桌上物品的摆放要整齐且不拥挤，或者什么都不放。

室外直播间的布置分为两种，一种是直接以现场自然场景为直播间背景，另一种是搭建实体背景。前者的直播间背景以美观为主，尽量选择景色好、视觉效果好的自然场景，避开人多、车多的喧闹之地。例如，2020年5月20日的"好物中国·心上吴中"首届吴中好物节金庭镇专场直播便以金庭镇的好山好水为直播间背景，吸引了20多万名粉丝在线观看。后者的直播背景布置要求与室内直播背景布置要求相同。

（2）设置直播间灯光。除了背景，灯光也是构成直播间场景的重要因素。好的灯光布置不仅可以提升用户的视觉体验，还可以衬托主播、烘托直播间的氛围。

① 直播间灯光的选择。直播间的灯光主要有主灯、补光灯两种。主灯一般为冷光源的 LED 灯，补光灯尽量选择可调节亮度、高频闪的灯。若想营造暖色调的效果，则主灯可以为冷色、补光灯为暖色；若想营造冷色调的效果，则可以主灯为冷色，并选择冷色或偏冷色的补光灯。

② 灯光的布置。主灯和补光灯的配合使用形成了 5 种光：主光、顶光、辅助光、轮廓光、背景光。其中，主光正对主播面部且与镜头光轴成 0°～15°，顶光位于主播头顶且距离不超过 2 米，辅助光放在主播两侧距离主播较远的地方，轮廓光摆放在主播身后，背景光（多光源、低亮度为宜）可摆放在背景周围的各个角落起渲染的作用。理想状态下，5 种光一应俱全，但受经济条件、场地大小等的限制，有些光会缺失。

【案例赏析】国货品牌李宁的直播推广分析

技能训练

请以小组为单位，根据写作前的内容构思，针对不同的新媒体平台，利用所学的标题技巧，为某一品牌设计 8 个标题，小组通过讨论确定最合适的标题，填写标题拟定表格，如表 7-4 所示。要求：标题具有吸引力、表现力和引导力，能够吸引用户阅读。

品牌策划与推广

表 7-4　标题拟定

序号	标题内容	新媒体平台	拟定标题的思路
标题 1			
标题 2			
标题 3			
标题 4			
标题 5			
标题 6			
标题 7			
标题 8			
选用标题			

技能训练考核评分表

评分项目		分值	得分
素质目标	推广意识、品牌意识、法治意识等完成情况	20	
知识与技能目标	1. 新媒体推广标题技巧的掌握及运用情况	15	
	2. 借助网络资源查找相应的图文素材资源等完成情况，标题设计合理有效等	30	
	3. 熟悉网络广告法律法规与平台内容管理规范、规避敏感词等完成情况	20	
	4. 小组分工明确、团结协作等完成情况	15	
总分		100	

知识检测

一、单项选择题

1. 关于图文推广的目的，下列说法错误的是（　　）。

　　A. 主要目的有销售转化、品牌传播、用户服务等

　　B. 销售类图文的核心目标是达成销售

　　C. 品牌类图文的核心目标是塑造品牌

　　D. 活动类图文的核心目标是传播内容

2. "写作是这个时代最好的投资"作为选题符合马斯洛的需要层次理论的（　　）。
　　A. 安全需要　　　　B. 情感需要　　　　C. 自尊需要　　　　D. 自我实现需要
3. 短视频的所有运营推广行为都应以（　　）为导向。
　　A. 点赞量　　　　　B. 数据　　　　　　C. 播放量　　　　　D. 分享量
4. 下列不属于直播特征的是（　　）
　　A. 真实性　　　　　B. 实时性　　　　　C. 互动性　　　　　D. 严肃性

二、简答题

1. 图文选题策划有哪些角度？
2. 不少主播在直播推广时致力于打造个人 IP，却频频出现"人社崩塌"的情况。对于主播而言，个人 IP 化是做好直播营销的唯一途径吗？

素质培养案例

案例材料：

中华老字号品牌——上海凤凰自行车：大浪淘沙 凤凰涅槃

上海凤凰自行车源于1897年中国首家自行车车行同昌车行，围绕"一路相随、一生相伴"的发展理念，依托品牌进行产业延伸，着力满足用户生命全周期的两轮出行需求。近年来，上海凤凰聚焦技术创新和制造能力提升，持续推动产品和市场升级，通过资本收购等外延式扩张打破凤凰自行车原有的产业地域格局，助推国际化市场布局，将上海凤凰打造为两轮出行行业的国际领导品牌和企业。

1. 创新体制机制，推动转型升级

为重振老字号品牌，上海凤凰不断深化混合所有制改革，以体制机制创新应对市场之变，同时紧抓互联网时代的契机，实现了传统制造型企业的转型升级。2010年，在上海市政府和金山区委区政府的大力支持和积极推动下，上海凤凰开展"混合所有制"改革，引入民营方——江苏美乐全面负责自行车板块经营，为上海凤凰注入了市场化的管理经验和优质的行业资源。新团队通过五年时间彻底消化并解决了改制前阻碍企业发展的历史遗留问题，为"凤凰"再次腾飞创造了基础。上海凤凰通过不断深化混合所有制改革，在上市公司股东层面引入专业经营团队，通过市场化方式赢得了产业基金、投资基金等投资者的青睐，推动市场结构和产品结构优化，促进"凤凰"品牌和企业转型升级，进一步增强了企业的竞争力。

2. 激活文化内涵，提升品牌形象

为精塑品牌形象，让更多的年轻用户关注"凤凰"、喜爱"凤凰"，近年来，上海凤

品牌策划与推广

凰不断开展系统性品牌培育和建设工作，在集团层面建立品牌资产管控体系，实施系统的品牌管理，包括凤凰商标的标准化与规范化使用、跨界联名合作的系统性规划、主副品牌规范管理体系、周边产品的营销探索等。2020—2021年，"世界品牌实验室"发布《中国500最具价值品牌》榜单，上海凤凰连续两年上榜，名列中国品牌500强。上海凤凰坚持在海外市场实施自主品牌经营战略，品牌影响力自亚非拉等地的发展中国家市场延伸至欧洲、美国、日本等地的发达国家市场。

3. 完善产业布局，推动产品升级

近年来，两轮出行市场因商业模式变革、产品技术突破等因素发生了剧烈变化，上海凤凰围绕市场需求调整结构，加大科技创新力度，建立包括童车、学生车、自行车、电助力车、电动车、医疗类产品等全系列产品线，实现了消费人群的全覆盖。其中，凤凰童车已成长为国内两轮童车知名品牌，年销量突破300万辆。2022年，上海凤凰在全球最具规模和专业性的欧洲国际自行车展上展示了凤凰高端品牌FNIX锂电产品线，成为现场屈指可数打出自有品牌的中国展商。

4. 坚持技术创新，提升品牌影响力

近年来，上海凤凰持续投入资源用于品种更新、工艺改进和产品研发，提升企业研发和制造能力。在丹阳生产基地投资千万元组建自行车、电动自行车新品研发中心和覆盖行业上下游的检测中心。2022年，凤凰检验检测实验室获得中国合格评定国家认可委员会授予的CNAS认证，标志着上海凤凰出具的检测结果将被全球100多个国家和地区的国际互认机构承认。检测结果具有国际性、权威性和公信力，让上海凤凰在国际贸易上更具有优势。

5. 坚持模式创新，释放消费潜力

当今时代科学技术飞速发展，以大数据、云计算、虚拟现实、人工智能等为代表的新一代信息技术和网络技术快速发展，将持续为数字经济、电子商务创新发展提供支持。改制十二年来，上海凤凰的商业模式从传统批发转为国际贸易、电子商务、终端零售、大客户定制等多种商业模式并举，其中电子商务模式增长最快。上海凤凰通过与大型互联网平台合作，以数据链连接网店和工厂，以电商店铺、工厂、物流为体系，以消费者为中心运转，形成了通过对数据分析处理来精准服务用户的网销模式，产生了更高的产品服务附加值。

上海凤凰将围绕"聚焦主业、整合资源、精准投资、提质增效"的发展战略，进一步聚焦自行车产业，持续打造在该领域的核心竞争力，着力打造国际两轮出行行业的领导品牌。

案例评析：

1.老字号品牌是指较早创立并且已有百年以上历史的品牌，这种品牌具有历史积淀、

情感记忆和文化认同等特征,因此在当今市场中十分具有影响力。然而,如何在现代营销中维护老字号品牌的传统特征,又如何将其与现代营销手段结合,呈现出更具时代感和用户体验的魅力,成为老字号品牌推广需要思考的重要问题。

2.在市场竞争日趋激烈的今天,老字号品牌在迎接消费者升级和市场变革的同时也需要不停地进行创新探索,增强品牌的市场竞争力,才能吸引新消费者并提高市场占有率。品牌推广人员需要紧紧地关注市场趋势,挖掘企业核心优势,与时俱进,在不断的创新中带领品牌走向成功。

案例感悟:

传统的老字号品牌通常借助口碑和口耳相传来传播,但这种传播还不够广泛,也无法在现代市场中有效地扩大品牌影响。因此,老字号品牌需要利用现代化的技术手段(比如社交媒体、互联网广告、电商平台等)将品牌推向更广泛的用户群体。但是,老字号品牌在利用这些新业态的同时也需要注意不破坏传统的品牌特征,如形象、文化等。

项目八

品牌推广策划方案撰写

案例导入

安踏的品牌推广策划

作为我国领先的体育用品品牌之一，安踏一直在不断努力着，除了具有精湛的制鞋技术，安踏为做好品牌推广策划，请从事不同运动的世界运动员做其品牌代言人，使其在同行业中获得了一定的竞争优势。目前，安踏几乎已经成为家喻户晓、人人喜爱的运动品牌，安踏仍在不断探索，不断创新，力争成为世界知名品牌。

在品牌推广策划上，安踏首先对自身当前所处的营销情况进行了分析，包括市场分析、消费者分析、产品分析、竞争对手分析、竞争对手营销策划分析等。就消费者而言，安踏了解到目前购买体育用品和体育服装的主要是15～25岁的喜欢青春和时尚、运动的青少年和青年。一般情况下，质量好、款型好、价格适中的体育服饰和鞋类更受消费者的喜欢和认同。在感觉良好的情况下，这些消费者会自发地形成习惯性的支持购买行为，并且带动周围潜在的其他目标消费者共同参与，从而宣传企业的产品质量和企业文化精髓。就产品而言，安踏认识到自身的体育用品主打服装和鞋类，这些产品在广大热爱运动的青少年和青年中有很大的市场，且消耗周期也比其他体育用品长得多，但是类似运动包等运动附件类产品开发却没有完全符合和跟上市场的需求。在分析了目前的环境后，安踏紧接着对企业的优势、劣势、机会、威胁进行了分析，找到了一个个市场机会点。

（1）就产品而言，企业可以根据服饰和鞋类的搭配原则开发与之匹配的运动包、球类、帽类等运动附件，使产品多元化，扩大消费者的消费范围，同时带动其他运动产品的消费，巩固品牌的力量。

（2）相对于在国际上很有影响力的耐克、阿迪达斯和匡威等品牌，安踏在立足我国市场的基础上走出国门、走向全球，打破了国际运动品牌垄断国内高端赛事的局面，使消费者产生很强的民族认同感。安踏蕴含的一步步走向成功的不放弃、不抛弃的奋斗精神、新时期蕴含的深刻文化精髓，以及以"越磨砺，越光芒"为主题的企业文化，能够使其在巩固国内市场的同时让更多的外国消费者接受与支持安踏文化和安踏产品，真正做到民族的就是世界的。

安踏在发现了市场机会以后，迅速制定了相关营销战略。安踏根据消费群体的特点，结合新一代安踏的国际品牌战略与定位，针对产品设计、代言人选择和宣传语设计等进行策划，并通过营销、宣传和推广让我国及至世界更多的年轻人了解安踏，最终达到在精神理念的表达和个人追求等方面与年轻人这一消费群体形成共鸣的目的。就推广而言，安踏秉承专业品牌需要专业赛事塑造、专业赛事需要专业产品支撑、专业产品需要借助专业媒体推广的原则，在推行体育营销的策略上注重 CCTV 1、CCTV 5 等专业电视媒体，结合新媒体平台进行营销。在营销策划上，安踏始终坚持将自己的现代体育精神与产品策划、企业形象策划、品牌策划、广告策划、活动策划等融合，很好地满足了消费者对个性、奋斗、文化、健康的诉求，因此在销售市场上收到了立竿见影的效果。

【思考】
1. 企业品牌推广策划方案的作用是什么？
2. 优秀的品牌推广策划方案具有哪些特点？

项目导学

学习任务	品牌推广策划方案撰写	教学模式	任务驱动教学法
建议学时	8	教学地点	多媒体教室
项目描述	宁波 ONION 公司是一家专门从事儿童服装设计、生产、销售的小型企业，由于儿童服装市场竞争非常激烈，ONION 公司面临着产品转型的压力，公司想在六一儿童节来临之前做一个品牌推广策划方案，以期达到提高品牌知名度、促进市场销售的目的。作为公司的营销策划人员，小李应该如何为 ONION 公司撰写品牌推广策划方案呢？品牌推广策划方案的结构和内容有哪些？需要注意什么技巧		
项目解读	任务一　品牌推广策划方案概述		
	任务二　品牌推广策划方案结构设计		
	任务三　品牌推广策划方案撰写原则及撰写技巧		
学习目标	知识目标	了解品牌推广策划方案的相关知识； 掌握品牌推广策划方案的结构和写作技巧	
	能力目标	能进行品牌推广策划案例赏析； 能熟练运用相关技巧撰写品牌推广策划方案	
	素质目标	培养严谨认真的工作态度； 培养学生的写作能力和思维方式	

品牌策划与推广

项目实施

任务一　品牌推广策划方案概述

知识目标
- 掌握品牌推广策划方案的概念和作用。

能力目标
- 掌握品牌推广策划方案的特点。

思维导图

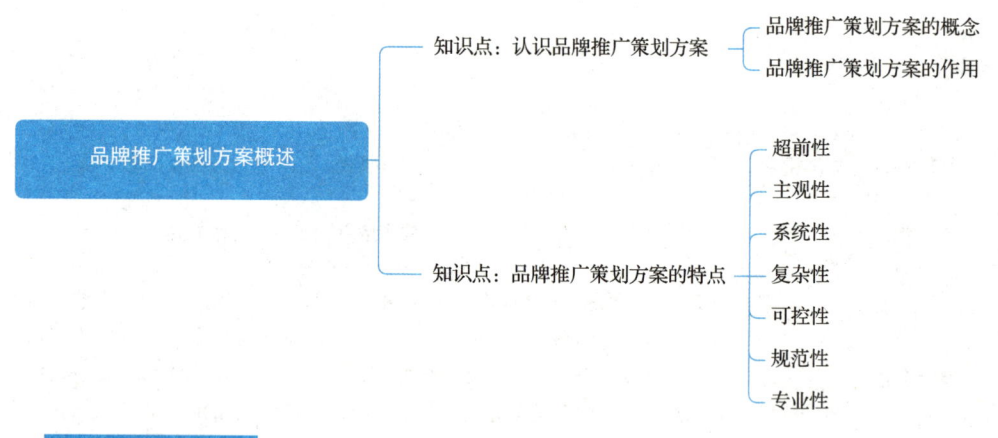

品牌推广策划方案概述
- 知识点：认识品牌推广策划方案
  - 品牌推广策划方案的概念
  - 品牌推广策划方案的作用
- 知识点：品牌推广策划方案的特点
  - 超前性
  - 主观性
  - 系统性
  - 复杂性
  - 可控性
  - 规范性
  - 专业性

知识与技能导航

一、知识点：认识品牌推广策划方案

（一）品牌推广策划方案的概念

品牌推广策划方案是企业品牌策划活动开展以来创意结果的书面表达，是对所有品牌策划工作的最后归纳。品牌推广策划方案是实现品牌推广策划目标的行动方案，是表达品牌策划内容的载体。实际上，有了一流的品牌策划构想后，还要形成一流的品牌推广策划方案，否则优秀的品牌策划构想就得不到完整体现，品牌策划的内容就难以被人理解。品牌推广策划方案没有一成不变的格式，它依据品牌策划活动的不同要求，在内容与编制格式上有着不同变化。但是，从品牌策划活动的一般规律来看，其中有些要素是相同的。

（二）品牌推广策划方案的作用

企业的发展是一项长期的工程，在这一过程中，企业有一个长期目标，这个目标在企业发展的过程中也可能实现，那就是品牌的打造。品牌的好坏将会影响企业发展走向，这也是我们常常说到的"品牌战略"。其实品牌推广策划也是市场中相当重要的一部分，企业要想实现企业的目标，就需要做好品牌推广策划。那么品牌推广策划方案究竟有什么作用？

1. 提升品牌形象

企业的品牌推广策划方案对提升品牌形象非常有帮助，品牌形象可以提升客户对企业的好感度，改善企业印象。一般情况下，人们对品牌的认知并不一定是通过广告获得的，大部分是通过品牌广告或者品牌营销策略认知的。品牌推广策划方案可以为企业塑造一个符合消费者心理需求、具备识别性的、鲜明的品牌形象。品牌可以通过多种方式展现出来，品牌营销可以在消费者心中留下深刻印象。

2. 提高品牌知名度

品牌是企业发展的动力，只有品牌知名度提高了，才能吸引更多消费者消费。品牌推广策划方案可以提升品牌的形象、文化和精神内涵，使品牌具有生命力、影响力和辨识度。通过品牌推广策划方案可以让品牌得到很好的展示，还可以提高品牌的知名度、美誉度与认知度，可以提升消费者对企业产品和服务的认可度，为企业发展奠定坚实的基础。

3. 提升品牌价值

品牌是企业生存和发展的基础，没有品牌的支撑，企业就没有存在的意义。如果没有品牌推广策划，企业就无法实现价值。品牌推广策划方案显得尤其重要，它能让人们意识到企业做某件事的目的及背后的意义和对他们生活的影响，从而影响人们对品牌的看法。尤其是在打造品牌时，优秀的品牌推广策划方案会将品牌的价值发挥到最大。

4. 获得更多关注

品牌推广策划方案对品牌的打造有着非常重要的作用。因为通过品牌推广策划方案传播出去后，品牌就可以得到更多人的关注和传播。对于企业来说，这会为自己带来更多发展机会，也可以赢得更多消费者的支持和信任。只有这样才能提高自身的知名度，让消费者愿意为企业买单，同时也能让产品在市场中更具竞争力。

5. 提高品牌竞争力

品牌的打造是一个长期的过程，企业在达到一定规模时自然会将各种资源进行整合，此时通过品牌进行推广，就可以实现广告效应的最大化，从而提高品牌竞争力。品牌可以为企业带来更多的利润。企业可以通过营销策略达到提升品牌价值的目的，使企业在同行业竞争中获得优势地位。当然，市场竞争的激烈程度也是对品牌的一种考验，而优秀的品牌推广策划方案可以帮助企业提升品牌的竞争力，使其成为市场中不可缺少的一部分。这样的企业才能够在竞争中处于不败之地。

二、知识点：品牌推广策划方案的特点

（一）超前性

品牌推广策划方案需要对企业品牌未来的发展方向、基本目标、根本任务、战略及每个阶段上的问题做出合理的、科学的安排和规划。犹如下棋，如果抱着看一步走一步的思想，就难以下出好棋。仅就当前形势做出的品牌推广策划方案很难将企业品牌带向更高更远的方向。

（二）主观性

任何品牌推广策划方案都是具有主观性的东西。不同的策划人员由于认识客观世界的能力和策划经验、水平不同，同一个品牌推广策划方案出现不同的策划结果是很正常的现象。

（三）系统性

企业品牌推广活动是一个系统性的工程，它要求策划人员在策划过程中必须注意各种推广职能的衔接与协调，而且必须注意对企业各种资源进行整合，才能实现预期的策划效果。

（四）复杂性

这是由企业品牌推广活动及其效果影响因素的复杂性决定的，对此，它要求策划人员一方面必须具备丰富的实践经验，清晰地了解要策划的对象的每一个细节，另一方面必须对品牌推广策划方案进行反复推敲，以确保整个品牌推广策划方案清晰明确和切实可行。

（五）可控性

品牌推广策划方案及其结果需要是可控的和可预期的。由于品牌推广策划方案中的各项措施都是企业各种可控性推广手段的具体应用，企业管理者完全可以根据市场形势的发展和企业目标的变化对品牌推广策划方案进行适度的调整，以确保品牌推广策划方案落地实施。

（六）规范性

品牌推广策划的作业程序是有规范的，只有按照规范的作业程序制定的品牌推广策

划方案才是可信赖的。另一方面，品牌推广策划方案必须做到：目标和任务明确具体、切实可行，具有正确的市场导向和富有鼓动性；策划创意特色鲜明，推陈出新；策划战略知己知彼，高瞻远瞩；营销战术和竞争手段要出奇制胜。

（七）专业性

品牌推广策划是一种高智慧的脑力劳动，它要求参与策划的人员既需要有扎实的品牌营销理论，又需要有丰富的品牌推广策划经验，必须对企业各项职能非常熟悉。

技能训练

云南白药可以说是中华瑰宝，它最初是由民间医生曲焕章于1902年创制出的万应百宝丹。万应百宝丹在治疗刀枪伤及跌打方面的疗效十分突出，在抗日战争时期表现尤其突出，这让曲焕章和万应百宝丹声名远扬。而曲焕章曾因拒绝交出秘方被软禁，之后忧愤成疾，于1938年8月去世。1955年曲焕章妻子缪兰瑛将配方献给了云南省政府，次年国务院保密委员会将该处方、工艺列为国家保密范围。此后万应百宝丹改名为云南白药，批量投入生产。该品牌逐渐壮大后，在个人护理、天然药物、养生保健、医疗器械等方面均绽放光彩。

请查找资料分析云南白药品牌推广策划成功的原因，将分析结果形成分析报告并进行小组汇报。

技能训练考核评分表

	评分项目	分值	得分
素质目标	推广意识、品牌意识、法治意识等完成情况	20	
知识与技能目标	1. 品牌策划技巧的掌握及运用情况	15	
	2. PPT制定美观、结构合理，分析有理有据，逻辑清晰，能结合所学知识点提出自己的观点	30	
	3. 汇报展示中同学们的仪表仪态、口头表达等表现情况	20	
	4. 小组分工明确、团结协作等完成情况	15	
	总分	100	

知识检测

1. 品牌推广策划方案的作用有哪些？
2. 试列举你知道的成功的品牌推广策划案例，并分析其成功的原因。

任务二　品牌推广策划方案结构设计

知识目标

- 了解品牌推广策划方案结构设计的基本要素。
- 掌握品牌推广策划方案结构设计的规范。

能力目标

- 熟练掌握品牌推广策划方案结构设计技巧。

思维导图

品牌推广策划方案结构设计 —— 技能点：品牌推广策划方案结构设计技巧 —— 品牌推广策划方案的基本要素 / 品牌推广策划方案结构设计的规范

知识与技能导航

技能点：品牌推广策划方案结构设计技巧

一般来说，企业的品牌推广策划方案没有统一的格式和形式，行业、主题不同，品牌推广策划方案的内容、结构等也会有所区别。

（一）品牌推广策划方案的基本要素

一般来说，一份合格的品牌推广策划方案应当具备下列基本要素，这些基本要素也可以概括为"5W3H"。

（1）何事（What）：表示品牌推广策划方案的目标、内容等。

（2）何人（Who）：表示品牌推广策划方案的策划团队和相关人员等。

（3）何处（Where）：表示品牌推广策划方案的环境场所。

（4）何时（When）：表示品牌推广策划方案的起止时间。

（5）何因（Why）：表示品牌推广策划方案的缘由、背景等。

（6）如何（How）：表示品牌推广策划方案的方法、措施。

（7）多少（How much）：表示品牌推广策划方案的总体预算。

（8）怎样（How）：表示品牌推广策划方案的结果和效益等。

（二）品牌推广策划方案结构设计的规范

总的来说，品牌推广策划方案的结构有一定的规范，主要包括封面、前言、目录、摘要、正文、结束语、附录七个部分。下面分别进行介绍。

1. 封面

封面决定了阅读者对品牌推广策划方案的第一印象,良好的封面视觉效果可以使阅读者建立对品牌推广策划方案的整体印象。封面设计的原则是醒目、整洁,切忌花哨;至于字体、字号、颜色则根据视觉效果具体考虑。一般来说,品牌推广策划方案的封面应提供以下几方面的信息。

(1)名称。名称是对品牌推广策划方案主题的简要说明,应该遵循简洁、准确的原则。品牌推广策划方案名称的写法一般有两种:单标题和双标题。单标题就是把策划主题明确地、直接地、简明地表达出来。双标题就是策划方案采用正副标题的形式,正标题概括表达策划方案的主题,副标题具体表达或补充说明策划方案的主题。

(2)策划者。封面上要明确写出该品牌推广策划方案的策划者,位置一般位于封面的底部。有多名策划者时,应并列写出多名策划者;若策划者为企业,则应直接写出企业全称。

(3)策划日期。对于品牌推广策划方案,时间段的不同可能导致市场情况、执行效果等的不同,因此品牌推广策划方案上要写明日期,一般以正式提交日期为准。

(4)参与单位。参与单位主要包括主办单位和承办单位。主办单位(可省略)是指项目或事件的发起单位,承办单位是指项目或事件的具体实施单位。

2. 前言

前言是对品牌推广策划方案内容的高度概括与总结,起到引起阅读者阅读兴趣的作用,其内容不宜过多,字数建议不超过 1000 字。总的来说,前言的具体内容主要包括品牌推广策划方案的背景、品牌推广策划的原因、品牌推广策划的目的及意义、品牌推广策划的宗旨等。不同品牌推广策划方案的前言示例如图 8-1 所示。

一、前言	一、前言
随着经济和文化的发展,人们的消费水平显著提高,越来越多的人,尤其是女性更注重自身魅力的提升,珠宝首饰已经成为她们的生活必需品。她们对珠宝的需求日趋明显,珠宝市场竞争出现白热化。调查显示,女性在选购珠宝时更注重追求艺术素养、文化品位、个性主张和时代风格。 珠宝首饰历来都是作为一种高档的情感和文化艺术消费品走进消费品行列的。目前珠宝市场上珠宝品牌虽多,却未能做到精确传播到目标消费者中。调查显示,现代女性渴望有一种外在语言能够表达她们的内心情感。珠宝作为一种传达情感、显示个人独特魅力的饰品成了女性的首选。然而,许多女性表示找不到一种合适的珠宝来表达她们的个性和情感。因此,宏艺珠宝针对市场需要推出黄金、铂金、钻石等系列珠宝首饰产品,满足年轻女性的审美情趣、价值观和情感需要。产品设计加强了珠宝的美感和灵气,使女性在佩戴时能够增添自身个性魅力,向人们展示出她们的生活情趣和个性品位。同时,宏艺珠宝还推出了系列广告,通过对产品和企业的宣传树立企业形象,以提升宏艺的知名度和美誉度。	纳爱斯集团成立于 1968 年,前身是国营丽水五七化工厂,总部位于浙江省丽水市,在湖南益阳、四川成都、河北正定、吉林四平、新疆乌鲁木齐设有五大生产基地。1993 年年底改制为股份公司,2001 年组建集团,在改革开放中成长发展。 从 1994 年至今,纳爱斯集团完成了各项经济指标,拥有五大生产基地,在全国形成了"五足鼎立之势",是我国洗涤用品行业的龙头企业。2005 年,纳爱斯集团进入世界洗涤行业前八强。纳爱斯集团是专业的洗涤用品生产企业,年产洗衣粉 100 万吨,洗涤剂 30 万吨,肥皂 28 万吨,工业与药品甘油 2 万吨,牙膏 2 亿支,拥有纳爱斯、雕牌两大品牌三大系列 100 多种产品。 纳爱斯为中国香皂标识性品牌,雕牌为我国洗衣粉行业的标识性品牌。纳爱斯集团旗下拥有超能、西丽、100 年润发、YouR You 我的样子、李宇等受到消费者喜爱的多个品牌。纳爱斯集团市场网络健全,在全国设有 50 多家销售分公司和三家海外子公司,多种产品已进入欧洲、非洲、大洋洲、东南亚、美国等国家和地区。

图 8-1 不同品牌推广策划方案的前言示例

3. 目录

品牌推广策划方案的目录涵盖了全书的主要内容和要点，目的是使读者对品牌推广策划方案的全貌、思路和结构有一个总体的了解，并且为读者查找相关内容提供便利。目录实际上是品牌推广策划方案的简明提纲，策划人员应该认真编写。

如果品牌推广策划方案的内容较少，目录和前言可以放置在同一页中，目录中标注的各个标题的页码应当和其在正文中的页码一致。一般来说，目录都是在策划方案编写完毕后根据具体内容生成的。

4. 摘要

摘要是对品牌推广策划方案内容的简单概况，可以让阅读者清晰认识到品牌推广策划方案的思路、意图和观点。通过摘要，阅读者可以大致理解整个品牌推广策划方案的关键点。与前言类似，摘要同样要求简明扼要，篇幅不能过长，300～400字即可。需要注意的是，摘要并不是品牌推广策划方案内容的简单列举，其浓缩了品牌推广策划方案的精华，因此，策划人员同样需要仔细斟酌摘要的内容。品牌推广策划方案的摘要示例如图8-2所示。

> **摘　要**
> 　　20世纪60年代，计算机技术的迅速崛起和发展促使一大批计算机企业诞生，其中有一部分发展成了在全球具有影响力的跨国公司。1984年创建的戴尔公司以其特有的"为客户量身定做计算机系统，并把产品直接送到客户手中"的直接销售模式，取得了超常发展的业绩，迅速成为全球增长速度较快的计算机公司之一。
> 　　进入21世纪，市场竞争日趋激烈和戴尔自身的一些问题导致近年来戴尔公司在一些区域市场的销售额开始下滑。如何尽快扭转不利局面、恢复市场地位、获取利润成为戴尔公司面临的重要问题。本文从市场营销4Cs理论出发，首先利用波特竞争力模型分析戴尔公司的市场竞争环境，利用SWOT分析法分析戴尔公司的优势与劣势、机会与威胁，寻找扬长避短、利用机会、规避威胁的途径；然后对戴尔公司现有市场营销活动进行了分析，肯定了戴尔模式在计算机产业环境中取得的成功；对暴露出来的一些问题做了进一步分析，并提出了一些改进的建议。

图 8-2　品牌推广策划方案的摘要示例

一般来说，品牌推广策划方案的摘要主要用于说明以下内容。

（1）为什么要做该项策划。

（2）要解决什么问题。

（3）有什么样的结论。

摘要既可以写在品牌推广策划方案编写之前，也可以写在品牌推广策划方案编写之后。前者可以保证品牌推广策划方案的内容在大体框架内井然有序地进行，后者只需要对品牌推广策划方案的内容进行提炼，比较简单。

5. 正文

正文是对品牌推广策划方案的具体描述，也是品牌推广策划方案的主要部分。正文主要包括品牌营销推广目标、环境分析、SWOT分析、品牌推广策略、具体行动方案、费用预算、实施方案控制七项内容。

（1）品牌营销推广目标。品牌营销推广目标是对品牌推广策划方案所要达到的目标的总述，以统一企业战略目标、协调企业员工行动。品牌营销推广目标包括短期、中期和长期目标。对于策划人员而言，品牌推广策划方案中的品牌营销推广目标应当是可衡量的清晰目标，要符合 SMART 原则，不能回避或模糊。品牌营销推广目标示例如图 8-3 所示。

> 一、营销目标
> 1. 空调自控产品应以长远发展为目的，力求扎根湖南。2023 年建立完善的销售网络和样板工程，销售目标为 6 000 万元。
> 2. 跻身一流的空调自控产品供应商，成为快速成长的成功品牌。
> 3. 以空调自控产品带动整个空调品牌的销售和发展。
> 4. 市场销售近期目标：在短时间内快速成长，提高营销业绩，到年底成为行业内知名品牌，拥有省内同水平企业的一部分市场。
> 5. 致力于发展分销市场，到 2023 年年底要有 50 家分销业务合作伙伴。

图 8-3　品牌营销推广目标示例

（2）环境分析。环境分析主要包括当前市场状况及市场前景分析、竞争对手分析、产品市场的影响因素分析等内容，为品牌营销推广策略、推广手段等提供正确的依据。

环境分析是编写品牌推广策划方案的出发点，策划人员应当从内部环境和外部环境两个方面入手描述环境的整个变化轨迹，最终形成有理有据的资料。一般情况下，品牌推广策划方案的环境分析主要包括以下内容。

① 产品或品牌在当前市场的规模。
② 产品或品牌的销量与销售额的比较分析。
③ 产品或品牌市场占有率的比较分析。
④ 消费群体的年龄、性别、职业、学历、收入、家庭结构等基础信息的分析。
⑤ 各竞争品牌产品优缺点的比较分析。
⑥ 各竞争品牌市场区域与产品定位的比较分析。
⑦ 各竞争品牌广告费用与广告表现的比较分析。
⑧ 各竞争品牌促销活动的比较分析。
⑨ 各竞争品牌公关活动的比较分析。
⑩ 各竞争品牌定价策略的比较分析。
⑪ 各竞争品牌销售渠道的比较分析。
⑫ 公司近年产品的财务损益分析。
⑬ 公司产品的优劣与各竞争品牌之间的优劣对比分析。

例如，强生婴儿是强生公司全球知名的婴儿护理品牌，在中国市场得到了众多消费者及专业医护人员的认可和信赖，取得了卓越的成效。从宏观和微观两个方面对强生婴儿润肤产品面临的环境进行分析，其中，宏观环境包括社会文化环境、人口环境、政治环境、经济环境、自然环境等方面；微观环境包括企业内部、竞争者、目标顾客等方面。

品牌策划与推广

除此之外,其还以图表的形式对目前消费者对婴儿产品的要求进行了分析说明,做到了有理有据,使得内容更有针对性和可信度。

(3) SWOT分析。SWOT分析即对企业的优势、劣势、机会、威胁进行分析,以发现市场机会和企业存在的问题。SWOT分析与环境分析密不可分,策划人员需要从环境分析中总结出企业的优势、劣势、机会、威胁,为品牌推广战略的制定做铺垫。SWOT分析应当遵循的规则如下。

① 进行SWOT分析时,必须对企业的优势与劣势有客观的认识。
② 进行SWOT分析时,必须区分企业的现状与前景。
③ 进行SWOT分析时,必须考虑全面。
④ 进行SWOT分析时,必须与竞争对手进行比较,比如是优于还是劣于竞争对手。
⑤ 保持SWOT分析简洁化,避免复杂化与过度分析。

一般情况下,企业的优势、劣势一般通过内部环境来分析。由于企业是一个整体,并且竞争优势来源具有广泛性,所以在做优势、劣势分析时,策划人员必须从企业整个价值链的每个部分出发,对企业与竞争对手做详细的对比,如产品是否新颖、制造工艺是否复杂、销售渠道是否畅通、价格是否具有竞争性等。企业的机会和威胁一般通过外部环境来进行分析,如新产品、新市场、新需求、竞争对手失误、新的竞争对手、替代产品增多、市场紧缩、行业政策变化、经济衰退等。

(4) 品牌推广策略。品牌推广策略主要包括市场细分、目标市场选择和市场定位等内容,以明确品牌推广的具体目标和任务。在环境分析与SWOT分析的基础上对涉及的品牌推广策略进行组合,形成有效的品牌推广差异化组合策略,以顺利开拓市场,达到最佳的推广效果。在针对市场确定品牌推广差异化组合策略时,可能会有多种不同的方案,策划人员在编写品牌推广策划方案时应择优遴选。

(5) 具体行动方案。具体行动方案是指针对品牌营销战略的各个时间段提出具体的行动方案。方案要在合理控制成本的基础上进行细致、周密的策划,同时制定执行时间表作为补充,以提升行动方案的可操作性。在编写具体行动方案时,策划人员可以用图、表等形式将其描述出来,注明推广日期、营销推广费用和主要负责人等,从而使得方案具有可执行性和可控性。

(6) 费用预算。费用预算是企业为品牌费用支出成本而做的成本预算,主要包括营销过程的总费用、阶段费用、项目费用等。

(7) 实施方案控制。实施方案控制是品牌推广策划方案的补充部分,主要用于对品牌推广过程中可能出现的问题进行管理并提出解决措施。其内容主要包括人员配备、设施添置、资金调度、实施时机、任务分配、责任明确、操作要求、实施进度等。

在编写实施方案控制时,有的策划人员还会在品牌推广策划方案中将品牌推广目标和预算等按月、季度分开,以在实施方案时可以让管理者及时了解各个阶段的品牌推广实际情况,管理没有完成项目的部门和人员,从而分析原因,并在一定期限内加以改进。

6. 结束语

结束语用于对整个品牌推广策划方案进行归纳总结,以突出策划要点并与前文呼应。在编写结束语时,策划人员应考虑整个品牌推广策划方案内容的可行性,解决品牌推广策划过程中出现的各种问题,并以此判断整体的策划逻辑是否可行。

7. 附录

附录也叫附件,是对品牌推广策划方案内容的补充说明,以方便决策者了解方案中有关内容的来龙去脉。总的来说,附录主要有以下两个作用。

(1)补充说明品牌推广策划方案中的调查与分析技术。

(2)为品牌推广策划方案中的必要内容提供客观性的证明。

技术性内容、分析模型、分析过程、图片资料、图表数据等都可作为附录提供给决策者,但是需要注意,为了便于查找,策划人员应为附录标注顺序。

【案例赏析】策划方案是熬出来的

技能训练

贵州高海拔、低纬度、短日照的生态条件造就了贵州茶的独特品质。但由于品牌建设滞后,黔茶的知名度和美誉度不高,品牌建设成为贵州茶产业发展最主要的短板。尽管贵州茶叶规模、茶园规模全国第一,但很少有在全国叫得响的领军品牌。因此,如何快速突破品牌瓶颈,提高贵州茶叶产品的附加值,已经成为贵州茶业企业面对的首要问题。假设你在 Smart 营销策划公司中领导着一个策划团队,现在许多贵州大型茶业企业需要在全国打开市场,打响品牌,你打算与其中一家企业进行合作。请你选取一家贵州的大型茶业企业,查阅相关资料,以小组为单位为其撰写一份完整的品牌推广策划方案,小组派代表展示。

技能训练考核评分表

	评分项目	分值	得分
素质目标	推广意识、品牌意识、创新意识等完成情况	20	
知识与技能目标	1. 品牌策划技巧的掌握及运用情况	15	
	2. 品牌策划方案科学、可行,PPT 制作美观、结构合理等	30	
	3. 汇报展示中同学们的仪表仪态、口头表达等表现情况	20	
	4. 小组分工明确、团结协作等完成情况	15	
总分		100	

品牌策划与推广

知识检测

1. 一份完整的品牌推广策划方案主要由哪些部分组成？
2. 在撰写品牌推广策划方案之前，需要做哪些准备工作？

任务三　品牌推广策划方案撰写原则及撰写技巧

知识目标

- 掌握品牌推广策划方案的撰写原则。

能力目标

- 能灵活运用品牌推广策划方案的撰写技巧。

思维导图

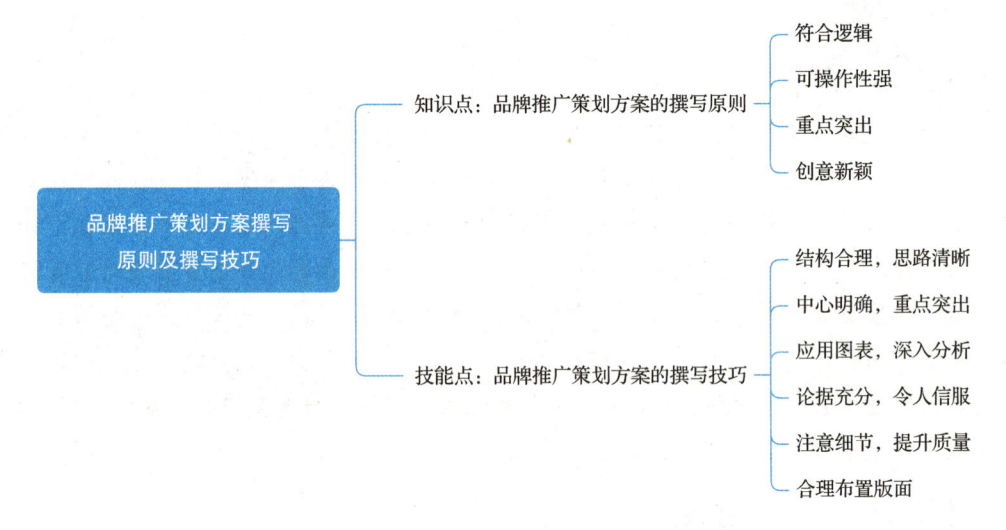

品牌推广策划方案撰写原则及撰写技巧
- 知识点：品牌推广策划方案的撰写原则
  - 符合逻辑
  - 可操作性强
  - 重点突出
  - 创意新颖
- 技能点：品牌推广策划方案的撰写技巧
  - 结构合理，思路清晰
  - 中心明确，重点突出
  - 应用图表，深入分析
  - 论据充分，令人信服
  - 注意细节，提升质量
  - 合理布置版面

【微视频】推广文案创作

知识与技能导航

一、知识点：品牌推广策划方案的撰写原则

为了提高品牌推广策划方案的科学性与准确性，策划人员在撰写品牌推广策划方案前还需要掌握其撰写原则。

（一）符合逻辑

品牌推广策划方案是企业根据市场变化和自身实力对企业的品牌、资源及产品指向的市场进行整体规划的计划性书面材料，具有很强的逻辑思维特性。策划人员在撰写时应按照情况设定、策划背景阐述、产品市场现状分析、品牌推广策划目的、策划内容阐述、问题解决策略的顺序进行，以使品牌推广策划方案条理清晰、结构完整。

（二）可操作性强

品牌推广策划方案是用于指导品牌营销活动的书面材料，其可操作性的强弱直接影响着品牌营销活动能否正常开展。特别是品牌营销活动中涉及的人、财、物等的管理，一定要确保其各个环节的关系与处理方式妥当。

（三）重点突出

品牌推广策划方案应当明确策划人员需要解决的核心问题，并提出相应的解决策略。

（四）创意新颖

在当前的市场环境下，消费者普遍缺乏专注力，因此品牌推广策划方案的创意在很大程度上决定了最终的推广效果。创意是品牌推广策划方案的核心内容，主要体现在内容、表现手法等方面。

二、技能点：品牌推广策划方案的撰写技巧

品牌推广策划方案是一种综合性较强的策划方案，策划人员只有掌握一定的撰写技巧才能更好地进行写作。

（一）结构合理，思路清晰

品牌推广策划方案的作用是帮助企业开展品牌决策，因此，其内容要完整、丰富，要能全面概括并展示企业的品牌实力，以得到决策者的肯定。此外，品牌推广策划方案还是一份书面文档，涵盖了环境分析、战略制定、策略组合等诸多内容。策划人员一定要保证这些内容结构合理、思路清晰，确保其具有可行性。

（二）中心明确，重点突出

撰写文章时我们通常会围绕文章中心展开思路，以更好地对文章进行布局。撰写品牌推广策划方案也一样，策划人员应该先明确该品牌推广策划方案的中心（即策划目的），围绕中心进行分析，统领全文结构。例如，某企业要开拓新品市场，品牌推广策划方案就应该以提升产品知名度为中心，并结合多种推广手段来达到该目的，如投放广告、增加新品的曝光量，开展促销活动、增加新品的销量，加大推广力度、进行新品信息的传递等。

品牌策划与推广

（三）应用图表，深入分析

图表与文字相比更加直观、精练，具有更加强烈的视觉呈现效果，能够给人留下更加深刻的印象。图表在品牌推广策划方案中主要起辅助文字进行说明的作用，常以比较分析、概况归纳、辅助说明等形式出现，以帮助决策者理解品牌推广策划方案的内容。同时策划人员还要注意对图表进行必要的分析说明，以提升内容的可信度。某品牌推广策划方案的应用图表如图 8-4 所示，通过图表的形式对品牌推广策划的内容进行分析说明，使得内容更有针对性和可信度。

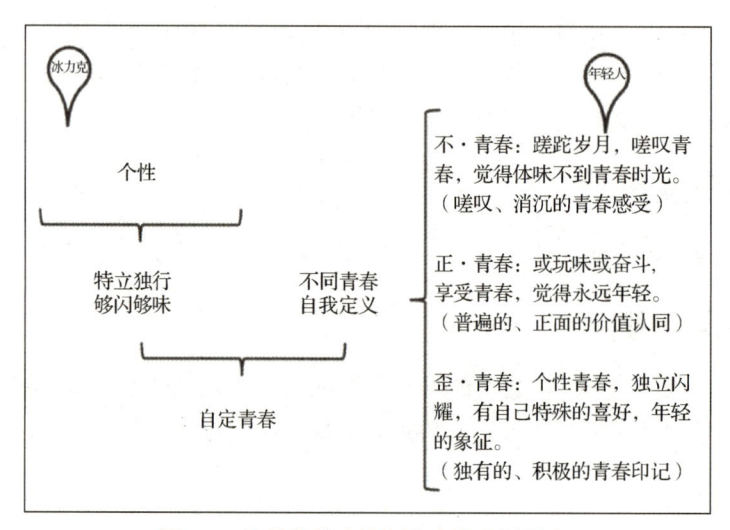

图 8-4　某品牌推广策划方案的应用图表

（四）论据充分，令人信服

品牌推广策划方案的可行性是打动决策者的有力工具，因此策划人员在撰写品牌推广策划方案的过程中要提供能够证明其观点的理论依据，列举相关的成功案例来正向证明或以反面案例来反向证明等。这些论据不仅可以使品牌推广策划方案的内容更加丰富，还能增强品牌推广策划方案的说服力，帮助决策者更加快速地做出决策。

（五）注意细节，提升质量

品牌推广策划方案的质量直接影响决策者对它的整体印象，因此策划人员一定要注意细节。首先，文中不能出现错别字、漏字、语句不通顺、逻辑不连贯等问题。其次，企业名称、专业术语等要注意不能出错。策划人员在撰写品牌推广策划方案时要注意检查，如果品牌推广策划方案纰漏太多，就容易给决策者留下策划人员知识水平不高的负面印象。

（六）合理布置版面

品牌推广策划方案版面安排的合理性和视觉效果的优劣会在一定程度上影响策划效

果。策划人员在撰写品牌推广策划方案时应对其字体、字号、字距、图片等进行合理安排，保证品牌推广策划方案的风格一致，层次分明。

【案例赏析】 农夫山泉品牌广告策划方案

技能训练

请同学们以小组为单位选择某一本土民族品牌，帮它撰写一份品牌推广策划方案。并将方案内容制作成PPT进行汇报展示。

技能训练考核评分表

评分项目		分值	得分
素质目标	推广意识、品牌意识、创新意识等完成情况	20	
知识与技能目标	1. 品牌策划技巧的掌握及运用情况	15	
	2. 品牌推广策划方案主题明确，结构清晰，层次分明，内容完整且创新性强，PPT制作美观、结构合理等	30	
	3. 汇报展示中同学们的仪表仪态、口头表达等表现情况	20	
	4. 小组分工明确、团结协作等完成情况	15	
总分		100	

知识检测

1. 品牌推广策划方案的撰写技巧有哪些？
2. 列举一份比较典型的品牌推广策划方案，并指出其优缺点。

素质培养案例

案例材料：

同仁堂的"沟灯"

北京同仁堂，从几百年前一间小小的药室一路走来，如今已是一家拥有七个子集团和多家直属子公司、两千四百多家零售终端和医疗机构的享誉中外的"中华老字号"。同仁堂自创办以来，讲大义、讲诚信就被作为道德根基，成为其生产经营不变的信条，除了产品质量被社会高度赞誉，讲大义、讲诚信更为其增光添彩。

品牌策划与推广

以前同仁堂为百姓夜间出行设立"沟灯",冬天设粥厂、夏天送暑药、兴办义学、施舍义棺……秉承了先人"可以养生,可以济人者,惟医药为最"的宗旨。过去的"老北京"可不像现在这样宽敞、明亮、整洁,夜晚也不像现在这样灯火通明。当时,北京既没有路灯,也没有良好的排水设施,有的只是纵横交错的小水沟。每年春季,北京都要给小水沟清污,因为当时的小水沟很浅,淤积得很快,如不及时清理,到了夏季雨季来临,污水排不出去,整个北京城就会变成一片汪洋。由于污水聚集,开挖污水沟时,满地污泥臭气熏天。特别是在没有月光的时候,人们夜晚出行实在是心惊胆战,一不小心就会跌倒,弄得满身污秽不堪。当时,有个顺口溜是这样说的,"黑泥、亮水、灰实地",就是告诉人们,看见的黑色物体是泥泞,反光发亮的地方是水洼,只有灰色的地方才是可以走的实地。当时,同仁堂的掌柜乐平泉深知北京市民的苦衷,便决定在挖开的污水沟旁边架立"沟灯",作为老百姓公用的"路灯"。这"沟灯"就是一个个的大红灯笼,而且灯笼上还写着"同仁堂"三个字,在没有月亮的夜晚,大红灯笼照亮了路面,方便了过路的行人。

案例评析:

做百姓之需,解百姓之难。同仁堂做"沟灯"的义举解决了百姓出行中的困难,打动了老百姓的心。"沟灯"也是一种媒介,红灯笼上面有"同仁堂"三字,在做公益照亮路人的同时,也很自然地宣传了品牌。这一义举不但传播了品牌的知名度,还传播了品牌的美誉度,体现了同仁堂的品牌意识、公众意识、形象意识和传播沟通意识,体现了同仁堂"义利共生"的理念。"勿以善小而不为",小事往往最接地气,最能打动人。

案例感悟:

企业通过公益活动既能树立、提升企业品牌形象,又能体现企业的担当和责任。企业履行社会责任时可以从公众身边的小事做起。消费者正是从这些一点一滴的日常"小事"中接触、了解企业并形成对企业品牌的良好认识和评价的。

附录 A

品牌策划与推广实训

实训一 品牌信息传播

一、实训学时

4 学时。

二、实训地点

多媒体教室。

三、实训内容

角色扮演口头传播、品牌信息传播游戏。

四、实训目标

1. 了解品牌信息传播的形式。
2. 积极树立传播意识,高度重视传播工作。

五、实训要求

1. 以分组的形式轮流完成角色扮演,训练口头传播。
2. 用卡片的形式训练如何判别真伪。
3. 以游戏等形式综合训练学生对信息传播技巧的掌握情况。
4. 游戏步骤:
(1)教师事先准备 300 字的文字材料和一张图片。
(2)教师讲解传播的方式、种类及注意事项。
(3)进行两轮信息传递并进行比较。

- 第一轮:10 人一组,口头传递看到的图片内容,按顺序向下一位传递。
- 第二轮:20～30 人一组,口头传递文字材料,每人只允许看两遍,然后依次向下一位传递。

（4）一起核对最后一位同学所述内容和原文（图）是否一致，分析其原因，怎样避免这种问题的出现？

六、实训考核

1. 角色扮演以小组为单位开展实训活动，以游戏的形式综合考核学生对信息传播的掌握情况。

2. 成绩评定：角色扮演以教师评分、小组自评、小组互评的方式进行评分，教师评分占比40%，小组自评占比30%，小组互评占比30%。均采用100分制，根据小组完成情况打分。

3. 评定等级：优、良、中、差。

4. 教师观察各位同学在实训过程中是否积极参加各项活动，对成绩酌情增减。

实训二　品牌形象调查

一、实训学时

8学时：校外4学时，校内4学时。

二、实训地点

校外某企业、校内实训机房。

三、实训内容

品牌形象调查。

四、实训目标

1. 掌握品牌形象调查的内容、方法。
2. 掌握调查问卷设计方法。
3. 学会撰写品牌形象调查报告。

五、实训要求

1. 品牌调查对象可以是学校（本校）、政府部门、事业单位、企业等。
2. 以小组为单位进行实训。
3. 讨论调研提纲，撰写调查方案。
4. 讨论调研某品牌形象构成要素，形成问卷调查表。
5. 小组分工协作进行品牌形象调查并汇总资料。
6. 在分析资料的基础上撰写调查报告（每个人）。

六、实训考核

1. 方案设计可行，格式符合标准。
2. 选择收集资料的恰当方法，信息资料翔实。
3. 调查报告符合要求。
4. 以组为单位进行评分，满分为100分。具体为：问卷（访谈）设计共20分，调查过程共25分，结果共10分，调查报告共30分，本组同学讲解调查过程中采取的方法及遇到临时问题的应对策略共10分，展示调查结果统计的方法及发现的问题共5分。
5. 教师观察各位同学在实训过程中是否积极参加各项活动，对成绩酌情增减。

实训三　品牌公关活动推广

一、实训学时

4学时。

二、实训地点

多媒体教室。

三、实训内容

公关活动策划实训：新闻发布会、开业庆典活动。

四、实训目标

通过训练，学生能准备有关新闻发布资料，能做好新闻发布会会场联络事宜并接待现场媒体采访活动。锻炼学生的推销口才，培养学生的推销技能，展示学生的商务礼仪形象。

五、实训要求

1. 新闻发布会要求学生注意新闻发布会的程序及礼仪。
2. 开业庆典活动要求学生进行前期准备、宣传、环境布置、活动总结评估。

六、实训步骤

（一）新闻发布会

1. 活动组织内容

（1）准备新闻发言稿。

（2）准备记者问题范围，要求回答简练、机智、幽默、真实、讲究方法。

（3）邀请新闻发布会的领导、嘉宾。

（4）邀请新闻记者，发记者证。

（5）准备展览资料、展板。

（6）准备音响、摄像、话筒、纪念品。

（7）布置环境。

（8）宣传。

2. 活动程序内容

（1）主持人宣布开始，致欢迎辞。

（2）新闻发布。

（3）答记者问。

（4）参观及合影。

（二）开业庆典活动

1. 宣布开业庆典活动开始：介绍来宾，欢迎大家光临指导。

2. 总经理致辞。

3. 客户代表致贺词。

4. 剪彩仪式开始：嘉宾上场，礼仪小姐上场，剪彩开始。

5. 参观办公环境。

6. 西餐厅就餐。

7. 招待舞会。

七、实训考核

1. 此项考核分为教师评分和小组互评。均采用 100 分制。

2. 评定等级：优、良、中、差。

3. 教师观察各位同学在实训过程中是否积极参加各项活动，对成绩酌情增减。

实训四　品牌新媒体推广

一、实训学时

4 学时。

二、实训地点

多媒体教室。

三、实训内容

直播带货"新农活"，为家乡的优质农产品品牌开展直播带货。

四、实训目标

1. 能够组建一支优秀的直播运营团队。

2. 能够根据直播活动的主题与内容撰写直播脚本。

3. 能够根据品牌需求实施农产品直播推广活动。

4. 培养学生语言表达能力、团队合作能力及问题处理能力。

五、实训要求

1. 请各小组选取各自家乡某一代表性的优质农产品品牌，策划并实施一场直播活动，要求明确直播推广目标、制定直播策划方案和脚本，围绕直播开场、3 款农产品的推介及用户互动和结尾部分进行一场 30 分钟的直播推广。

2. 要求准备充分，成员配合默契，主播准备充分，注意与用户保持良性互动。

3. 开展直播活动，针对实施情况进行总结，各小组进行汇报，小组互评，教师点评。

六、实训考核

1. 此项考核分为教师评分和小组互评。均采用 100 分制。

2. 100 分制：直播策划方案和脚本共 35 分，直播活动的开展及直播实施情况总结汇报共 45 分，小组协作共 20 分。

3. 教师评分占比 40%，小组互评占比 60%。

4. 评定等级：优、良、中、差。

5. 教师观察各位同学在实训过程中是否积极参加各项活动，对成绩酌情增减。

实训五　品牌推广策划方案撰写

一、实训学时

4 学时。

二、实训地点

多媒体教室。

三、实训内容

讲好家乡故事：撰写品牌推广策划方案，撰写家乡农产品品牌推广策划方案。

四、实训目标

1. 掌握品牌推广策划方案的撰写框架。

品牌策划与推广

2. 培养品牌推广策划能力。

3. 培养团队合作精神、分析问题的能力。

4. 学以致用，讲好家乡的品牌故事，培养家国情怀。

五、实训要求

1. 通过调研、讨论，选取各自家乡的一种优质农产品品牌开展品牌策划，撰写一份品牌推广策划方案。

2. 小组成员集思广益，讨论推广策略，针对家乡农产品的品牌推广策划方案要思路清晰，结构完整，中心明确，重点突出，排版美观。

3. 整合信息，每组提交一份品牌推广策划书，并完成PPT汇报，小组互评，教师点评。

六、实训考核

1. 此项考核分为教师评分和小组互评。均采用100分制。

2. 100分制：撰写品牌推广策划方案40分，演讲汇报40分，小组协作20分。

3. 教师评分占40%，小组互评占60%。

4. 评定等级：优、良、中、差。

5. 教师观察各位同学在实训过程中是否积极参加各项活动，对成绩酌情增减。

实训六　品牌策划与推广人员礼仪

一、实训学时

4学时。

二、实训地点

多媒体教室。

三、实训内容

称呼礼仪、握手礼仪、介绍礼仪、接待礼仪、服饰礼仪、交谈礼仪、宴会礼仪、电话礼仪。

四、实训目标

1. 了解商务活动礼仪礼节。

2. 领会商务活动礼仪基本规则。

3. 掌握沟通技巧。

五、实训要求

1. 以分组的形式轮流完成角色扮演，训练介绍、握手、打电话、赠送名片等礼节礼仪。
2. 观看电教片，组织案例讨论。
3. 以面试、小品表演、演讲等形式综合训练学生的仪态礼仪。

六、实训考核

1. 以面试、小品表演、演讲等形式综合考核学生对仪态礼仪的掌握情况。
2. 面试，能理论联系实际，灵活运用并实践交往礼仪规范。
3. 笔试，正确掌握日常交往中的礼节规范与要求。
4. 成绩评定：学生表演，综合评价。
5. 评定等级：优、良、中、差。

参考文献

[1] 萨布哈什·C. 杰恩. 市场营销策划与战略 [M]. 贾光伟,译. 北京:中信出版社,2004.

[2] 凯文·莱恩·凯勒. 战略品牌管理:第 3 版 [M]. 北京:中国人民大学出版社,2009.

[3] 里克·莱兹伯斯,巴斯·齐斯特,格特·库茨特拉. 品牌管理 [M]. 李家强,译. 北京:机械工业出版社,2004.

[4] 马丁·林斯特龙. 品牌洗脑 [M]. 赵萌萌,译. 北京:中信出版社,2013.

[5] 阿尔·里斯,劳拉·里斯. 公关第一 广告第二 [M]. 罗汉,虞琦,译. 上海:上海人民出版社,2004.

[6] 大卫·艾克,爱里克·乔瑟米赛勒. 品牌领导——管理品牌资产民 塑造强势品牌 [M]. 曾晶,译. 北京:新华出版社,2001.

[7] 杨海军,袁健. 品牌学案例教程 [M]. 上海:复旦大学出版社,2009.

[8] 西尔维·拉福雷. 现代品牌管理 [M]. 周志民,等译. 北京:中国人民大学出版社,2012.

[9] 周培育. 商务策划原理 [M]. 北京:中国经济出版社,2007.

[10] 李本辉,邓胜德. 营销策划学 [M]. 北京:中国经济出版社,2008.

[11] 周培育,万钧,刘秉君. 策划思维与方法 [M]. 北京:中国经济出版社,2008.

[12] 杨明刚. 营销策划创意与案例解读 [M]. 上海:上海人民出版社,2008.

[13] 莱曼·温纳. 营销学精选教材译丛—营销策划分析 [M]. 王永贵,译. 北京:北京大学出版社,2008.

[14] 李森. 企业形象策划 [M]. 北京:清华大学出版社,2009.

[15] 张卫东. 网络营销理论与实践 [M]. 北京:电子工业出版社,2009.

[16] 汪秀英,徐岩. 企业品牌工程的运营与管理 [M]. 北京:首都经济贸易大学出版社,2010.

[17] 王学东. 营销策划——方法与实务 [M]. 北京:清华大学出版社,2010.

[18] 陈建中,吕波编. 营销策划文案写作指要 [M]. 北京:中国经济出版社,2011.

[19] 叶万春,叶敏编. 营销策划 [M]. 2 版. 北京:清华大学出版社,2018.

[20] 孟韬. 市场营销策划 [M]. 2 版. 辽宁:东北财经大学出版社,2018.

[21] 汪秀英. 企业形象策划 [M]. 上海:上海财经大学出版社,2021.

[22] 谭俊华. 营销策划 [M]. 2 版. 北京:清华大学出版社,2018.

[23] 高彪. 从零开始学活动策划 [M]. 北京:清华大学出版社,2020.

[24] 姜岩. 营销策划——方法、实务与技能 [M]. 北京:清华大学出版社,2020.

[25] 孟韬,毕克贵. 营销策划——方法、技巧与文案 [M]. 北京:机械工业出版社,2020.

[26] 刘述文. 品牌营销策划十大要点 [M]. 北京:企业管理出版社,2021.